解读中国经济成长密码

从"一五"到"十三五"
历史的跨越

忽培元 主编

光明日报出版社

图书在版编目(CIP)数据

历史的跨越：从“一五”到“十三五”/忽培元主编. —北京：光明日报出版社，2015.10

ISBN 978-7-5112-9270-4

Ⅰ.①历… Ⅱ.①忽… Ⅲ.①国民经济计划—五年计划—研究—中国 Ⅳ.①F123.3

中国版本图书馆 CIP 数据核字(2015)第 224514 号

历史的跨越：从“一五”到“十三五”

著　　者：忽培元 主编

责任编辑：黄海龙　许　怡　　**封面设计**：杨　光
责任校对：傅全泽　　**责任印制**：曹　诤

出版发行：光明日报出版社
地　　址：北京市东城区珠市口东大街 5 号，100062
电　　话：010—67078241(咨询)，67078870(发行)，67019571(邮购)
传　　真：010—67078227，67078255
网　　址：http://book.gmw.cn
E—mail：gmcbs@gmw.cn　　xuyi@gmw.cn
法律顾问：北京德恒律师事务所龚柳方律师

印　　刷：北京永顺兴望印刷厂
装　　订：北京永顺兴望印刷厂
本书如有破损、缺页、装订错误，请与本社联系调换

开　　本：710mm×1000mm　1/16
字　　数：250 千字　　**印　　张**：20
版　　次：2015 年 10 月第 1 版　　**印　　次**：2015 年 10 月第 1 次印刷
书　　号：ISBN 978-7-5112-9270-4

定　　价：56.00 元

《历史的跨越：从“一五”到“十三五”》编委会

主　　编：忽培元

编写组成员：马　健　张福俭

黄长军　张少原

“五年规划”
引领中国经济跨越发展

“五年规划”(“十一五”之前称“五年计划”)是中国国民经济计划的一部分,也是中国经济的成长密码。五年一规划,是新中国特有的经济安排与时间节律,主要是对全国重大建设项目、生产力分布和国民经济重要比例关系等作出规划,为国民经济发展远景规定目标和方向。“五年规划”是建国以来经济工作的重要缩影,是观察中国经济发展历程,探寻中国经济发展规律,总结中国经济发展经验教训的重要工具。

“五年规划”引领中国经济跨越发展。从1949年中华人民共和国成立到今天,我国的经济与社会发展已经走过了66年,其间除了1949年到1952年为国民经济恢复时期和1963年至1965年为国民经济调整时期外,从1953年第一个五年计划开始,已经编制、实施了十二个“五年规划”。60多年来,中国经济风雨兼程,从片面强调经济增长到以人为本的科学发展观,从高度集中的计划经济到充满活力的市场经济,从干预微观经济生活的政府计划到引导宏观经济发展的长远战略,中国的经济发展获得了长足的进步,取得了辉煌的发展成就,使我国成为仅次于美国的世界第二大经济体,为实现中华民族伟大复兴的中国梦奠定了坚实的物质基础。但同时,我们也经历过沉痛的失误与挫折。

以史为鉴,可以知兴替。“五年规划”作为国家指导经济工作的纲领性文件与系统政策,见证了中国经济每一个阶段的成长、停滞、成就与困难。每一个“五年规划”的实施都是中国经济发展历程的重要缩影,也是观察中国经济变迁的重要切入点。回顾新中国成立以来我国实施的“五年规划”，不仅是为了理顺中国经济60多年来的发展脉络，更是为了从60多年来的历史进程中汲取未来经济发展的宝贵经验与教训。在中国的经济发展中，改革是一个永恒的主题，渐进式改革与激进式改革的交替，诱致性变迁与强制性变迁的互动，公平与效率的取舍成为观察中国经济改革的重要视角。立足于中国的基本国情，尊重经济规律，持续深化体制改革，借鉴历史上所呈现出的“自下而上”与“自上而下”互动改革模式，正确权衡公平与效率的关系都是过去的十二个“五年规划”留给我们的宝贵经验。《历史的跨越：从“一五”到“十三五”》正是本着历史唯物主义和辩证唯物主义的态度，以大量历史资料为依据，吸收学界重要研究成果，全面介绍了从1953年第一个五年计划至今党领导人民进行社会主义建设历程中所取得的伟大成就及经验教训。

当66年的风雨刚刚飘过，中国经济也将步入第十三个“五年规划”时期。这是一个新的历史时期，也是实现全面建成小康社会目标的“冲刺”关键期，共和国所处的内外部环境都在发生深刻变化，面临的挑战也更加严峻复杂，未来的经济发展注定不会一帆风顺。

2016年是“十三五”规划的开局之年，也是中国经济走向新的发展阶段的重要起点。带着对历史的敬畏，对现实的思考，回顾、梳理新中国成立66年来经济社会发展的历史，特别是制定和实施“五年规划”的历史，不仅能通晓建国以来经济发展的大体脉络，也能从中探索中国经济发展的规律，对于我们总结经验，吸取教训，推动工作，对于全面建成小康社会，实现中华民族伟大复兴的中国梦具有重大的现实意义和深远的历史意义。

目 录

CONTENTS

第一章 “一五”计划(1953—1957年)

“一五”计划的制定历时五年,数易其稿。1955年7月,一届全国人大二次会议审议通过“一五”计划。颁布时计划涵盖的时间已经过半。其确定的一项基本任务是:集中主要力量,进行以苏联帮助我国设计的156个大型建设项目为中心、由694个大中型建设项目组成的工业建设,建立我国社会主义工业化的基础。

第二章 “二五”计划(1958—1962年)

“二五”计划大起大落,历程曲折。“二五”计划作为党中央的建议,在1956年中国共产党第八次全国代表大会上通过。此后,由于指导方针的变化,各年度的计划数字不断大幅调整变化,第二个五年计划的正式文件始终未能颁布。

第三章　“三五”计划(1966—1970年)

“三五”计划本应在1963年到1967年实行。1962年，中共中央曾设想“三五”计划主要是调整和恢复国民经济，但毛泽东提出，1963年至1965年作为过渡阶段，继续调整打下底子，从1966年起再搞“三五”计划。由于1966年“文化大革命”的突如其来，正式的“三五”计划没有来得及形成。

第四章　“四五”计划(1971—1975年)

“四五”计划延续了“三五”计划备战的思路，而且调门更高，指导方针是“以阶级斗争为纲，狠抓备战，促进国民经济新飞跃”，“四五”计划又重新提出初步建成我国独立的、比较完善的工业体系和国民经济体系的战略目标。总体上看，“四五”计划并非一个冒进的计划，但是，部分指标确实过高，特别是整个计划盘子过大，安排的基本建设投资为“三五”的1.7倍，财政收入为“三五”计划的1.6倍，这也使其不得不在1973年连续进行了两次调整。

第五章 "五五"计划(1976—1980年)

由于"文化大革命"的破坏,没有编制独立的纲要式五年计划。只是在1975年编制了一个包括"五五"和"六五"时期在内的1976—1985年发展国民经济十年规划纲要草案。这个纲要也是在"左"的社会主义建设总路线指引下制定的。按照这个纲要的规定,到1980年,要建成独立的比较完整的工业体系和国民经济体系;在农业方面,要基本实现农业机械化。显然,这是一个急于求成而又根本不可能实现的计划。此纲要直至1977年12月才下发,当时,"五五"计划实施仅剩三年时间。

第六章 "六五"计划(1981—1985年)

"六五"计划是改革以来的第一个五年计划,它是探索社会主义现代化经济建设新路子的五年计划,也是为实现20世纪末翻两番战略目标打下初步基础的五年计划。指导思想是继续贯彻执行"调整、改革、整顿、提高"的方针,使国民经济走上稳步发展的健康轨道。主要任务是解决过去遗留下来的阻碍经济发展的各种问题，取得实现财政经济状况根本好转的决定性胜利，并且为第七个五年计划期间的国民经济和社会发展奠定更好的基础。

第七章 “七五”计划(1986—1990年)

“七五”计划是一个以经济体制改革为主旋律的五年计划，要继续推进经济发展战略和经济管理体制由旧模式向新模式的转变。指导方针是对内搞活经济、对外实行改革开放，它提出了三项任务：一是经济体制改革，基本上奠定有中国特色的新型社会主义经济体制的基础；二是发展经济；三是改善人民生活。

第八章 “八五”计划(1991—1995年)

“八五”计划是在20世纪80年代国民经济高速增长和治理整顿经济环境的背景下制定的，最初要求保持6%左右的中速增长，设想建立计划经济与市场调节相结合的经济体制。但是，1992年邓小平南方谈话和党的十四大之后，人们的观念和经济发展态势发生了巨大变化。

第九章 "九五"计划(1996—2000年)

"九五"计划是实行社会主义市场经济体制以后的第一个五年计划,提出了要实现两个具有全局意义的根本性转变:一是经济体制从传统的计划经济体制向社会主义市场经济体制转变;二是经济增长方式从粗放型向集约型转变,要求全面完成现代化建设的第二步战略部署。

第十章 "十五"计划(2001—2005年)

"十五"计划提出了全面、协调、以人为本的五条发展方针:坚持把发展作为主题;坚持把结构调整作为主线;坚持将改革开放、科技进步作为发展的动力;坚持把提高人民生活水平作为根本的出发点;坚持经济与社会的协调发展。"十五"计划最突出的特点是工业化、城镇化、国际化、信息化以及基础设施现代化全面加速发展。

第十一章　“十一五”规划(2006－2010 年)

“十一五”规划是党的十六大提出 2020 年全面建设小康社会目标后的第一个五年规划，是科学发展观提出后制定的第一个五年规划，要求全面贯彻落实科学发展观。“十一五”规划的发展思路成为中国从加快发展向科学发展转变的重要标志，其指导原则和政策举措的主要着力点在于转变经济发展方式。首次将“五年计划”改变为“五年规划”，将国家主要发展目标根据市场机制与政府责任的不同，划分为约束性指标和预期性指标，其中，能耗降低 20%，主要污染物减少 10%，更是作为约束性指标的重中之重。

第十二章　“十二五”规划(2011－2015 年)

“十二五”规划，根据《中共中央关于制定国民经济和社会发展第十二个五年规划的建议》编制，主要阐明国家战略意图，明确政府工作重点，引导市场主体行为，是过去五年我国经济社会发展的宏伟蓝图，是全国各族人民共同的行动纲领，是政府履行经济调节、市场监管、社会管理和公共服务职责的重要依据。

第十三章 "十三五"规划(2016—2020年)

"十三五"时期是全面建成小康社会的关键时期,是深化改革开放、加快转变经济发展方式的攻坚期。深刻认识并准确把握国内外形势新变化新特点,科学制定"十三五"规划,对于继续抓住和用好我国发展的重要战略机遇期、促进经济平稳健康发展和社会和谐稳定,对于夺取全面建成小康社会新胜利、开创中国特色社会主义事业新局面,具有十分重要的意义。

附 录

第一章

“一五”计划(1953—1957年)

【关 键 词】 百废待兴与工业化起步

【基本任务】 逐步实现国家的工业化,逐步实现国家对农业、手工业和对资本主义工商业的社会主义建立结合起来的社会主义改造。建立我国社会主义工业化的初步基础;发展部分集体所有制的农业生产合作社,并发展手工业生产合作社,建立对于农业和手工业的社会主义改造的初步基础;基本上把资本主义工商业纳入各种形式的国家资本主义轨道,建立对于私营工商业的社会主义改造的基础。

1951年2月，中共中央决定于1953年转入大规模的经济建设，并开始实施发展国民经济的第一个五年计划。“一五”计划不但是发展计划，也是体制变革的计划。它是我国过渡时期的战略步骤之一，指导方针即是过渡时期的总路线——逐步实现国家的社会主义工业化，逐步完成对农业、手工业和资本主义工商业的社会主义改造。“一五”计划重点任务是集中力量进行以苏联帮助我国设计的156个建设单位为中心的工业建设，建立我国的社会主义工业化的初步基础。

一、“一五”计划概要

“一五”计划是一个重工业优先的全面发展蓝图，不但是经济建设计划，也包括社会建设。经济建设方面包括工业、农业、运输和邮电、商业以及提高经济效率（提高劳动生产率和降低成本）；社会建设方面包括培养建设干部、加强科学研究工作，提高人民的物质生活和文化生活水平。“一五”计划的制定与实施标志着系统建设社会主义的开始。

（一）“一五”计划实施的国际国内背景

国际上，第二次世界大战后初期至20世纪50年代，以美国为首的资本主义阵营与以苏联为首的社会主义阵营之间的对抗不断激化。两个阵营围绕着政治、经济、军事等展开了激烈较量。50年代尤其是“一五”计划实施期间，资本主义阵营对身处社会主义阵营的中国进行政治孤立、经济制裁与军事封锁。而另一方面，苏联与一些东欧国家以资金与技术援助的形式积极支持中国的经济建设，这些来自苏联与东欧的经济援助在中国工业化的进程中起到了重要作用。朝鲜战争的爆发加剧了东北亚的紧张局势，以美国为首的资本主义阵营依然没有放弃颠覆大陆的企图，中国周边的战争威胁并未消失。

在国内，新中国建立以后，经过三年的经济恢复，国民经济得到根本好转，工业生产已经超过历史最高水平，但是我国那时还是一个落后的农业国，许多工业产品的人均拥有量远远低于发达国家。因此，如何快速发展经济、巩固新生的社会主义政权已成为执政者当时最为关心的问题。

1951年1月28日,中央政治局扩大会议提出了“三年准备,十年计划经济建设”的重大决策,也就是再用22个月的时间进行准备,从1953年起开始实施第一个五年计划。1953—1957年发展国民经济的计划是中国的第一个五年计划。有计划地进行社会主义建设,逐步实现国家的工业化,逐步实现国家对农业、手工业和对资本主义工商业的社会主义建立结合起来的社会主义改造。

1950年初,人民政府接管官僚资本的工矿企业2800余家以及金融企业2400余家,构成了人民共和国建国初期国营经济的主要部分。人民政府废除帝国主义利用不平等条约获取的在中国的经济特权,收回长期被帝国主义盘踞的中国海关,实行对外贸易的管制和对外汇的管理。

1950年2月14日,签订了《中苏友好同盟互助条约》和有关协定。

1950年3月,政务院决定统一全国财政收入、物资调度、现金管理。

1950年6月,毛泽东同志在党的七届三中全会指出,我国财政经济状况的根本好转,要用三年左右的时间,创造三个条件:土地改革的完成;现有工商业的合理调整;国家机构所需经费的大量节减。

1951年,新中国同印度等四个亚洲民族独立国家及瑞典等四个欧洲资本主义国家相继建立了外交关系。

1952年9月,毛泽东在中共中央书记处会议上讲,要开始用十年到十五年的时间基本上完成到社会主义的过渡。根据周恩来的提议,中共中央决定成立由周恩来、陈云、薄一波、李富春、聂荣臻、宋劭文等6人组成的领导小组,负责组织领导第一个五年计划的制定。在陈云的组织领导下,中财委①1951年试编了一个五年计划的粗略的纲要。这也就是我

① 中财委,是成立于1949年7月的中央财政经济委员会的简称。1954年9月,一届全国人大一次会议召开后,中财委结束使命。1957年,中共中央成立中央经济工作五人小组;1958年,中共中央成立中央财经小组;1980年,成立中央财经领导小组;1990年至今,主管全国财政经济工作的部门仍叫中央财经领导小组。2014年6月13日,习近平总书记首次以中央财经领导小组组长身份主持会议。

国第一个五年计划的首次编制。由于当时资料不全，战争还在进行，全国经济建设的大局也还未定下来，特别是还未能争取到苏联的全面援助，因此，这个计划纲要只能是一个试验，不可能作为正式的计划。

1952 年通过调整后的经济形势有了明显好转，国民经济正在迅速恢复。党中央决定加快第一个五年计划的编制，并决定，计划编制好后，8 月份拿到苏联，征求苏方的意见，争取他们的帮助。5 月 21 日至 6 月 5 日召开的全国财政会议，对第一个五年计划再次进行了酝酿和讨论。在陈云领导下，中财委开始第二次编制第一个五年计划草案。7 月，五年计划的第二次编制完成。尽管时间仓促，经验和数据不足，这个计划还是包括了大量的内容。计划印出来以后，共有 25 本小册子，主要包括《关于五年计划轮廓的方针》和《中国经济状况和五年建设的任务》以及钢铁、有色金属、机器、汽车、船舶、电器、化学、建筑材料、电力、煤矿、石油、纺织、轻工业、交通、邮电等发展计划。5 年基本建设计划投资 505 亿元，拟请苏联援助我国工业建设项目 91 个。

1952 年 8 月，中共中央决定以周恩来为团长，陈云、李富春为副团长，组织带领有 30 多名专家的代表团访问苏联。

经过一个多月的紧张工作，会谈取得了圆满的成功，苏联同意帮助我们设计一批企业并提供设备。争取到苏联对中国工业化的援助，是这次访问的最大成果。一个工业化的大国，全力帮助一个落后的农业国实现工业化，这是当时社会主义国家间国际主义的无私体现，为中国经济实现跨越式发展提供了千载难逢的历史契机。1952 年底、1953 年初，陈云组织中财委，根据苏方的建议对"一五"计划进行了第三次编制。1952 年 12 月 22 日，中共中央发出《关于编制 1953 年计划及长期计划纲要的指示》，确定制定五年计划的一些重大问题。

对于第一个五年计划耗时较长的原因，国务院副总理、国家计委主任李富春同志在第一届全国人大二次会议作关于第一个五年计划报告时指出，"这是由于我国资源缺乏调查，统计资料也很少，有多种经济成分同时并存,我们又没有编制长期计划的经验,建设工作的经验又很不够。而且,从国家的整个情况来说,1950年开始的抗美援朝战争,到1953年7月底才实现了停战。苏联帮助我国建设的156个工业单位中的主要部分——第二批91个单位,也到1953年5月才确定。所有这些,都说明了过去两年,只能一面进行建设,一面编制长期计划……"

(二)"一五"计划的制定与实施

1953年,中国按第一个五年计划的预定时间表开始进行各项经济活动的实施,第一个五年计划的基本任务,是集中主要力量进行以苏联帮助我国设计的156个重点项目为中心的、由限额以上的694个建设单位组成的工业建设,建立我国社会主义工业化的初步基础;发展部分集体所有制的农业生产合作社,并发展手工业生产合作社,建立对于农业和手工业的社会主义改造的初步基础;基本上把资本主义工商业纳入各种形式的国家资本主义轨道,建立对于私营工商业的社会主义改造的基础。国民经济第一个五年计划进行的是边实施边编制的路线,这也是当时缺乏资料、缺乏经验和缺乏人才的特殊历史条件所决定的。后来把这种具有浓厚的探索色彩的编制过程,形象地称为"五年计划,计划五年"。

1953年3月,斯大林的逝世没有影响到中苏关系,苏联对援助中国"一五"计划的态度仍然十分积极。4月,苏联政府经过研究,就中国"一五"计划的问题提出了正式的答复意见。国家计划委员会根据这些意见,对"一五"计划进行了第四次编制。这一次,陈云因病在外地休养,未能参加。

1953年6月,中共中央政治局正式讨论和制定了中国共产党在过渡时期的总路线:"从中华人民共和国成立,到社会主义改造基本完成,这是一个过渡时期。党在这个过渡时期的总路线和总任务。是要在一个相当长的时期内,逐步实现国家的社会主义工业化,并逐步实现国家对农业、对手工业和对资本主义工商业的社会主义改造。"按照预定的时间,"一五"计划已进入实施阶段了。

1953年7月，朝鲜战争双方实现停战，中国进行大规模经济建设的外部威胁破产了，全力加快国民经济建设步伐的条件已经具备，第四次编制的"一五"计划仍不能令人满意。五年计划编制工作的滞后成为加快经济建设步伐的重大制约因素。对此，毛泽东和党中央都非常着急。

1954年初，中央根据工作发展的需要决定，成立由陈云、高岗、李富春、邓小平、邓子恢、习仲勋、贾拓夫、陈伯达组成编制五年计划纲要八人工作小组，由陈云任组长，加快"一五"计划的编制。4月19日，中共中央正式发出决定，规定工作小组的任务是进一步研究"一五"计划纲要的工业发展速度，苏联援助的141个建设项目，投资比例，农副业、手工业和私营工商业社会主义改造的程度及稳定市场等问题。于是，陈云又投入了第五次编制"一五"计划的工作。

初稿完成后，1954年6月30日，陈云就"一五"计划的有关问题向中央政治局扩大会议作了汇报。这样，历时近四年，五易其稿，第一个五年计划总算有了一个可以拿出来的初稿。

1955年3月31日，党的全国代表会议对陈云主持起草的"一五"计划草案进行了审议，并决定原则通过这一草案。6月，中央委员会根据全国党代会议提出的意见，对草案再次进行了修改。7月30日，全国人大一届二次会议审议并正式通过了"一五"计划。对于第一个五年计划耗时较长的原因，国务院副总理、国家计委主任李富春同志在第一届全国人大二次会议作关于第一个五年计划报告时指出，"这是由于我国资源缺乏调查，统计资料也很少，有多种经济成分同时并存，我们又没有编制长期计划的经验，建设工作的经验又很不够。而且，从国家的整个情况来说，1950年开始的抗美援朝战争，到1953年7月底才实现了停战。苏联帮助我国建设的156个工业单位中的主要部分——第二批91个单位，也到1953年5月才确定。所有这些，都说明了过去两年，只能一面进行建设，一面编制长期计划……"

第一个五年计划确定的指导方针和基本任务是:集中主要力量发展重工业,建立国家工业化和国防现代化的初步基础;相应地发展交通运输业、轻工业、农业和商业;相应地培养建设人才;有步骤地促进农业、手工业的合作化;继续进行对资本主义工商业的改造;保证国民经济中社会主义成分的比重稳步增长,同时正确地发挥个体农业、手工业和资本主义工商业的作用;保证在发展生产的基础上逐步提高人民物质生活和文化生活的水平。“一五”计划规定,五年内国家用于经济和文化建设的投资总额达766.4亿元,折合黄金7亿多两。全部基本建设投资的58.2%用于工业,其中又把88.8%用于重工业建设。

(三)“一五”计划的执行情况

对于一五建设各项目的实施,陈云极其重视。1952年初,一些项目开始设计的时候,陈云就主持中财委党组会议进行了讨论。鉴于建设新型工厂还没有经验,而过去的基本建设中已有很大浪费,中财委提出:对于每个工厂的建设计划及初步设计,应该认真地慎重地研究审核,这是一种极为重要的学习。今后,各级工业交通等部门凡是建设新厂,都必须切实审查设计,决不可草率从事。这次会议决定:全国各地凡属举办价值50亿元(旧币)人民币以上的新工厂,均须呈报党中央。一切较大和大型工厂的初步设计议定书,均须经过中财委党组审核,分别呈请政务院党组和党中央核准。各有关部门对于设计和审核工作应该力避拖延,又必须切实认真。陈云还亲自为中财委党组起草了几份关于审查工厂初步设计议定书向中共中央的报告。苏联帮助设计和建设的156项工业建设项目,不少是由陈云亲自召集专家、技术人员和有关干部认真审查后才决定具体方案的。

1953年,中央从全国一次调集一万多名优秀干部到工业战线,培养他们成为工业建设的领导骨干。党中央号召:新老干部都要钻工业建设的业务。我们已经进入了社会主义工业化、社会主义改造、现代化的国防和原子能的历史新时期。

1953年12月，鞍山钢铁公司无缝钢管厂等三大工程举行开工生产典礼。包头钢铁公司和武汉钢铁公司也先后正式开始施工。到1956年，中国第一家生产载重汽车的工厂长春第一汽车制造厂建成投产，中国第一家飞机制造厂试制成功第一架喷气式飞机，中国第一家制造机床的工厂沈阳第一机床厂建成投产，大批量生产电子管的北京电子管厂正式投产。飞架南北的武汉长江大桥1957年建成。青藏、康藏①、新藏公路相继建成通车。大大小小的建设项目不胜枚举。一大批旧中国没有的现代工业骨干企业，开始一个个建立起来，一大批能源基地和工业化原料基地的建立，使我国工业生产能力大幅度提高。一大批工矿企业在内地兴建，使旧中国工业过分偏于沿海的不合理布局初步得到改善。

无数个新中国的“第一”是在这个年代产生，无数项中国经济、科研领域的空白是在这个年代得到填补。

但是，“一五”计划实施中也存在一些问题。一是农业生产跟不上工业生产的步伐，以工业总产值占农业总产值70％和工业总产值中生产资料占60％作为实现国家工业化的重要标志之一，在某种程度上忽视了农业的发展。二是1956年出现全局性的冒进，基本建设投资总额147.35亿元，比上年增长70％，高于1953、1954两年的投资额，基本建设贷款占财政支出的比重由上年的30.2％猛增到48％，造成国家财政紧张。三是社会主义改造过急过快，为以后相当长时间留下后遗症。

二、“一五”计划成就辉煌

1956年，所有制的社会主义改造任务基本完成，随之而来的便出现了经济大发展的局面。

1957年年底，第一个五年建设计划的各项指标大都大幅度地超额完成。工业、交通运输业和基本建设各条战线喜报频传。社会主义改造和

① 康藏公路修筑于1950年初，1954年12月25日建成通车。后因西康省撤销，1955年交通部决定康藏公路改称川藏公路。

社会主义建设取得了巨大的成就,国民经济面貌发生了重大的变化。“一五”期间工业建设和生产所取得的成就,远远超过了旧中国的一百年。同世界其他国家工业起飞时期的增长速度相比,也是名列前茅的。在全党全国人民同心同德的艰苦奋斗中。中国的社会主义工业化步伐在扎扎实实地向前迈进。1957年同1952年相比,工农业总产值增长68%,年均增长率为10.9%。主要工农业产品产量大幅度增长。例如:钢增长296%,煤增长96%,粮增长19%,棉花增长26%。国民收入总额增长了53%,全国城乡居民的平均消费水平增长了23%,人民生活水平有了明显提高。国营经济所占比重由19%提高到33%,合作社经济由1.5%提高到56%,公私合营经济由0.7%提高到8%,个体经济则由72%降低到3%,资本主义经济由7%降低到1%以下。

五年内全国完成投资总额为550亿元,其中国家对经济和文教部门的基本投资总额为493亿元,超过原来计划427.4亿元的15.3%。五年新增加固定资产460亿元,相当于1952年底全国固定资产原值的1.9倍。五年内施工的工矿建设项目达一万多个,其中大中型项目有921个,比计划规定的项目增加227个,到1957年年底,建成全部投入生产的有428个,部分投入生产的有109个。苏联帮助我国建设的156个建设项目,到1957年年底,有135个已施工建设,有68个已全部建成和部分建成投入生产。我国过去没有的一些工业,包括飞机、汽车、发电设备、重型机器、新式机床、精密仪表、电解铝、无缝钢管、合金钢、塑料、无线电等,从无到有地建设起来,从而改变了我国工业残缺不全的状况,增加了基础工业实力。

农业生产获得较大的发展。1957年农业总产值完成原计划101%,比1952年增长25%,平均每年增长4.5%。粮食产量1957年达到3900亿斤,比1952年增长19%;棉花产量为3280万担,比1952年增长25.8%。粮食和棉花年平均增长速度,分别为3.7%和4.7%。五年内全国扩大耕地面积5867万亩。1957年全国耕地面积达到16.745万亩,完成原定计划101%。五年内全国新增灌溉面积21.81万亩，相当于1952年全部灌溉面积的69%。

全国交通运输业也有巨大发展，到1957年年底，全国铁路通车里程达到29862公里，比1952年增加22%。五年内，新建铁路33条，恢复铁路3条，新建、修复铁路干线、复线、支线共约一万公里。宝成铁路、鹰厦铁路、武汉长江大桥，都先后建成。到1957年底，全国公路通车里程达到25万多公里，比1952年增加1倍。

人民生活也得到较大改善，1957年全国职工的平均工资达到637元，比1952年增长42.8%，农民的收入比1952年增加近30%。人民平均消费水平，1957年达到102元，比1952年的76元提高34.2%。[①]

"一五"计划时期，我国对个体农业、手工业和私营工商业的社会主义改造的任务基本完成。文教、卫生、科学、艺术事业也有很大发展。第一个五年计划的超额完成，我国"一五"计划实施过程中，民用工业中分别有50个部署在东北地区，32个部署在中部地区，国防工业中的大部分部署在了中、西部地区。奠定了我国社会主义工业化的初步基础，提高了人民生活水平，我国对个体农业、手工业和私营工商业的社会主义改造的任务基本完成。计划所规定的各项建设任务，主要依靠我国人民的力量，加上当时苏联等国家的大力援助，到1957年年底胜利完成，使我国建立起社会主义工业化的初步基础。大大小小的建设项目不胜枚举。一大批旧中国没有的现代工业骨干企业，开始一个个建立起来；一大批能源基地和工业化原料基地的建立，使我国工业生产能力大幅度提高；一大批工矿企业在内地兴建，使旧中国工业过分偏于沿海的不合理布局初步得到改善。"一五"期间工业建设和生产所取得的成就，远远超过了旧中国的一百年。显示了社会主义制度的优越性，并初步积累了社会主义建设的经验。社会主义生产关系基本确定。

---

① 《"一五"计划的巨大成就》，中国网2009年8月13日。

三、媒体述评

第一个五年计划(新中国成就档案)

1951年春,中央财经委员会着手试编第一个五年计划,历时4年,五易其稿。1955年7月,第一届全国人民代表大会第二次会议正式审议并通过。

第一个五年计划的指导方针是,集中主要力量发展重工业,建立国家工业化和国防现代化的初步基础;相应地发展交通运输业、轻工业、农业和商业;相应地培养建设人才;有步骤地促进农业、手工业的合作化;继续进行对资本主义工商业的改造;保证国民经济中社会主义成分的比重稳步增长,同时正确地发挥个体农业、手工业和资本主义工商业的作用;保证在发展生产的基础上逐步提高人民物质生活和文化生活的水平。

基本任务是,五年中将新建一批规模巨大、技术先进的新兴工业部门,同时要用现代先进技术扩大和改造原有的工业部门;要合理利用和改建东北、上海和其他沿海地区城市已有的工业基础,同时要开始在内地建设一批新的工业基地。

第一个五年计划的制定,既借鉴了苏联的建设经验,又结合了中国的实际情况。

经过全党和全国人民五年的艰苦奋斗,到1957年年底,第一个五年计划的各项指标大幅度地超额完成,形成中国近代以来引进规模最大、效果最好、作用最大的工业化浪潮。我国的工业生产能力和技术水平前进了一大步,取得了令人瞩目的成就,为后来的工业化奠定了基础,特别是人力资源和技术资源的基础。

周恩来认为“第一个五年计划基本上是正确的,成绩很大,但是错误不少”。第一个五年计划开始的时候,虽然我国的工业已经恢复并且超过历史上的最高水平,但是工业化的起点仍然很低。1952年现代工业在我国工农业总产值中的比重只有26.6%，重工业在工业总产值中的比重只有35.5%。

（来源：《人民日报》2014年10月1日第4版）

四、专家论道

周恩来1956年9月16日在中国共产党第八次全国代表大会上作《“二五”计划的建议的报告》总结第一个五年计划的经验教训。

（一）工业化程度仍然不高

第一，制订计划要既积极又稳妥。他指出，合理地规定国民经济的发展速度，应根据需要和可能，把计划放在既积极又稳妥可靠的基础上，以保证国民经济比较均衡地发展。

第二，要使重点建设和全面安排相结合。有鉴于“一五”时期我国在重点建设和全面安排的关系处理上曾犯过忽视和孤立地发展重点建设的错误，他坚定地指出：“我们强调重点建设，并不是说可以孤立地发展重点，而不要全面安排；我们要求全面安排，也不是说可以齐头并进，而不要保证重点建设。我们在制定计划和安排工作的时候，必须把重点和全面很好地结合起来。”①

第三，增强后备力量，健全物资储备制度。他认为，像我们这样一个经济落后、人口众多的国家，在相当长的时期内，各种物资的缺乏是经常现象，而物资的多余是暂时现象。因此，在安排国民经济中，就“必须保持必要的物资、财政、矿产资源、生产能力等的后备力量，特别要增加国家的物资储备，以保证国民经济的均衡发展和年度计划的顺利执行，并且应付可能遇到的意外困难”②

第四，正确处理经济和财政的关系。他总结“一五”时期建设的经验是：“财政收入必须建立在经济发展的基础上，我们财政支出也必须首先

① 《周恩来经济文选》，中央文献出版社1993年版，第282页。
② 《周恩来经济文选》，中央文献出版社1993年版，第282页。

保证经济的发展。"[1]

(二)出现的部分问题

第一,增长速度超过了国力承受能力。1953年是大规模建设的开始,投资增速过快,经济建设浪潮连续大起大落,引起物资全面紧缺,物价上涨,物资控制上混乱无序,市场机制的无计划性与市场管理的高成本,以及社会经济生活的不稳定,所有这些为重要物资的国家垄断经营提供了契机。其结果,就是国家控制的迅速加强。党和政府一方面紧缩财政和信贷,压缩基本建设规模,以开展增产节约运动、增收节支等行政口号,督促加快工农业生产的发展,另一方面是加快了经济体制从市场向计划的变革步伐,把原本要通过"一个相当长的时期"(过渡时期的总路线)和缓、稳步实行的进程大为加快并提前了。

"一五"时期的经济建设取得巨大成就是不容否认的,但是也有教训。一个重要的教训就是投资规模过大,增长速度过快,超过了国力的许可,同时投资增长速度不平稳,连续大起大落。一部分人(特别是一些部门和地方领导)存在急躁、求快的思想,只从主观愿望出发,热心于大规模工程,不分轻重缓急,大上基本建设项目,大铺摊子,尽管中央三令五申,一再要求加强重点建设,压缩非重点建设,压缩投资规模,一些领导仍在部门和地方利益驱使下,对中央指示执行不力,或是由于投资惯性,欲下不能。

同时,也存在当时对计划(确切地说是规划)工作缺少经验,对国情国力还没有摸清摸透,对资源配置与利用效率心中无数等问题。如1956年,一方面要求超额完成计划,另一方面又把计划定得太满,不留有余地。计划安排的本意是要更有效地集中利用资源,而实际上,一方面是经济的快速增长,另一方面是资源利用上的低效和浪费。

对于这些问题,党中央从一开始就有一定的警觉。1953年的元旦的《人民日报》社论指出,为了保证国家建设的投资,就必须有重点地使用

---

① 《周恩来经济文选》,中央文献出版社1993年版,第284页。

资金，反对百废俱兴，反对要在短期内把一切“好事”都办完的观点。1953年4月28日《人民日报》社论《必须量力而行》更加明确指出：盲目建设的思想，不只表现在那种企图处处大规模、样样大规模的想法和作法上，而且还表现在有些部门和有些同志，在制定计划时缺乏实事求是的精神，不量力而行；我们不仅在制定1953年的计划中有不量力而行的思想，而且过去两年来的事实也说明，在我们的基本建设中，由于有些计划不切合实际，每年都有大量应该完工的工程不能完工，尤其是一些主要工程不能完工，这样不仅积压了国家大量的资金，而且影响到其他重要工程的进行和其他部门的正常生产；为了避免错误，必须使我们的建设计划和每一项工程的建设，从需要和可能相结合的观点上去考虑。在目前说来，我们应该特别从可能的条件去考虑我们建设的规模和速度，推迟那些今天条件不够和力所不及的工程，取消那些无法办到的工程项目，等到什么时候具备了一定的条件，就什么时候开始兴办；我们应该使我们所有工矿企业及其领导部门的负责同志们懂得，这样做的结果，绝不是取消我们的新的经济建设，降低建设的速度，而正是加强了我们对建设事业的领导，取得了主动，去掉了盲目性，实质上也就加速了国家建设的进程；为了使我们的工业基本建设的计划建立在可靠的基础上，避免经济上的损失，我们必须进行许多具体而复杂的工作，必须采取一些具体的措施来克服贪多冒进、盲目建设的倾向。遗憾的是，这些思想和做法并没有一贯到底。

1957年1月，陈云在总结几年来特别是1956年(实际也是对“一五”计划执行情况的总结)经济建设中的教训时，就已经提出了著名的“建设规模要和国力相适应”的论点，他指出：建设规模的大小必须和国家的财力物力相适应；适应还是不适应，这是经济稳定或不稳定的界限；建设的规模超过国家财力物力的可能，就会出现经济混乱；要做到财政、信贷、物资、外汇四个方面的平衡。[①]

① 《陈云文选1956—1985》，人民出版社1986年版，第40—49页。

第二，工农业增长比例不足。1957年农业总产值达604亿元(按1952年不变价格计算)，比1952年增长24.8%；粮食产量3901亿斤，比1952年增长19%。1957年是我国经济建设进行得最好的年份之一，也是农业发展得最好的年份之一。

周恩来认为“城市离不开乡村而且要依靠乡村，工业离不开农业而且要以农业为基础。”①整个“一五”计划时期，农业的增长落后于工业的增长，粮棉紧张的局势一直未能根本缓解。“农业比工业差一点，值得我们重视”。“同工业相比，我们对农业的重视和安排不够。”②“以重工业为中心的工业建设，是不能够也不应该孤立地进行的，它必须有各个方面的配合，特别是农业的配合。”③他进一步指出：“农业是工业发展以至整个国民经济发展必不可少的条件。延缓农业的发展，不仅直接地影响轻工业的发展和人民生活的改善，而且也将极大地影响重工业以至整个国民经济的发展，影响工农联盟的巩固。”④1957年9月26日，周恩来在党的八届三中全会上作《关于劳动工资和劳保福利问题的报告》时说：解放以来，我们着重地宣传了工业化的意义，这是对的；但是，对于发展农业的重大意义却宣传不够。农业的发展制约着工业以至整个国民经济的发展；农业能否发展影响工农联盟的巩固，关系到国家的政治稳定；农业能否发展直接关系到人民当前的利益，关系到人民建设社会主义的积极性。周恩来认为，在开始进行“一五”计划的建设，开始集中主要力量发展重工业时，提出要预防轻视农业的倾向，要求省以下地方党委(除去一些城市搞工业外)要用主要的力量抓农业。苏联片面发展重工业，忽视农业和轻工业的经济发展模式产生了弊端；“一五”建设对农业的重视和安排不够。周恩来的这些认识，对探索具有中国特色的社会主义建设的道路，对确立以农业为基础、工业为主导的国民经济发展方针，无疑有着

① 《周恩来经济文选》，中央文献出版社1993年版，第24、29页。
② 《周恩来选集》下卷，人民出版社1997年版，第234—235页。
③ 《周恩来经济文选》，中央文献出版社1993年版，第289页。
④ 《周恩来经济文选》，中央文献出版社1993年版，第289—290页。

重大的意义。

（三）与外国的经济合作

中苏签订援建协定后，苏联向中国供应机器设备和技术援助的数量逐年上升：1951 年提供了 3090 万卢布成套设备，1952 年提供了 3660 万卢布成套设备，1953 年提供的技术援助数量比 1952 年几乎增长一倍，1954 年技术援助总额又比 1953 年几乎增长了一倍 。按照俄罗斯外交政策档案馆保存的资料统计，苏联援华企事业建设项目的出口总值为 9409 亿卢布，其中设备的出口总计达 8394 亿卢布，技术援助的出口值为 1015 亿卢布，这大约占苏联年国民收入的 7.7％ 。苏联也提供了各种工厂设计图纸、产品设计图纸、工艺设计和其他技术资料，这些是建厂和生产所必需的。1951 年中国就得到了苏联科学院、各共和国科学院和苏联其他各科学机构出版的 32000 册书刊。1952 年，苏联免费提供了近 5000 种书籍，其中许多列入了中国出版社的翻译和出版计划。同年，中国出版了 756 种、860 万册苏联书籍的中文译本。在以后的几年里，苏联书籍以更大规模被翻译成中文并在中国出版。“一五”时期，机械工业在引进苏联技术和测绘仿制的基础上发展了 4000 多项新产品。“156 项工程”所需设备，由国内机器制造厂分交供货的比重，按重量计算是 52.3％，按金额计算为 45.9％。由国内分交制造的设备中，大部分由苏联供给产品图纸。按照苏联论著的说法，1952－1957 年之间，中国生产的 51000 台金属切削机床中，有 43500 台是按照从苏联得到的工艺资料生产出来的。1956 年周恩来说：“由于努力向苏联学习的结果，我国工程界现在已经学会了许多现代化的工厂、矿井、桥梁、水利建设的设计和施工，在设计大型机械、机车、轮船方面的能力也有很大提高。”

但是，党仍然坚持和强调自力更生为主，凡能自己解决的尽量自己解决。在“一五”计划期间，国家财政中来自国外的贷款，只占国家财政总收入的 2.7％。这些贷款，从 1955 年开始，就以我国对外贸易的顺差分年偿还。1956 年，中央进一步明确提出建立独立完整的工业体系的方针。这些对于后来在国际关系剧烈变化中我国坚持独立自主的立场，具有深远的意义。

五、延伸阅读

1.李富春:《关于发展国民经济的第一个五年计划的报告——在一九五五年七月五日至六日的第一届全国人民代表大会第二次会议上(之一)》,《人民日报》1955年7月8日第6版。

2.《为全部实现第一个五年计划而奋斗》,《人民日报》1955年7月8日第1版。

3.《人民日报》社论:《必须量力而行》,《人民日报》1953年4月28日。

4.周恩来:《经济建设的几个方针性问题》,《周恩来选集(下)》,人民出版社1997年版。

5.陈云:《建设规模要和国力相适应》,《陈云文选(第三卷)》,人民出版社1995年版。

第二章

“二五”计划(1958—1962年)

【关 键 词】 “大跃进”与大调整

【基本任务】 继续进行以重工业为中心的工业建设,推进国民经济的技术改造,建立我国社会主义工业化的巩固基础;继续完成社会主义改造,巩固和扩大集体所有制和全民所有制;在发展基本建设和继续完成社会主义改造的基础上,进一步地发展工业、农业和手工业的生产,相应地发展运输业和商业;努力培养建设人才,加强科学研究工作,以适应社会主义经济文化发展的需要;在工业农业生产发展的基础上,增强国防力量,提高人民的物质生活和文化生活的水平。

1958—1962年国民经济发展计划,简称“二五”计划。在1956年9月召开的中国共产党第八次全国代表大会上,《关于发展国民经济的第二个五年计划(1958年到1962年)的建议》和《关于发展国民经济的第二个五年计划的建议的报告》获得通过。但此后,“二五”计划大起大落,历程曲折。由于指导方针的变化,各年度的计划数字不断大幅调整变化,第二个五年计划的正式文件始终未能颁布。

一、“二五”计划概要

“二五”计划的编制工作从1955年8月就开始了。随之而来的国内外环境导致“二五”计划的各项指标也跟着提高了。进入20世纪60年代,中国的周边环境开始复杂化,其中美国侵越战争的升级和因中苏意识形态分歧导致的两国关系的紧张状态,严重影响了中国的政治经济发展战略。由于中苏两党两国关系出现裂痕,社会主义阵营开始松动,这种国际现实使中国的领导人开始严肃思考战争爆发的可能性,经济发展受到影响。

(一)“二五”计划实施的背景

“二五”计划的实施跨越了20世纪50年代中后期与60年代前半期,这一时期的前后期表现出许多截然不同的特点。首先,20世纪50年代中后期,随着两极格局的逐渐稳固,国际形势日趋缓和。毛泽东当时认为:“现在,新的侵华战争与新的世界大战,估计短时期内打不起来,可能有十年或者更长一点的和平时期。”世界局势的相对缓和与各国致力于经济建设的国际形势为中国提供了一个相对安定和平的经济建设环境。世界各国的经济已经基本从战争中恢复过来,各国之间的经济竞争日趋激烈。

与“一五”计划时期一边倒的外交策略与国际关系相比,“二五”计划时期的国际关系更为复杂,中国不仅与资本主义阵营维持着敌对关系,与社会主义阵营中的领导者苏联关系也恶化,导致外交上面临着困难局面。

“二五”计划开始时期，国内经济状况较好，重工业的迅速发展使得工业化的初步基础得以建立，三大改造的相继完成使得公有制的主体地位基本确立。“一五”计划的辉煌成果在国内逐渐滋长了骄傲自满情绪，使得一些领导人过高估计了社会主义制度的优越性，逐渐忽视对经济发展规律的尊重。另一方面，广大人民群众急于改变经济落后的面貌，同时，由于1956年之后中苏关系出现裂痕，在社会主义阵营中也面临来自苏联的经济竞争压力。

(二)“二五”计划的制定与实施

1956年9月，在周恩来总理主持下编制出《关于发展国民经济的第二个五年计划的建议》,《建议》根据中国过渡时期总路线的提前实现和第一个五年计划的执行情况，第二个五年计划的基本任务应该是：

(1)继续进行以重工业为中心的工业建设，推进国民经济的技术改造，建立我国社会主义工业化的巩固基础；

(2)继续完成社会主义改造，巩固和扩大集体所有制和全民所有制；

(3)在发展基本建设和继续完成社会主义改造的基础上，进一步发展工业、农业和手工业的生产，相应地发展运输业和商业；

(4)努力培养建设人才，加强科学研究工作，以适应社会主义经济文化发展的需要；

(5)在工业农业生产发展的基础上，增强国防力量，提高人民的物质生活和文化生活的水平。

《建议》从1958年到1962年五年内的主要指标是：工业产值增长一倍左右，农业总产值增长35%，钢产量1962年达到1060万吨到1200万吨，基本建设投资占全部财政收入的比重由“一五”时期的35%增长到40%左右，基本建设投资总额比“一五”时期增长一倍左右，职工和农民的平均收入增长25%到30%。

《建议》提出了第二个五年计划应该注意的几个问题：

(1)合理地积累和分配资金。国家建设规模的大小，主要决定于我们可能积累多少资金和如何分配资金。我们的资金积累较多,分配得当,社会扩大再生产的速度就会较快,国民经济各部门就能够按比例地发展。因此,合理地解决资金积累和资金分配的问题是很重要的。必须使消费部分和积累部分保持适当的比例。消费部分所占比重小了,就会妨碍人民生活的改善,积累部分所占比重小了,就会降低社会扩大再生产的速度。这两种情况都是对人民不利的。在分配工业投资的时候,还应该在轻重工业之间进行适当的安排。

(2)正确地安排基本建设计划。在以重工业为中心的工业建设中,应该特别注意机器制造工业和冶金工业的建设。机器制造工业的发展,是建立我国完整的工业体系的主要环节之一。我国第一个五年计划期间,许多大型的精密的机器和成套设备都还不能够制造,发展我们所需要而又缺乏的各种重型设备、专用机床、精密机床和仪表等制造业,是今后工业建设的一个重点。使我国工业的布局适合于资源和国防的条件,必须在内地有计划地建设新的工业基地。在工业地点的分布问题上,不论是内地的工业或者近海地区的工业,我们的方针是既要适当分散,又要互相配合,反对过分集中和互不联系的两种偏向。在建设大型企业的同时,还必须建设许多中、小型企业,以便在较短的时间内,能够增产更多的工业品,满足国家建设和人民生活的需要。

(3)发展工业生产。制定出工业技术的长远发展规划,积极地组织产品设计的力量和加强对新产品设计和试制工作的领导,加强企业的技术管理工作,改善原材料的供应工作,实行产品质量奖励制度;特别是应该发动广大职工群众,为提高产品质量和增加产品品种而努力。

(4)发展农业生产。对农业生产的发展,不能要求有更高的速度。当然,我们应该充分地利用上述的有利条件,争取农业生产在第二个五年计划期间得到更大的发展。是要在合作化的基础上,依靠农民的劳动积极性,逐步地改进农业生产的技术,兴修水利,增加肥料,推行先进经验等,来提高单位面积产量。应该根据当地的历史情况和当前情况、自然条件和经济技术条件、农民的生产习惯和生活习惯等等，对农业的发展进行全面规划，以免发生单一化和片面化的倾向。

（5）发展运输业和邮电业。必须以铁路为重点，相应地进行全国运输网和通讯网的建设。应该继续进行新的线路的建设，主要是西北和西南两个地区的铁路、公路的建设，沿海、长江的港口的建设，同时，还应该增加必要的运输和通讯的设备。运输和邮电部门应该根据上述两方面的要求，分别轻重缓急，进行全面规划，以保证完成第二个五年计划建议中所提出的关于运输、邮电方面的各项任务。

（6）加强商业工作。更好地运用价值规律，来影响那些不必要由国家统购包销的、产值不大的、品种繁多的工农业产品的生产，以满足人民多样的生活需要。为了适应上述情况，防止由于统一过多过死而发生产品质量下降和品种减少的现象。

（7）在社会主义改造过程中实行企业改组和人员安排。大量分散的中小型的新公私合营企业，还需要进行适当的改组和安排。许多个体手工业和小商小贩在实现合作化以后，也需要进行必要的改组和安排。根据发展生产、适应社会需要、增加社员收入的原则，使大社、小社、小组同时存在；某些制造性的行业，特别是许多修理性、服务性的行业，都应该让他们继续保持分散活动和原有的经营特点，以便于直接为居民服务，同时便于吸收家庭辅助劳动参加生产。

（8）改进国家行政体制，发挥地方的积极性。按照统一领导、分级管理、因地制宜、因事制宜的方针，进一步地划分中央和地方的行政管理职权，改进国家的行政体制，以利于地方积极性的充分发挥。在中央的统一领导下，适当地扩大地方的权限。因为地方比中央更加接近企业和事业的基层单位，更加接近群众，也更加容易了解实际情况，适当地扩大地方的权限，就能够更好地把地方上的一切力量，一切积极因素，组织到社会主义建设事业中来。

（9）培养建设人才和加强科学研究工作。进一步发展高等教育和中等专业教育,并且根据“掌握重点、照顾其他”及需要和可能相结合的方针,进行全面规划。逐步地建立和健全中国科学院和各业务部门的科学研究机构,加强高等学校的科学研究工作,并且做到各方面分工合作,密切结合。

(10)进一步改善人民生活。继续反对对职工生活漠不关心的官僚主义态度。注意调整国家积累和合作社收入之间的比例关系,正确地解决农民的负担问题。发展小学教育,开展工农群众的业余教育,逐步推行文字改革。同时,还应该进一步开展群众的文化工作,发展新闻、出版、广播、文学、艺术、电影等事业。在举办这些事业的时候,应该特别注意质量的提高。

(11)继续厉行节约。各级国家机关和企业部门应该首先做好计划工作。一切企业单位,都应该加强定额管理工作,推行各种合理的先进定额;加强技术管理工作,提高产品和工程的质量,减少废品、次品和工程质量事故;贯彻执行责任制度,克服无人负责的现象,以防止浪费和发挥节约的潜力。

(12)加强同苏联和各人民民主国家的团结和协作,扩大国际间经济、技术和文化的合作和联系。团结国际上一切可能团结的力量,运用国际上的一切有利条件。在经济上和技术上促进彼此的独立发展,在文化上发扬各自的特长并且互相观摩学习。这种合作有助于保障亚非各国的民族独立和扩大和平地区,因此也就有利于我国的和平建设。

1956年9月召开的党的八大正式通过周恩来总理《关于发展国民经济的第二个五年计划的建议的报告》。1957年4月14日,中共中央批转国家计委党组《关于研究和编制第二个五年计划的报告和建议》。

国家计委的建议主体内容是:国民收入中积累与消费的比例关系、工业和农业的比例关系、工业和农业内部的比例关系等。1958年8月28日,中共中央政治局北戴河扩大会议讨论并批准《关于第二个五年计划的意见》。该意见提出,第二个五年计划的基本目标是:完成社会主义改造，提前把我国建设成为一个具有现代工业、现代农业和现代科学文化的社会主义国家，为第三个五年计划期间经济、技术、文化的高度发展，开始向共产主义过渡创造条件。到1962年，全国就能建成强大的独立的工业体系，各协作区就能建成比较完整的、不同水平和有各自特点的工业体系；全国在钢铁和其他若干重要产品的产量方面就能接近美国；在主要科技方面就能赶上世界先进水平。根据这一目标和要求，许多计划指标不断修正和大幅度提高。很多的具体指标比原“二五”计划高出1—8倍之多。提出可以在第二个五年计划期间完成我国的社会主义建设，可以为向共产主义过渡创造条件。由于计划严重脱离实际，指标过高，加之自然灾害和苏联撕毁合同，使国民经济严重比例失调，陷入困境。

1958年以后，党中央于提出了社会主义建设时期总路线：“鼓足干劲，力争上游，多快好省地建设社会主义”。忽视了客观的经济规律，修改原定计划，提出脱离实际的建设任务和过高的奋斗目标。严重挫伤了农民的生产积极性，影响了农村经济的发展。“二五”计划虽然反映了广大人民迫切要求改变国家经济落后状况的普遍愿望，但是却用主观愿望代替实事求是的科学态度。

（三）“二五”计划的完成情况

1958年1月，毛泽东同志提出《工作方法六十条（草案）》（以下简称《六十条》）。《六十条》要求生产计划作三本账。这其中，中央要做两本账，一本是必成的计划，对外公布；第二本则是期成的计划，不对外公布。地方也有两本账，地方的第一本账就是中央的第二本账，这在地方是必成的；地方的第二本账也是期成的。

从指标来看，地方的第二本账高于中央的第二本账，中央的第二本账高于中央的第一本账。也就是说，从中央到地方，生产计划层层加码。“中央带头搞两本账，各级就都搞自己的两本账。下到基层，一个指标就有六七种账了。不管工业、农业还是其他行业，‘大跃进’的各种指标，大都是通过编两本账的方法，层层拔高的。”薄一波认为，这三本账的制度，是造成“大跃进”中生产计划层层加码、追求高指标的一个重要因素。

仅有三本账还不够,《六十条》还要求计划实施采取“全面规划,几次检查,年终评比”的办法。评比采取同级竞赛的方式,年终评比以第二本账为标准。评比不仅比经济、比生产、比技术,还要比政治,就是比领导艺术,看谁领导得更好。“人有多大胆,地有多大产”,在 1958 年 2 月召开的一届全国人大五次会议上,很多省、市、自治区纷纷表决心,要用五六七年时间完成“农业发展纲要四十条”规定的 12 年内完成的任务。

1958 年 6 月 21 日,《人民日报》社论《力争高速度》一文指出:“用最高的速度来发展我国的生产力,实现工业现代化和农业现代化,是总路线的基本精神……速度是总路线的灵魂……快,这是多快好省的中心环节。”短短几个月时间,全国七十四万多个农业生产合作社改组成二万六千多个人民公社。参加公社的农民有一亿二千多万户,占全国各民族总农户的 99%以上。当时提出人民公社的集体所有制完成向全民所有制过渡,快的三四年,慢的五六年,认为共产主义在我国的实现,已经不是遥远将来的事情。1958 年 8 月,中共中央政治局扩大会议的公报指出:“在 1958 年到 1962 年第二个五年计划期间,我国将提前建成为一个具有现代工业、现代农业和现代科学文化的社会主义国家、并创造向共产主义过渡的条件。”

1959 年起连续三年的自然灾害,使得农业生产急剧减产。1960 年夏季,全国范围内出现了前所未有的粮食供应紧张局面。到 1962 年建成强大的独立完整的工业化体系。1960 年 7 月 18 日,时任国家计委主任的李富春,在中共中央北戴河工作会议上建议,年度计划只搞一本账,不要搞第二本账。李富春提出:“应以整顿、巩固、提高为主,增加新的生产能力为辅;着重解决配套、补缺门、前后左右和品种质量问题,以便取得主动。”1960 年 9 月,中共中央在批转国家计委《关于 1961 年国民经济计划控制数字的报告》中正式提出了国民经济“调整、巩固、充实、提高”的“八字方针”,在 1961 年 1 月 18 日的八届九中全会正式批准。闭幕式上,毛泽东对李富春不搞第二本账的意见也表示赞同。他说："今年不搞两本账了，就是一本账，绝不要层层加码。"中央是一个盘子，到省、市又是一个盘子，到地、县又是一个盘子，到群众又是一个盘子，层层加码。总而言之要实事求是。

到1962年，国民经济才开始好转。但是，与1956年提出的《建议》相比，除原煤、石油、发电量达到规定指标外，钢、水泥、粮食、棉花等许多重要工农业产品产量都远远低于规定指标。

1963年7月3日，李富春作《关于第二个五年计划后两年的调整计划和计划执行情况的报告》，总结了"第二个五年计划是在非常复杂的情况下进行的，是在同连续三年的严重自然灾害作斗争的情况下进行的，是在尖锐的阶级斗争和艰巨的生产斗争相互交错的情况下进行的。"

"二五"时期也是中国发展遇到重大挫折时期，工业总产值从704亿元（1957年）"大跃进"到1637亿元（1960年），随后又"大跃退"到920亿元（1962年），经济增长大起大落，波动系数为－2914%，国民经济主要比例关系失调，人民生活遇到很大困难，居民消费弹性系数为－5%，出现了"大饥荒"，大量人口因饥饿、营养不良而非正常死亡，其后不得不进入为期三年的经济调整时期。

二、"二五"时期取得的成就

我国人民在中国共产党和毛泽东同志的领导下，取得了反对国内外敌人的斗争的伟大胜利，取得了反对现代修正主义的斗争的伟大胜利。这种胜利，有力地推动了我国社会主义革命和社会主义建设工作的进行。《报告》总结了这一时期的成就。

第一，集中主要力量，加强了农业战线，使农业生产有了较快的恢复。通过农村生产关系的调整，巩固了农村人民公社集体经济，调动了农民的生产积极性。同时，减少了粮食征购数量，增加了农业劳动力，加强了各个方面对农业的支援。合理地调整了生产关系，使人民公社走上了健全发展的道路。广大农民的集体生产的积极性已经进一步调动起来,人民公社集体经济更加巩固了。在国家财政支出中,我们提高了农业、水利和支援农业的基本建设投资的比重,增加了小型农田水利建设补贴和农村救济费。增加了长期农业贷款和农民口粮贷款。中共中央提出的大力支援农业的号召,已经成为实际的行动。战胜了连续三年的严重自然灾害,使农业生产有了较快的恢复。

第二,降低了某些重工业品的生产量,增加了农业生产资料、日用工业品、某些重要的原料、材料的生产,增加了产品的品种,提高了产品的质量。工业部门生产的农业生产资料显著地增加。实行领导干部、技术人员、工人群众三结合的群众路线的工作方法,贯彻执行了党委领导下的行政管理上的厂长负责制,加强了各项责任制度,改善了计划管理、技术管理、劳动管理、物资管理和财务管理,建立了正常的生产秩序,出现了不少的“五好”厂矿。

第三,缩小了基本建设规模,调整了投资分配比例,提高了工程质量。提高了农业和直接支援农业的工业(包括农业机械工业、化学肥料工业、农药工业)的投资比重。提高了煤炭、木材、有色金属和石油工业的投资比重。除了一些急需的职工宿舍和学校校舍以外,坚决停止了不必要的非生产性的建设。在基本建设方面,加强了全国的统一计划,加强了设计工作,调整了技术力量,改善了成套设备的生产和供应工作,改善了施工单位的经营管理,并且规定一切建设项目都必须按照基本建设程序办事,没有设计不准施工,因而使基本建设工作有了改进。

第四,大量地减少了职工和城镇人口,加强了农业战线,改善了城乡关系。在这方面进行了艰巨的工作,取得了很大的成绩。对于改善城乡关系,争取财政经济状况的好转,起了很大的作用。通过这一措施,增加了农业战线的劳动力,减少了工资开支,减少了城镇的粮食销量。

第五,改进了国营商业的购销工作,恢复了供销合作社,加强了集市贸易的管理,活跃了城乡物资交流,使市场的供应状况一天一天地好起来。统筹安排了全国城乡人民的粮食消费。随着粮食征购量的减少,国家在保证城乡居民基本口粮的条件下，降低了粮食销售量。努力改进了农产品和工业品的收购办法。对于主要农副产品的收购，除了规定合理的购留比例以外，还适当地提高了收购价格；对于某些农副产品的收购，实行了奖售和换购的办法，作为一定时期的临时措施。

第六，在努力组织出口货源、减少进口的情况下，按期偿还了外债，承担了必须承担和可能承担的国际义务。为了增加外汇收入，我们还采取了“以进养出”的办法，即进口原料、加工成品、然后出口的办法，并且积极地组织了侨汇的收入。根据可能条件，实事求是地、量力而行地对兄弟国家和亚洲、非洲等民族主义国家继续进行了积极的支援。

第七，调整了财政收支，加强了财政金融的管理，做到了当年收支平衡、略有结余。严格控制了财政和信贷的支出，并且严格划清了财政资金和银行信贷资金的界限，不许挪用银行贷款作为财政性支出。加强了财政金融工作的纪律，加强了这方面的监督工作。

第八，适当缩小了文化教育和科学研究事业的规模，提高了工作质量。进一步提高广大人民的健康状况，加强了疾病的预防工作，加强了县医院的建设，充实了农村基层卫生机构，并且努力增加了中西药品、医疗器械的生产和供应，降低了一部分药品的价格。

我国勘探部门在松辽平原、华北平原开始了大规模的石油普查和勘探，相继找到大庆油田、大港油田、胜利油田、华北油田等大油田，震惊世界。这不仅使李四光的理论和科学预见得到最有力的证明，还使中国摘掉了“贫油”的帽子，为国家经济建设提供了能源保障。20世纪60年代初，李四光完成了《地质力学概论》一书，对自己的理论研究和实践经验作了总结，成为地质力学的代表，也是地质力学研究中的一个里程碑。1964年，周恩来总理在第三届全国人大会议上所作的《政府工作报告》中指出：“第二个五年计划建设起来的大庆油田，是根据我国地质学家独创的石油地质理论进行勘探而发现的。”

“二五”计划提出了后人看来根本无法实现的高指标，工业增长速度与农业增速分别为“一五”实际增速的3倍与7倍，主要工农业产品指标都是1952年的10倍左右。实践结果表明，“二五”计划的实施十分失败，所有指标都没有完成，实际完成数的平均值只有19%。

“二五”期间，国民经济年平均增长0.65%，最高年32.2%，最低年－31%。1962年与1957年相比，工业总产值仅增长20.7%，平均每年增长3.8%；农业总产值则下降了19.9%，平均每年下降4.3%；国民收入下降了14.5%；全民所有制职工平均工资下降了5.4%。

这一时期工业增长大起大落，增速减慢，农业增长倒退。工业增长前3年，“大跃进”时期的大起伴随着随后两年的大落。1957年工业产值704亿元，1960年为1650亿元，年增长率高达32.8%，但随后的两年就开始大幅倒退，1962年为850亿元，只比1957年略高，只完成计划数的7.2%。农业产值除1958年略有增长外，其他逐年减少，1962年为430.3亿元，与1957年相比年均减少4.3%。在“二五”计划前三年的“大跃进”时期，工业产值增加了1.3倍，而农业产值则减少了23%，并酿成了三年灾害时期人口大量非正常死亡的悲剧。

“二五”期间，为了在短期内迅速建立工业化，尤其是增强重工业的生产能力，当时的领导人发动了以大炼钢铁为标志的“大跃进”运动。与此同时，在农村人为地提高了生产合作化程度与公有化程度，发动了“人民公社化”运动。“大跃进”与“人民公社化”是中国历史上典型的激进式改革。由于受到当时国际国内形势的影响，当时的领导人对经济形势过分乐观，提出了“赶英超美”“多快好省建设社会主义”等不切实际的激进口号，在这种激进口号的指导下，完全无视当时中国的生产力水平依然较低等国情，忽视经济规律，片面强调重工业的增长速度，以政治运动的思维与作风开展经济生产，不切实际地对生产关系进行激烈改革，使其严重脱离了当时的生产力水平，最终导致了国民经济比例结构严重失调，微观激励机制严重扭曲，三年经济困难造成了严重的经济损失，是建国之后最为沉痛的教训。

三、媒体述评

1956年9月召开的党的八大正式通过由周恩来主持编制的《关于发展国民经济的第二个五年计划的建议的报告》。《建议》明确规定了第二个五年计划的基本任务：(一)继续进行以重工业为中心的工业建设，推进国民经济的技术改造，建立我国社会主义工业化的巩固基础；(二)继续完成社会主义改造，巩固和扩大集体所有制和全民所有制；(三)在发展基本建设和继续完成社会主义改造的基础上，进一步发展工业、农业和手工业的生产，相应发展运输业和商业；(四)努力培养建设人才，加强科学研究工作，以适应社会主义经济文化发展的需要；(五)在工农业生产发展的基础上，增强国防力量，提高人民的物质生活和文化生活的水平。《建议》从1958年到1962年五年内的主要指标是：工业产值增长一倍左右，农业总产值增长35%，钢产量1962年达到1060万吨到1200万吨，基本建设投资占全部财政收入的比重由“一五”时期的35%增长到40%左右，基本建设投资总额比“一五”时期增长一倍左右，职工和农民的平均收入增长25%到30%。

但是，由于八大后冒进思想的影响，“二五”计划在制定和执行中出现了严重的冒进倾向，许多计划指标不断修正和大幅度提高。1958年8月北戴河中共中央政治局扩大会议讨论并批准的《关于第二个五年计划的意见》，提高了奋斗目标，提出可以在第二个五年计划期间完成我国的社会主义建设，可以为向共产主义过渡创造条件，到1962年建成强大的独立完整的工业化体系，在若干重要产品和产量方面超过英国，赶上美国。据此，《意见》提出农业总产值五年增长2.7倍以上，1962年粮食总产达到15000亿斤，棉花15000万担，钢8000万吨，煤9亿吨，棉纱1600万件，五年基本建设投资3850亿元，重大建设项目1000个以上。

由于1958年以来的“大跃进”运动和“反右倾”运动，造成国民经济主要比例关系失调，连年出现财政赤字，人民生活遇到很大困难。我国经济建设已不能按照第二个五年计划的部署继续发展，国家决定对国民经济实行调整,1960年9月中共中央在批转国家计委《关于1961年国民经济计划控制数字的报告》中提出了国民经济调整、充实、巩固、提高的“八字方针”,1961年1月党的八届九中全会正式批准。

(来源:信产部网站2005年10月7日)

四、专家论道

“二五”计划(1958—1962):“大跃进”大倒退

“二五”计划大起大落,历程曲折。“二五”计划作为党中央的建议,在1956年中国共产党第八次全国代表大会上通过。此后,由于指导方针的变化,各年度的计划数字不断大幅调整变化,第二个五年计划的正式文件始终未能颁布。

由于实施过程中的巨大波动,“二五”实际上分成两个阶段:1958年—1960年为“大跃进”阶段;1961年—1962年进入调整时期。

1958年的“大跃进”,是作为1957年整风反右运动之后要出现“经济建设高潮”提出来的,形成了一场包含着层层高压和层层虚报的政治运动。这段时期是我国经济波动幅度最大的时期,工业产值增长速度最高时达54.8%,最低时至—38.2%。1960年非但没有“跃进”,反而成为新中国成立以来经济负增长最严重、困难最大、人民生活最苦的一年。

1960年9月,中央提出了国民经济“调整、巩固、充实、提高”的八字方针。到1962年年底,“二五”计划实际执行结果与原来提出的八大建议相比,除原煤、原油、发电量达到规定指标外,钢、水泥、粮食、棉花等都未达到;粮食、棉花的产量甚至低于1952年的水平。

【决策回眸】

“大跃进”、大炼钢铁、人民公社,这些风风火火的运动就发生在“二五”期间。回顾这段岁月,原国家计委副主任柳随年曾提到过两个小故事。

1958年秋,国家计委干部去河北徐水搞共产主义规划,问老农一亩能产多少粮食,老农两次都不吭声;问到第三次的时候才用嘴指着牌子上的800斤；又问能产800斤吗？他说，包括秸秆在内。

1959年1月，国家计委和农业部帮徐水办了个用白薯生产酒精的工厂，可那时，连人吃的白薯都已经没有了。

不但农业生产如此，当时轰轰烈烈的大炼钢铁运动也是如此。柳随年回忆，大炼钢铁运动中，连计委的干部都把铁丝网剪成一段一段去炼铁，炼出几块铁疙瘩，还绑上红布报喜，把有用的铁炼成无用的铁。

柳随年认为，其实在1958年下半年，许多迹象就表明国民经济主要比例关系已经失调。但那时人们不敢反映，怕被说成在泼冷水。

这种怕说泼冷水的“大跃进”，来源于1958年1月毛泽东提出的《工作方法六十条(草案)》(以下简称《六十条》)。《六十条》要求生产计划作三本账。这其中，中央要做两本账，一本是必成的计划，对外公布；第二本则是期成的计划，不对外公布。地方也有两本账，地方的第一本账就是中央的第二本账，这在地方是必成的；地方的第二本账也是期成的。

从指标来看，地方的第二本账高于中央的第二本账，中央的第二本账高于中央的第一本账。也就是说，从中央到地方，生产计划层层加码。“中央带头搞两本账，各级就都搞自己的两本账。下到基层，一个指标就有六七种账了。不管工业、农业还是其他行业，大跃进的各种指标，大都是通过编两本账的方法，层层拔高的。”薄一波认为，这三本账的制度，是造成“大跃进”中生产计划层层加码、追求高指标的一个重要因素。

仅有三本账还不够，《六十条》还要求计划实施采取“全面规划，几次检查，年终评比”的办法。评比采取同级竞赛的方式，年终评比以第二本账为标准。评比不仅比经济、比生产、比技术，还要比政治，就是比领导艺术，看谁领导得更好。“人有多大胆，地有多大产”，在1958年2月召开的一届全国人大五次会议上，很多省、市、自治区纷纷表决心，要用五六七年时间完成“农业发展纲要四十条”规定的12年内完成的任务。

高指标、高积累、高估产、高征购给我国的经济带来了灾难。错误的计划，加上从1959年起连续三年的自然灾害，使得农业生产急剧减产。

1960年夏季,全国范围内出现了前所未有的粮食供应紧张局面。鞍钢工人的供应仅为每月2两肉,每天4两菜,甚至连这些也难以长期维持。

1960年7月18日,时任国家计委主任的李富春,在中共中央北戴河工作会议上建议,年度计划只搞一本账,不要搞第二本账。

在1961年1月18日的八届九中全会闭幕式上,毛泽东对李富春不搞第二本账的意见也表示赞同。他说:今年不搞两本账了,就是一本账,绝不要层层加码。中央是一个盘子,到省、市又是一个盘子,到地、县又是一个盘子,到群众又是一个盘子,层层加码。总而言之要实事求是。

至此,满足大跃进要求的“三本账”终于走到了尽头。

【数字】

6000万吨

1958年6月上旬,冶金部拟订的规划中,将1957年11月第六次全国计划会议上规定的1958年产钢610万吨的指标提高为:预计1958年产钢820万吨,1960年产钢3600万吨;1962年产钢6000万吨。

1000万

据国家统计局公布的数字,1960年我国总人口比上年减少1000万。

2877

1960年粮食产量进一步下降,只有2877亿斤,比1959年减少530亿斤,跌落到1951年的水平。

7年

“二五”期间,毛泽东等中央领导将15年的赶超英美战略变成10年,在“大跃进”的高潮阶段,毛泽东兴奋地将其降到7年,之后又降到2至3年。

【语录】

反冒进泄了六亿人民的气,犯了政治方向的错误;“冒进”是马克思主义的,“反冒进”是非马克思主义的。

——毛泽东(1957年)

目前我们在经济方面还有相当大的困难，这两年不仅没有跃进，反而退了许多，出现了一个大马鞍形。

——刘少奇(1959 年 1 月 27 日)

【评说】

从“二五”计划开始，我国同世界上一些发达国家，特别是周边一些国家和地区相比，差距开始拉大。由于工作失误，我国失去了一次有利的发展时机。

如今，再来看“二五”计划，其新认识包括：首先，要正视经济体制对国民经济发展的巨大作用；其次，计划决策要以发展生产力为目标，要尊重科学决策的运行规律；第三，要充分运用市场机制；第四，“赶超”要知己知彼，立足于本国国情、在理性分析的基础上制定对策。(点评专家：中国社科院研究员 董志凯)

(来源：《中国青年报》2006 年 3 月 20 日)

五、延伸阅读

1.《中国共产党第八次全国代表大会关于发展国民经济的第二个五年计划(1958—1962)的建议》。

2.《关于发展国民经济的第二个五年计划的建议的报告》(1956 年 9 月 16 日)。

3.《中共中央关于一九五九年计划和第二个五年计划问题的决定》(1956 年 9 月 16 日)。

4.《中共中央批转国家计委党组关于第二个五年计划后两年补充计划(控制数字)的报告》(1961 年 10 月 6 日)。

5.《关于第二个五年计划后两年的调整计划和计划执行情况的报告》(1963 年 7 月 3 日)。

第三章

“三五”计划(1966—1970 年)

【关 键 词】 三线建设 备战备荒

【基本任务】 第一,大力发展农业,基本上解决人民的吃穿用问题;第三个五年计划期间农业的发展,主要是靠正确贯彻执行党中央的方针政策,充分调动全国农民的积极性,充分发扬大寨精神。农田的基本建设,要以社、队自力更生为主,国家支援为辅。第二,适当加强国防建设,努力突破尖端技术。第三,与支援农业和加强国防相适应,加强基础工业,继续提高产品质量,增加产品品种,增加产量,使我国国民经济建设进一步建立在自力更生的基础上。相应地发展交通运输业、商业、文化、教育、科学研究事业,使国民经济有重点、按比例地向前发展。轻工业生产中,依靠农产品为原料的约占四分之三。

“三五”计划本应在1963年到1967年实行。1962年，中共中央曾设想“三五”计划主要是调整和恢复国民经济，但毛泽东提出，1963年至1965年作为过渡阶段，继续调整打下底子，从1966年起再搞“三五”计划。由于1966年“文化大革命”的突如其来，正式的“三五”计划没有来得及形成。

一、“三五”计划概要

经过60年代初的第一次经济调整，国民经济得到了恢复和发展。1963年2月，国家计委在报送中共中央的《富春同志关于编制长期计划工作的讲话要点》中提出，第三个五年计划的目标是集中力量基本上解决吃穿用；同时，大力提倡节育。五年累计的基本建设投资总额1000亿元。1965年7月21日调整和修改后的第三个五年计划是以国防建设为中心的备战计划。客观地说，“三五”计划奠定了我国独立的比较完整的工业体系和国民经济体系的基础，标志着中国经济建设实行了一个重大战略转变，其所奠定的指导方针，一直影响到“四五”计划。

（一）“三五”计划实施的背景

1964年1月7日，李富春在全国工业交通会议上谈到长期计划的方针和方法问题时指出，第三个五年计划必须以农业为基础，把农业摆好，把国防摆好，在这个基础上来搞工业，这样基础工业的服务对象也就明确了。这是一个方针性问题。对“三五”计划的方针、任务和主要指标进行了讨论和研究。同年2月14日，国务院召开了工业交通和农业的长期规划会议，讨论编制长期计划的政策思想，计划方针和中心任务问题。在此基础上，1964年5月中旬，中共中央在京举行工作会议，重点讨论国家计委提出的《第三个五年计划（1966－1970年）的初步设想》。设想提出的“三五”的基本任务是：

第一，大力发展农业，基本上解决人民的吃穿用问题；第三个五年计划期间农业的发展，主要是靠正确贯彻执行党中央的方针政策，充分调动全国农民的积极性,充分发扬大寨精神。农田的基本建设,要以社、队自力更生为主,国家支援为辅。

第二,适当加强国防建设,努力突破尖端技术。

第三,与支援农业和加强国防相适应,加强基础工业,继续提高产品质量,增加产品品种,增加产量,使我国国民经济建设进一步建立在自力更生的基础上。相应地发展交通运输业、商业、文化、教育、科学研究事业,使国民经济有重点、按比例地向前发展。轻工业生产中,依靠农产品为原料的约占四分之三。

主要的计划指标是:到1970年,生产粮食4300亿斤—4600亿斤,棉花3850万担—4200万担,钢1600万吨—1800万吨,煤28500万吨—29500万吨;五年累计的基本建设投资总额1000亿元。

1970年轻工业品的产量中,依靠现有企业生产能力负担的,糖、盐、卷烟占90%以上,纸占80%以上,棉纱、棉布占70%左右。只有化学纤维,绝大部分是依靠新增能力负担的。重工业产品同农业和国防的需要之间,以及这些产品的相互之间,多数是大体平衡的,但钢材、木材、水泥、铜、镍等基本材料还或多或少有差额,将继续研究平衡。

下面一些因素影响着第三个五年工业速度的提高:

第一,调整时期国家的投资不多,而这些投资又主要用于维持简单再生产,很多行业,新增加的生产能力不多。

第二,各项工业的建设都要在自力更生的情况下进行,而技术水平的提高,重要原料、材料和设备制造能力的增长,都需要一定的时间。

第三,为了满足国民经济各部门的需要,很多工业部门都要把生产的重点放在增加品种、改进质量方面,在这个基础上来求得数量的增长。

第四,要用较多的力量,加强采掘、采伐工业,而这些方面的建设,需要的投资多,建设的时间长。

第五,某些轻工业产品有的受到购买力的限制,有的受到原料的限制,也不能不影响产量的增加。

在第三个五年计划期间，如果农业能够得到全面的发展，工业能够在产品的品种方面和生产技术方面有一个大的发展，就可以使我国的经济建设和国防建设进一步建立在自力更生的基础上，第四个五年计划期间我国国民经济的更快发展就将具有更好的条件。

但是后来，根据毛泽东"备战、备荒、为人民"的指示和国际形势日趋紧张，国家计委于 1965 年 7 月 21 日向周恩来汇报了调整和修改后的第三个五年计划初步设想。其实它是以国防建设为中心的备战计划。

（二）"三五"计划的制定与实施

"三五"计划从 1964 年初开始研究和编制。1964 年 5 月，由国家计委提出，经中央工作会议讨论并原则同意了《第三个五年计划（1966—1970 年）的初步设想》。但之后，依据中共中央提出的"备战、备荒、为人民"的战略方针，1965 年 9 月初国家计委重新草拟了《关于第三个五年计划安排情况的汇报提纲》，明确提出："三五"计划必须立足于战争，从准备大打、早打出发，积极备战，把国防建设放在第一位，加快"三线"建设。

"三五"计划的具体任务是：把国防建设放在第一位，加快三线建设，逐步改变工业布局；发展农业，逐步改善人民生活。强调国防建设，加快三线建设是"三五"计划实施的重要特征。

加快三线建设是在 1964 年提出的具有伟大历史意义的重大战略决策。必须突出三线建设，集中国家的人力、物力、财力，把三线的国防工业，原料、材料、燃料、动力、机械、化学工业，以及交通运输系统逐步地建设起来，使三线成为一个初具规模的战略大后方。这关系着第三个五年计划的全局、关系国家安危的大问题，也是解决长远和当前战略任务的根本问题。在第三个五年计划期间，一定要把建设重点放在三线，在这个问题上如果不采取坚定的态度，那么，就会犯方针性的错误。从长远来说，把三线建设起来，就能从根本上改变我国经济建设上的战略布局，就既可以适应战争的需要，又能够为我国经济的发展，创造更好的条件。

我国的农业受自然条件的影响还很大，农业生产水平还不高，抗御自然灾害的能力还不强,生产还不稳定,地区不平衡、年度不平衡、作物不平衡。备荒还是一个长期的任务。我国是一个农业大国,农业的丰歉,对国家建设和人民的生活关系极大。加强水利建设和农田基本建设,加强工业对农业的支援,加强农业科学技术的试验和推广,逐步增强抵抗自然灾害的能力,力争农业生产逐年有所增加。同时,在计划的安排上,要考虑到发生灾害的可能性,做好应付灾荒的准备。必须妥善处理增加国家积累同改善人民生活的关系。继续稳定农民负担,稳定粮食的征购任务。

国防工业部门,投资87亿元。重工业部门,投资408亿元。建设三线钢铁工业基地和解决国防工业需要的钢材品种。钢铁工业,投资57亿元。具体的安排是:

(1)建设攀枝花、酒泉两大钢铁基地,投资18.1亿元。

(2)在西南、西北,建成为国防工业服务的迁建和续建的重庆、昆明两个钢铁厂,四川江油、重庆、贵阳、西宁四个特殊钢厂,宁夏石嘴山、四川江油两个金属制品厂,成都无缝钢管厂,遵义薄板厂,和6个配套项目,投资共15亿元。

(3)续建武钢、包钢、太钢,5年投资18.5亿元(另动用库存设备3亿元)。这3个企业的第一期工程,已经花掉投资31.5亿元,第3个五年再花21.5亿元,就可以建成年产钢380万吨的规模。

(4)建设一二线的河北水厂、江苏梅山、海南岛、马鞍山凹山等铁矿和辅助原料矿、铁合金厂、湘潭的钢丝绳厂等,5年投资5亿元。

有色金属工业,投资40亿元。煤炭工业,投资50亿元。石油工业,投资35亿元,安排3个重点:一是开发以山东东营地区为中心的华北油田;二是在四川地区开发天然气;三是进行大庆油田第二阶段开发。电力工业,投资90亿元。机械工业,投资42亿元,其中第一机械工业部35亿元,第八机械工业部7亿元。化学工业,投资42亿元。森林工业,投资29亿元。建筑材料工业,投资13亿元。轻纺工业,投资37.5亿元,其中轻工业，投资17亿元，纺织工业，投资20亿元，第二轻工业部，要求投资3亿元，安排5千万元，主要用于衡器、皮革加工等方面的建设。交通运输，投资133亿元，建设的重点，是西南的铁路，备战公路和备战通讯工程；同时，根据运量的增长，对原有运输线路进行必要的加强。农业、林业、农垦、水利、水产、气象部门，投资120亿元，拟先安排104亿元，保留16亿元待分配。商业、粮食、外贸3个部和银行的投资15亿元。

文教、科学，投资22亿元。其中，

(1)普通教育，投资9.1亿元。其中补助农村小学、农业中学建设校舍，投资5.5亿元；增加城市的小学和半工半读中学校舍的建设，投资3.5亿元。大力进行扫盲工作，特别是扫除青少年和基层干部中的文盲。

(2)高等教育，投资1.35亿元。其中，在三线地区建设清华、北大、南京大学、华东化工学院等4所分校，投资2390万元；适当扩建外语院校，并建设一部分来华留学生用房等。

(3)卫生，投资4.48亿元。扩建和迁建9个医疗器械厂；在云南、广西、湖北、湖南等地区扩建县医院和地区医院，战时承担接收伤病员的任务；在三线重点建设地区，建设门诊部50个，增加病床5000张，农村医疗机构投资1.15亿元；建设为农村培养医护人员的学校，投资1.06亿元。

(4)文化，投资1.5亿元。安排人民画报印刷厂、第三新华印刷厂、胶印印刷厂等，投资6000万元。此外地方投资9000万元，主要用于图书和课本印刷厂，农村书店、文化馆、图书馆，电影机械修配厂等的建设。

(5)体育，投资8000万元。主要用于国防体育设施和新运会场地的部分建设。

(6)广播，投资2.45亿元。其中，中央的备战电台投资2.05亿元，沿海各省的备战电台投资3000万元。

(7)新华社，投资1100万元，主要安排了乌鲁木齐的电讯转报站等建设。

(8)科学，投资1.6亿元。其中科委6500万元，科学院9500万元。

其他部门,投资4.5亿元。总起来看,按850亿元安排,虽然同各大区、各部门的要求有距离,有些合理要求照顾不够,但是国防和三线建设的主要项目都安排了,其他方面也有所发展,有些建设可以在年度计划中看情况作补充安排。第三个五年计划施工的大中型项目,具体提出来有1475个,五年投资465.3亿元。三线地区的建设项目,主要是以下五个方面:

(1)国防工业共320个项目,投资63.3亿元。主要是尖端、飞机、地面兵器的项目;另外,还有小三线项目17个,投资1亿元。

(2)原材料工业共126个项目,投资82.4亿元。有2大钢铁基地、9个钢铁厂、3个铜铝加工厂、7个稀有金属材料厂、3个铜矿、3个铝厂、13个国防化工厂、14个化肥厂、7个有机化工原料厂、14个森工局、7个水泥厂等。

(3)燃料动力共66个项目,投资51.4亿元。有15个煤炭矿区和8个劳改煤矿、11个水电站、28个火电站、4个天然气和石油的项目。

(4)机械制造共175个项目,投资23.7亿元。主要是:2个重机厂、2个汽车总厂、8个机床总厂、5个仪器仪表总厂、7个电工总厂等。

(5)铁道共45个项目,投资37.5亿元。主要有:4条铁路干线、13条支线、3个枢纽、8个机车修制厂以及复线和改造配套工程等。

此外,还有轻纺工业、建工、地质、交通、民航和文教卫生等其他部门的项目,共74个,投资10.1亿元。

为了使第三个五年的基本建设真正做到多快好省,符合备战的要求,应解决以下问题:

(1)集中力量打歼灭战。集中力量打歼灭战,是进行基本建设的根本指导原则。对于确定的项目,分别轻重缓急,分期分批进行建设,不一下子铺开过多。首先上最迫切的,建设周期长、现上来不及的骨干项目。骨干项目本身,能分段建设的分段建设,建成一段就能形成一定的生产能力。配套项目根据主体项目的进度要求和本身的建设周期,善于错开高峰。一切建设项目开工都做好准备工作，不打无准备之仗，不打无把握之仗，不打消耗仗。

(2)最大力量做好采掘工业和主要的原材料工业。这两个方面落后于加工工业。解决这个矛盾，从三个方面着手：一是优先安排原料、材料、燃料、动力工业的建设。加工工业的建设进度，根据原料、材料、燃料、动力的供应可能和增长情况进行安排。二是积极试制和采用高效率的采掘设备、工程机械和起重运输设备，以加快煤、铁和有色金属矿山的建设进度，加强富矿的勘探工作。三是加快石油、天然气和水电站的建设，逐步改变燃料构成的状况。

(3)有计划地用一分为二的方法建设新企业，是加快三线建设和发展工业的重要方法之一。用搬迁、一分为二的办法，把一部分设备和技术力量从一线迁到三线，尽可能地利用三线地区现有的企业基础，进行填平补齐或者扩建，节省投资，加快建设进度，很快地形成生产能力。第三个五年统一部署，有计划地进行。

(4)贯彻大中小企业相结合，以中小为主的方针。企业的建设规模，从具体情况出发，结合战时的需要和经济合理原则，适宜建设中小型工厂的，坚决不要建设大厂，以便加快建设进度，迅速增加生产能力。机械行业，按专业化协作的原则建厂。

(5)综合利用资源。工业企业的一切资源，凡是能够综合利用而且技术上成熟、经济上合理的，从全局出发打破行业界限，积极加以利用。这方面的建设项目，除了在长期计划中经安排的以外，年度计划中做补充安排。

(6)工业建设贯彻“技术设备求新、生活设施从简”的原则。新建企业的生产部分，尽可能采用新技术、新工艺、新设备。生活设施的建设接近当地生活水平，因地制宜，因陋就简，就地取材，有土用土，有石用石。

总的目标是：争取在十五年的时间内，建立一个独立的比较完整的工业体系和国民经济体系。

1965年9月12日，国家计委又将修改后的第三个五年计划汇报提纲报送中共中央和毛泽东。该“提纲”重新规定“三五”计划的方针、任务，要求“三五”计划必须立足于战争，从准备大打、早打出发，积极备战，把国防建设放在第一位，加快三线建设，逐步改变工业布局；发展农业生产，相应地发展轻工业，逐步改善人民生活；充分发挥一、二线的生产能力；积极地、有目标、有重点地发展新技术，努力赶上和超过世界先进技术水平。“提纲”特别强调了必须集中国家的人力、物力、财力，把三线的国防工业等相配套工业逐步建立起来，使三线成为初具规模的战略后方。当时提出的主要指标是：工农业总产值5年平均增长速度为7%左右，国家基建5年共投资850亿元，1970年粮食产量要达到4400亿斤—4800亿斤，棉花4400万担—4800万担，钢1600万吨，原煤2.8亿吨—2.9亿吨，原油1850万吨，职工平均工资水平1970年达到737元，5年提高12%，农民总收入5年提高35.7%。

(三)“三五”计划的完成情况

1963年制定“三五”计划时，原本设想解决“吃穿用”问题。1964年8月，美国轰炸北越，使毛泽东和中央不得不把计划的重点转到战备问题上来，提出搞三线建设。同时，三线建设也是做两手准备的，即战备和改变内地落后工业交通布局。

1964年10月中国第一颗原子弹装置爆炸成功后，中共中央、中央军委根据当时的国际形势，做出了加速发展国防尖端技术的战略部署。在以周恩来为首、十几位副总理和部长参加的中央专门委员会指导下，有关各部门制订了一系列计划。二机部计划首先完成空投原子弹、导弹核武器的试验，争取在1968年进行中国第一颗氢弹爆炸试验，到70年代中期研制成功供地地战略导弹使用的核弹头；七机部拟定了在1965至1972年研制出4种地地导弹，同时发展卫星运载火箭的计划；六机部计划在1972年研制成功第一艘中国核潜艇，下水试航；中国科学院提出，争取1970年前后发射中国第一颗人造卫星。1965年，中央批准了上述计划，将其纳入国防科技“三五”计划。

从1965年起，交通运输方面先后建成了一批重要的铁路、公路干线和支线。相继建成的川黔、贵昆、成昆、湘黔、襄渝、阳安、太焦、焦枝和青藏铁路西宁至格尔木段等10条干线，加上支线和专线，共新增铁路8046公里，占全国同期新增里数的55%，使三线地区的铁路占全国的比重，由1964年的19.2%提高到34.7%，货物周转量增长4倍多，占全国的1/3。这一时期，公路建设也得到很快发展，新增里数22.78万公里，占全国同期的55%。这些铁路公路的建设，较大地改变了西南地区交通闭塞的状况，不仅在当时适应战备的需要，而且对以后内地的四个现代化建设起到了重要作用。

1966年开始了“文化大革命”，打乱了“三五”计划。由于一批领导干部坚持工作和广大工人、农民坚持生产，社会主义经济建设还在进行，但是却受到了很大的干扰和破坏。在国内，“三五”计划的实施贯穿“文化大革命”的前半期，国家的工作重心开始由经济建设向政治运动转变，经济建设受到文化大革命的冲击，呈现出跌宕起伏的状态。可以说，无论是国际环境还是国内环境，“三五”计划实施过程中都遇到了相当大的困难。国际上，如果说20世纪50年代中国的周边环境还算安宁的话，那么这种安定的局面从50年代末期就开始被打破了。60年代初期，国际空间骤然变冷，中国的周边环境日趋恶化。60年代中期，国际空间冷到“冰点”，局部战争爆发的次数不断呈上升趋势，中国面临四面受敌的危险。中国在60年代连续面临中苏关系恶化，美国发动越南战争与中印边界争端的挑战，导致经济建设不得不考虑战备的需要。

在严峻的形势面前，周恩来、聂荣臻等利用一切机会采取可能的措施，维持生产和试验的正常进行。1966年下半年，周恩来以中央和国务院的名义，多次发出通知，要求维护科研、生产秩序。8月，聂荣臻在中央军委会议上提出，试验基地不要搞“四大”，随即中央军委发出了试验基地进行正面教育的通知。当动乱进一步蔓延时，周恩来、聂荣臻先后建议并请毛泽东直接签发了许多重要文件和电报,仅 1967 年 3 月至 11 月发给二机部的就有 23 件。1966 年底,中央军委根据叶剑英的建议,发布“特别公函”,严令研制氢弹的任务必须保证完成。1967 年 8 月中央军委根据聂荣臻、刘华清的建议,又一次发出“特别公函”,推动核潜艇的研制。在这些措施的保护下,加上广大国防科研人员在困难条件中的坚持和努力,主要科研任务仍然在艰难之中得到了进展。

1966 年 10 月 27 日,中国第一枚导弹核武器发射成功,实现了原子弹、导弹“两弹结合”。12 月 26 日,第一枚中程地地导弹发射成功。12 月 28 日,氢弹原理爆炸试验取得完全成功,标志着中国氢弹技术的突破。中国从原子弹试验成功到突破氢弹技术,只用了两年零两个月,比美国、苏联都快得多。1967 年 6 月 17 日,中国进行了首次全当量氢弹空爆试验,采用轰 6 型飞机投掷方式,爆炸威力为 330 万吨 TNT 当量,取得了圆满成功,使中国成为世界上第四个掌握氢弹制造技术的国家,标志着中国核武器发展进程有了一个质的飞跃。

研制人造地球卫星,从 50 年代末期起中国科学院已经做了许多理论探索工作。到 1965 年,进行卫星研制的技术基础基本具备,国防科委提出了开展卫星研制工作的报告,获得中央批准。1968 年 2 月,中国空间技术研究院正式成立,钱学森任院长。但由于运载火箭的研制受到“文革”的影响,未能按期完成,本来可以在 1968 年底进行的发射人造卫星计划被迫拖延。1970 年 1 月,一、二两级火箭飞行试验成功,3 月,中央批准卫星及运载火箭运往酒泉发射中心。4 月 24 日,中国第一颗人造地球卫星“东方红一号”发射成功,卫星运行轨道距地球最近点 439 公里,最远点 2384 公里,轨道平面与地球赤道平面的夹角 68.5 度,绕地球一周为 114 分钟,用 20.009 兆周的频率播送“东方红”乐曲。卫星重 173 公斤,在重量和一些技术上超过了美国、苏联的第一颗卫星。这是中国航天空间技术的一个重要里程碑。

导弹核潜艇的研制,从 1958 年开始列入计划。由于三年经济困难,

1963年中央专委决定暂时停止，到1965年重新列入国家计划，开始研制，分为研制鱼雷核潜艇和导弹核潜艇两步走。1967年鱼雷核潜艇工程总体方案被国防科委审定通过，先后成立了领导小组和各部门、省市、军区领导机构，建成了鱼雷、水声、潜地导弹三个试验场。1970年4月，研制核动力装置的关键设备——陆上模式反应堆建成，7月进行提升功率试验成功，证明核动力装置可以装艇。1971年8月和1974年4月，中国第一艘鱼雷核潜艇的泊系试验和航行试验相继完成，结构证明性能良好，可以交付海军使用。

从实施结果来看，“三五”计划完成情况并不理想，完成率只有36%，但基本完成率达72%，完成百分数的均值为104%。三线建设取得了令人瞩目的成就，国防科技取得了一系列重要突破，基本建成了中国船舶工业的使用和建造体系。

二、“三五”时期的成就

在“三五”汇报提纲提出的第二年，就爆发了“文化大革命”。虽然指标本身制定得相对稳妥，但最后一年的1970年，为了完成计划，经济建设又掀起了一场“大跃进”。“三五”计划时期我国国民经济增长速度较快，但同样经历了大起大落。工农业总产值增长率为9.6%，完成计划数的164%；工业总产值增长率为11.7%，完成计划数146%。与此同时，国民经济的增长也经历了第一年的上升和随后两年的全面下滑，到最后两年增长又呈现剧烈波动的局面。但是另一方面，三线建设取得了令人瞩目的成就，改变了过去的工业布局，内地工业产值的比重上升，当然三线建设也存在投入巨大和效益偏低等问题。这一时期国防科技取得了一系列重要突破，成功进行了我国第一颗氢弹爆炸试验，发射了第一颗科学试验卫星。

“三五”计划的执行，受到“文化大革命”的严重干扰和破坏。但是，由于“三五”是在3年调整的良好基础上执行的，加上计划规定的指标留有较大的余地，到1970年，计划主要指标基本上完成和超额完成。但“三线”建设步子过急，给整个经济协调发展带来影响，造成很大浪费和后遗症。“三五”期间，国民经济年平均增长9.95%，最高年增长25.7%，最低年增长-9.6%；工农业总产值平均每年增长9.6%，其中农业总产值年均增长3.9%，工业总产值年均增长11.7%。

1967和1968年，社会总产值和国民收入都是下降的。根据当时的统计资料，1965—1970年的工农业总产值平均每年增长9.6%。低于“一五”和“三年”经济调整时期的发展速度；1970年，生产粮食4799亿斤，棉花4554万担，钢1779万吨，煤35400万吨，大体上达到了最早计划规定的指标。其中，以大庆油田为主的原油产量迅速增长，对经济建设起了相当重要的作用。存在的主要问题是：积累过高，消费基金减少，影响了人民生活；集中力量发展钢铁等重工业，使比例关系失调、经济效益下降；三线(内地)建设步子过快，造成不少浪费和后遗症。

尽管存在着这些问题，三线建设仍然是我国经济建设史上空前的壮举。

首先，它为中国抵御帝国主义、霸权主义的战争威胁奠定了坚实的基础。现在有的同志认为：三线建设是“在一切情况下都要求以打仗的观点规划各项建设”，“违反了经济建设的特定规律，造成了人力、物力、财力的巨大浪费”。[①] 当时，在对战争估计的指导思想上确实存在着过于严重的偏差，但在美苏激烈争夺世界霸权，美国在越南的战争不断扩大，苏联又发动对捷克斯洛伐克武装入侵的60年代国际环境下，我们无法肯定地预料战争是否爆发和爆发的时间规模，有准备比无准备要好，准备多一些比少一些好。在这个问题上，不能把国家的安危寄托在对敌人的估计不足上，也不能完全用今天的国际形势和认识昨天。有材料证明，毛泽东同志作出三线建设决策时，正在研究苏联卫国战争的教训。即使在当今世界，邓小平同志1990年就指出：“国际形势的变化怎么看?”“看起来，我们过去对国际问题的许多提法，还是站得住的”，“和平与发展两

① 徐焰：《“革命加战争”还是和平与发展》，《百年潮》，1999年3期。

大问题，和平问题没有得到解决，发展问题更加严重”。1992 年他更加明确地说：“世界和平与发展这两大问题，至今一个也没有解决。社会主义中国应该用实践向世界表明：中国反对霸权主义、强权政治，永不称霸。”[①]事实正是如此，上世纪 90 年代初期的海湾战争和末期的北约轰炸南联盟，说明战争的危险性依然尖锐存在。1991 年 1 月 26 日，刘华清同志在国务院三线办第八次成员会上就特别指出：建设三线是一个伟大的战略措施。这个问题，过去就很清楚。当前看来，特别是从海湾战争爆发后来看，都证明我们过去建设三线是对的，不能后悔。

其次，三线建设虽然是以战备为中心，但客观上初步改变了我国工业东西部布局的不合理状况，具有深远的历史意义和长期的经济意义。

第三，在当时困难的政治、经济、自然条件下，广大干部、工人、知识分子、解放军官兵表现的艰苦奋斗精神，也是永远值得发扬的宝贵精神财富。

所以，江泽民同志 1991 年 4 月视察攀枝花钢铁基地、西昌卫星发射中心、西南物理研究院等当年三线重点工程时总结性地说：从当前国际形势来看，特别是海湾战争之后，我们对三线建设的重要性应当有进一步的认识。总的讲，当年党中央和毛主席作出的这个战略决策是完全正确的，是很有战略眼光的。

20 世纪 60 年代中期至 70 年代，是我国国防科技尖端技术取得多方面重大突破的一个里程碑阶段，先后制成和试验成功了第一颗原子弹、第一枚导弹核武器、第一颗氢弹、第一艘核潜艇、第一颗人造卫星和第一颗返回式人造卫星。这些成就是从 50 年代起中国领导人和广大科研技术人员经过不懈的开创和连续科学技术攻关才取得的，也反映了他们在“文革”困难政治环境下的可贵努力，为以后改革开放时期的科学技术赶超世界先进水平，实现现代化目标，奠定了坚实的基础和提供了宝贵的经验。正如邓小平同志所说：“如果六十年代以来中国没有原子弹、氢

① 《邓小平文选》第三卷，人民出版社 1993 年版，第 353，383 页。

弹,没有发射卫星,中国就不能叫有重要影响的大国,就没有现在这样的国际地位。”①

从60年代起,我国已陆续勘探和开发出大庆、胜利、大港等油田,准备投入全面生产。“文革”初期的动乱严重干扰了继续建设的进程,使工交企业一度出现了供油紧张状况。进入70年代,由于战备,国家急迫地需要增加石油生产,在周恩来、李先念、余秋里、康世恩等领导人的坚持和支持下,石油工业进行了整顿,很快得到恢复和发展。1970年,大庆油田进行了开发调整,重新进入轨道,到1973年,原油产量比1970年增长50%以上。同时,又开始加强对胜利、大港等油田的开发。胜利油田原油产量从1966年投入开发的134万吨,增长到1978年的1946万吨,成为全国第二大油田。大港油田新开发了8个油田,原油产量从1966年的11.4万吨,提高到1978年的300万吨,增长25倍以上。克拉玛依油田从1970年到1976年先后开发了15个新区块,原油产量从1966年的114.7万吨增长到1978年的353万吨,提高近两倍。吉林扶余油田1972年建设工程完工后,原油产量达到126.3万吨。同时开发了三个新的小油田。到1978年,吉林油田产量达到185.07万吨。从1966年到1978年,胜利、大港、克拉玛依、吉林四个油田的年产量从276.1万吨提高到2783.67万吨,增长了9倍多。

“文革”时期,电子工业也得到了较快的增长。“文革”初期,电子工业和其他工业一样受到严重挫折,1967和1968年产值连续下降,片面强调战备打乱了协作体系。促进电子工业发展的因素,是其战略和高科技地位越来越在世界上显现出巨大的生命力,引起了中央领导层的注目。在1970年制定“四五”计划总体方针时,写进了“加快发展电子工业”的内容。由于广大干部群众的努力,电子工业取得了较快的发展:卫星通信设备和技术的研制开发获得进展,建立了多个卫星通信地面站;收音机、录音机等基本实现半导体化,中国电子产品已基本过渡到半导体化的技

---

① 《邓小平文选》第三卷,人民出版社1993年版,第279页。

术阶段；70 年代初，随着三线建设的恢复，地方电子工业得到第二次大发展，全国地方企业由 1969 年的 1600 多个增加到 1970 年的 5200 多个，29 个省、市、自治区都有了电子工业，建成贵州、四川、陕西、甘肃、安徽、江西、山西、湖南、湖北等一批内地后方基地。

20 世纪 60 年代后期，为了适应外贸和远洋运输的需要，周恩来等国务院领导人顶住“四人帮”的攻击，利用造船、买船、租船等多种方式，建立了一批远洋船队，同时，建设了一批万吨级船台和船坞。70 年代累计建造万吨以上的船舶 86 艘，共 151.6 万吨，最大为 5 万吨级油船，从此基本建成了中国船舶工业的使用和建造体系。

三、媒体述评

国民经济第三个五年计划

1966 年到 1970 年是我国发展国民经济的第三个五年计划时期。“三五”计划是从 1964 年初开始研究和编制的。其中内容比较详尽的计划方案有两个：一个是国家计委提出的经 1964 年 5 月中央工作会议讨论并原则同意的《第三个五年计划（1966－1970 年）的初步设想》（汇报提纲），另一个是 1965 年 9 月国家计委拟定的并经中央讨论基本同意的《关于第三个五年计划安排情况的汇报提纲》。

《初步设想》确定的“三五”计划的基本任务是按照农轻重的顺序进行安排的：(1)大力发展农业，按不同的标准基本上解决人民的吃穿用问题；(2)适当加强国防建设努力突破尖端技术；(3)与支援农业和加强国防相适应，加强基础工业，继续提高产品质量，增加产品品种，增加产量，使我国国民经济建设进一步建立在自力更生的基础上，相应发展交通运输业、商业、文化、教育、科学研究事业，使国民经济有重点、按比例地发展。

依据中共中央提出的“备战、备荒、为人民”的战略方针，1965 年 9 月初国家计委重新草拟了《关于第三个五年计划安排情况的汇报提纲》，明确提出：把国防建设放在第一位，加快“三线”建设。

按照《汇报提纲》的要求，“三五”计划期间各主要经济指标都完成了计划。其中，工农业总产值超额16.2%至14.1%完成了计划，农业总产值超额2.2%，工业总产值超额21.1%，新增主要产品能力：煤炭开采6806万吨，发电机组存量860.4万千瓦，石油开采2777万吨，炼钢652.7万吨，铁矿开采3590.1万吨，合成氨244.4万吨，化肥204.16万吨，水泥1533万吨，塑料18.7万吨，棉纺锭322万吨，化学纤维1.23万吨，新建铁路交付营业里程3894公里，新建公路31223公里，沿海港口吞吐能力1191万吨。

这期间，1969年2月至3月，中断两年的全国计划会议以全国计划座谈会的形式在北京召开。会议在讨论1969年计划工作主要任务时强调，要“大力加强国防工业、基础工业和内地工业的建设”，重申了“三五”计划对“三线”建设的部署。会议讨论修改了《1969年国民经济计划纲要(草稿)》，并把它确定为1969年计划的主要文件，交给各地代表带回，要求边执行，边讨论，边补充。

由于中央采取了强有力的措施整顿生产秩序，恢复和加强各地的领导班子及经济计划部门，直至派出军队参与接管，严令限期完成一批被停顿的“三五”计划重点工程，因动乱耽搁的一些重点项目迅速重新上马。九大之后，出现了一次新的经济建设高潮，国民经济开始缓慢复苏。

1969年，全国工农业生产结束了1967年至1968年连续两年下降的局面，出现一定幅度的增长，这一年工农业生产基本上达到或超过1966年的水平。按可比价格计算，工农业总产值达到2613亿元，比上年增长23.8%，比1966年增长7.2%。其中农业总产值达到948亿元，比上年增长1.1%，与1966年持平；工业总产值1665亿元，比上年增长34.3%，比1966年增长9.9%；进出口贸易总额达40.3亿美元，与上年基本持平，为1966年的87.2%；居民平均消费水平比上年提高2.7%，比1966

年增长2.7%；全民所有制部门职工平均工资，实际比上年降低1.5%，实际比1966年降低3.3%。

自1969年起，由于形势相对稳定，整个社会生产得以比较正常地进行。广大工人、农民迫切希望结束动乱，恢复和发展生产。根据九大"狠抓革命，猛促生产，完成和超额完成发展国民经济的计划"的号召，特别是1969年全国掀起的战备高潮，"三五"计划建设得到迅速恢复和扩大。

（来源：《经济日报》2011年6月28日）

四、专家论道

"三五"计划(1966—1970)：三线建设 备战备荒

"三五"计划本应在1963年到1967年实行。1962年，中共中央曾设想"三五"计划主要是调整和恢复国民经济，但毛泽东提出，1963年至1965年作为过渡阶段，继续调整打下底子，从1966年起再搞"三五"计划。由于1966年"文化大革命"的突如其来，正式的"三五"计划没有来得及形成。

"三五"计划指导思想经历了由"解决吃穿用"到以战备为中心的变化，总的来说呈现了"起(1966)—落(1967、1968)—起(1969、1970)"的跌宕起伏状态。1966年，曾出现了预计提前两年完成计划的良好发展势头，但1967年、1968年的"文化大革命"，给国民经济造成严重破坏，计划完成情况连续出现倒退，国民经济濒临崩溃的边缘，1968年还成为我国建立计划经济以来惟一没有年度计划的一年。1969年，中苏边界武装冲突使全国进入了战备高潮，"三五"计划以临战的非正常状态取代了前三年无政府主义的非正常状态。1970年的高投入，使"三五"计划勉强完成。

【决策回眸】

"如果大家不同意，我就到成都、西昌开会。西昌通不通汽车？不通，我就骑毛驴下西康。"

1964年5月27日，毛泽东显然对编制已进行3年之久的“三五”计划安排不满意。这天，他找来刘少奇、周恩来、邓小平、李富春、彭真、罗瑞卿等人汇报“三五”计划的编制情况，听说主线一是农业，二是国防，三是基础工业时，非常生气，说了上面的赌气话。

毛泽东认为，前一个时期，我们忽视利用原有的沿海基地，后来经过提醒，注意了，最近几年又忽视“屁股”和后方了。“‘三五’计划要考虑解决全国工业布局不平衡的问题，要搞一、二、三线的战略布局，加强三线建设，防备敌人的入侵。”他甚至表示：“搞攀枝花没有钱，我把工资拿出来！”

这让与会的同志吃了一惊，变化太快了！10多天前的5月10日，国家计委领导小组向毛泽东汇报“三五”计划初步设想时，毛泽东除对个别项目不能上有意见外，总的看法还是一致的。

这个计划从1962年开始讨论起，一直的设想都是要抓“吃穿用”。由于刚从三年困难中走出来，经济形势极其恶劣，因此，在“三五”计划的初步设想中，主要是着眼于解决老百姓的生活问题。

毛泽东对此也一度很认同。当时，国家计委主任李富春在报告中强调第三个五年计划必须以农业为基础，他还作了一个生动的比喻说：“各级计委必须克服屁股坐在工业上的毛病，要首先抓农业发展计划和支援农业的计划。”

可见，毛泽东原本对国民经济计划的战略考虑，并不是要抓“三线建设”的。但过去20天不到，为什么又彻底改变想法了呢？

原来，在国家计委向毛泽东汇报“三五”初步设想前后，解放军总参谋部作战部根据副总参谋长杨成武的指示进行了调查研究，并写出一份报告，让罗瑞卿将报告送给了毛泽东等中央政治局常委。

报告中说：我们对国家经济建设如何防备敌人突然袭击问题专门进行了调查研究，发现问题很多，有些情况还相当严重。

报告详细列举了全国工业过于集中、大城市人口过多、主要交通枢纽和港口码头过于集中在大中城市及其附近等问题，认为这些问题是关系到全军、全民和直接影响卫国战争进程的一些重大问题。因此，建议由国务院组织一个专案小组，根据国家经济的可能情况，研究采取一些切实可行的积极措施，以防备敌人的突然袭击。

而当时的国内外艰险情势也在为报告作注脚。上世纪60年代初期，台湾蒋介石政权正不断进行军事骚扰，叫嚣反攻大陆；中苏关系闹僵，苏联对中国虎视眈眈；美国一直都非常仇视新中国政权，1961年9月，还进行了以中国为假想敌的大型核战争演习，并密谋策划对中国的核计划进行武装攻击；而1962年10月，印度军队也悍然向中国领土发动大规模入侵。

艰险的形势加触目惊心的调查报告，让毛泽东的主导思想迅速发生了变化，他的态度也很快扭转了大家的认识。1964年5月28日，刘少奇主持召开中央工作会议小组会议，周恩来、邓小平、朱德等高层领导都陆续讲话，对毛泽东的看法表态支持。

1964年6月6日，毛泽东在中央工作会议上明确提出了搞“三线建设”的主张，并且表示：“我们不是帝国主义的参谋长，不晓得它什么时候要打仗。要搞三线工业基地的建设，一二线也要搞点军事工业。各省都要有军事工业，要自己造步枪、冲锋枪、轻重机枪、迫击炮、子弹、炸药。有了这些东西，就放心了。”

毛泽东的讲话激起了与会者的强烈共鸣。大家一致认为，应在加强农业生产、解决人民吃穿用的同时，迅速展开三线建设，加强战备。从此，全国战备的气氛日趋浓厚，“三线建设”全面启动。

【数字】

114.1％—116.2％

按照1965年中共中央批准的“三五”计划《汇报提纲》，1970年工农业总产值为计划的114.1％—116.2％，比1969年增长25.7％。

27个

1970年6月22日，中共中央同意国务院报告，将部委数量由80多个精简为27个。

【语录】

国难思良将，家贫思贤妻。现在搞得一塌糊涂，陈云真仔细，如果是陈云当家不可能出这些乱子。

——毛泽东(1959年7月)

三线建设为什么这么慢？没有钱用我的工资。

——毛泽东(1964年8月)

【评说】

客观地说，“三五”计划奠定了我国独立的比较完整的工业体系和国民经济体系的基础，标志着中国经济建设实行了一个重大战略转变，其所奠定的指导方针，一直影响到“四五”计划。

在“大跃进”和三年经济困难造成人民生活水平急剧下降、甚至发生大批非正常死亡现象之后4年，毛泽东特别提出要为老百姓的生活着想，要备荒，不要搞得太紧张，无疑是接受了过去惨痛的教训，给即将兴起的大规模三线建设安上了一个限制阀门。尽管人民生活水平没有得到相应提高，但也没有发生三年经济困难时期的非正常死亡人口急剧增加现象。

“三五”计划各项指标定得较低，留有余地，因此没有出现“大跃进”期间竭泽而渔的情况，最后仍然能得到完成。这也许是不幸中之万幸了。(点评专家：社科院当代中国研究所经济研究室主任 陈东林)

(来源：《中国青年报》2010年10月18日)

五、延伸阅读

1.《中共中央关于印发第三个五年计划的三个文件的通知》(1964年5月2日)。

2.《毛泽东在国家计委领导小组汇报第三个五年计划设想时的插话(节录)》(1964年5月10日、11日)。

3.《关于第三个五年计划安排情况的汇报提纲》(1965年9月2日)。

第四章

“四五”计划(1971—1975年)

【关 键 词】 严重失控 调整战略

【基本任务】 集中力量建设大三线强大的战略后方;加速农业机械化的进程;狠抓钢铁、军工、基础工业和交通运输的建设;大力发展新技术,赶超世界先进水平。

“四五”计划于 1970 年开始进行编制。2 月 15 日至 3 月 21 日国务院召开全国计划工作会议,制定 1970 年国民经济发展计划,会上研究、讨论、制定了《第四个五年计划纲要(草案)》。同年 9 月,在党的九届二中全会上曾作为参考文件印发。1971 年 3 月,中共中央在批转 1971 年计划时,《“四五”计划纲要(草案)》的部分指标也作为附件下发。

一、“四五”计划概要

“四五”计划延续了“三五”计划备战的思路,指导方针是“以阶级斗争为纲,狠抓备战,促进国民经济新飞跃”,“四五”计划又重新提出初步建成我国独立的、比较完善的工业体系和国民经济体系的战略目标。总体上看,“四五”计划并非一个冒进的计划,但是,部分指标确实过高,特别是整个计划盘子过大,安排的基本建设投资为“三五”的 1.7 倍,财政收入为“三五”计划的 1.6 倍,这也使其不得不在 1973 年连续进行了两次调整。

(一)“四五”计划实施的背景

国际上,美苏冷战格局发生变化,美国由于深陷越战泥潭,在冷战中处于守势,而苏联则迅速扩展其军事力量,处于攻势。在这种国际新形势下,中国开始调整外交策略,加快了与美国接触。1972 年尼克松访华标志着中美关系发生转折,中国与资本主义阵营的敌对状态大为缓解。同时中苏关系在 70 年代初期也有一定缓解,在“帝、修、反”阴影下的战争危险开始出现和平转机,中国的战备活动走向缓和。

但是,在国内,“文化大革命”继续进行,政治斗争严重影响经济建设,正常的经济秩序被打乱。虽然在“文化大革命”后期由周恩来、邓小平等主导的经济调整一定程度上缓解了经济倒退,但是“文革”对“四五”计划时期的经济建设造成了巨大冲击。

(二)“四五”计划的制定与实施

“四五”计划于 1970 年开始进行编制。1970 年 2 月 15 日至 3 月 21

日，全国计划会议召开。会议重点讨论了1970年计划和第四个五年计划纲要（草案）。1970年8月23日—9月6日，中共九届二中全会在庐山举行。会议将经过修改的《“四五”计划纲要（草案）》作为会议参考文件印发。纲要（草案）增加了要求实行基建投资、财政收支和物资分配三大包干等内容。该纲要确定的主要任务是狠抓战备，集中力量建设大三线强大的战略后方，改善布局；大力发展农业，加速农业机械化的进程；狠抓钢铁、军工、基础工业和交通运输的建设；建立经济协作区和各自特点、不同水平的经济体系，做到各自为战，大力协同；大力发展新技术，赶超世界先进水平；初步建成我国独立的、比较完善的工业体系和国民经济体系，促进国民经济新飞跃。但“四五”计划开始执行后，遭到了林彪、江青两股反革命集团的干扰破坏。加之经济建设中出现的突出建设重工业、提高指标等倾向，1971年国民经济出现职工人数、工资总额、粮食销售量“三个突破”（即职工人数突破5000万人、工资支出突破300亿元、粮食销售量突破800亿斤；1972年，这三项指标分别达5610万人、340亿元、917亿斤）。1973年7月1日，国家计委根据中共中央工作会议对“四五”计划提出的意见，拟订了《第四个五年计划纲要（修正草案）》。指出，由于林彪反党集团的干扰破坏，给国民经济发展带来一定的影响。“修正案”中主要修改的部分：适当改变了以备战和三线建设为中心的经济建设思想，提出有重点建设内地战略后方的同时，必须充分发挥沿海工业基地的生产潜力，并且适当发展；把发展农业放在第一位；把钢铁的品种、质量放在第一位；经济协作区由10个改为6个。同时，还对一些计划指标进行了调整。但是，由于当时的历史条件所限，对计划不可能实行有力的调整措施。“四五”期间，国民经济主要比例严重失调，经济效益不断下降，人民生活问题积累成堆。经修订的“四五”计划纲要规定的主要经济指标有近一半未能完成计划。

“四五”计划的主要任务是：集中力量建设大三线强大的战略后方；加速农业机械化的进程；狠抓钢铁、军工、基础工业和交通运输的建设；

大力发展新技术,赶超世界先进水平。计划指标是:工业增长速度平均每年要达到12.5%,1975年钢产量要达到3500万吨—4000万吨,平均每年增长15%—18.1%,煤达到4亿吨—4.3亿吨,原油为7000万吨—10000万吨,5年财政收入为4000亿元,粮食6000亿斤—6500亿斤,棉花6500万担—7000万担,国家预算内基本建设投资为1200亿元—1300亿元。

“四五”计划最终仍以“草案”的形式印发。整个经济计划的主导思想还是在延续“三五”计划中的战备重点不顾国力肆意投入。但是形势已然在悄悄地发生变化。

1972年1月,中央批准国家计委报告,决定进口化肥、化纤成套设备8套。以后,国家计委又提出了从国外进口43亿美元成套设备和单机的方案,扩大对外经济交流,开始打破长期以来闭关锁国的状态。这也成为新中国继苏联156个项目后的第二次对外引进高潮,这些项目都在70年代末期和80年代初期建成投产。1972年也成为新中国对西方开放的元年。

从“四五”计划的任务可以看出,由于受到“文革”中左倾思想的影响,“四五”计划开始时表现出以“战备”为中心,高指标、高速度、急躁冒进的特点,引起了经济的波动与社会的不稳定。随后通过修正才勉强基本完成计划。

3年后,45岁的袁隆平培育的水稻新品种大面积制种成功。国务院作出了迅速扩大试种和大量推广杂交水稻的决定,国家投入了大量人力、物力、财力繁殖制种,以最快的速度推广。种子和化肥,这两样东西彻底让国人不再担心肚子问题。

政治的乱局令经济的乱局愈发不可收拾,周恩来,邓小平相继出山,在缺乏足够支持的条件下,1973年和1975年的经济整顿也只是昙花一现。活力来自于民间。在偏僻的农村,劳模吴仁宝却在悄悄地忙活“见不得人”的事情,他在村里偷偷的修起了小五金厂,三年之后产值就达到了24万，20个人就挣出来全村农民的收入。而这些草莽经济，并不在计划之列。

（三）“四五”计划的完成情况

“四五”时期的经济增长率为5.9%，比“三五”时期下降了1个百分点。1970年，工农业总产值为4467亿元，完成计划数的101%；工业总产值3124亿元，完成计划数的98%；农业总产值1343亿元，完成计划数的109%。经修改后的工农业主要产品产量指标基本完成。1975年，粮食产量5690亿斤，棉花产量4762万担，铁路货运量8.9亿吨。如按原计划草案这些指标根本无法完成，而按修改后的指标，完成计划值分别为103%，95%和80%。原煤产量为4.82亿吨，基本建设投资额1680亿元，均比原计划草案超额完成，分别为计划值的135%与116%。但是，与过去和后来比，国民经济发展速度显然较慢。并且，由于存在着“左”的指导思想，片面追求高指标，放松计划管理，忽视综合平衡，造成了国民经济比例关系的严重失调。

1972、1973两年国民经济形势有所好转，1972年的农业总产值下降。1973年各项主要经济指标都完成和突破了计划，并且是“一五”计划以来经济增长最快的一年。1973年7月国家计委拟订了《第四个五年计划纲要（修正草案）》。《修正草案》对主要经济指标进行了调整，不少指标有所压缩，钢产量下调到3200－3500万吨，后又调到3000万吨。

1974年的工业总产值没有增长：生产粮食5690.3亿斤，棉花4761.6万担，钢2390万吨，煤48200万吨，前三者都未达到原定指标，只是由于原油产量五年内翻了一番，才促进了工业发展。存在的问题是：基本建设投资规模急剧膨胀，积累率长期保持在32%－35%的过高水平上；群众生活没有得到应有改善。

1975年是“四五”计划的最后一年，按照《修正草案》规定的1975年指标要求来检查计划执行的结果是：工农业总产值完成计划的101.7%，其中农业完成104.5%，工业完成100.6%。主要产品产量完成的结果是:粮食103.5%,棉花96.5%,钢79.7%,原煤109.5%,原油110.1%,发电量103.1%,棉纱96.8%,铁路货运量98.7%,预算内基本建设投资完成101.6%,财政收入完成98%。生产粮食6000亿斤—6500亿斤,棉花6500万担—7000万担,钢3500万吨—4000万吨,煤40000万吨—43000万吨;五年累计,基本建设投资总额1200亿元—1300亿元,财政收入共3800亿元—4000亿元,等等。这个计划,以后几经修改,但没有形成正式文件。

重工业在工农业总产值中所占比重由1966年的32.7%上升到1976年的38.9%,而轻工业和农业则分别从31.4%和35.9%下降到30.7%和30.4%。在工、农业内部,采掘工业和原材料工业的增长慢于制造工业,经济作物和林牧渔副业没有得到相应发展,有的甚至减产。同时,经济效益大大下降。例如,1976年与1966年相比,全民所有制工业企业每百元资金实现的税利下降44.1%,每百元总产值占用的流动资金增长57%。

"四五"计划实施期间国民经济增速减缓,粮食生产保持了比较稳定的增长,工交、基建和科技方面取得了一批重要成就。"四五"期间,国民经济年平均增长7.76%,最高年12.2%,最低年1.4%;工农业总产值平均每年增长7.8%,其中农业总产值年均增长4%,工业总产值年均增长9.1%。

"四五"期间保持了5.9%的GDP增长率,但是这一期间政治运动和事件接连发生,对计划实施造成了严重的干扰,政治上的折腾(例如,1974年的批林批孔运动)加上经济上的折腾(例如,1971年的经济过热),造成经济三起两落,增长波动系数为46.4%。计划对国民经济的控制作用极大地削弱,同时由于要求各地自成体系、各自为战,建设规模过大,积累过高,经济增长主要依靠高投资拉动,全要素生产率贡献率只有2.1%。

二、“四五”时期取得的辉煌成就

这一时期，在周恩来的重视下，石油工业部先后在四川、江汉、陕甘宁组织了三个大石油勘探会战，此后，又开展了辽河和任丘油田的会战，取得了较好的成果。四川石油会战是1965年开始的，“文革”初期中断，1971年起恢复勘探，同时进行大规模的气田和输气管道建设。

从1966年到1978年，共获得气田30个、油田2个，天然气产量由1965年的8.9亿立方米增长到1978年的60.8亿立方米。石油工业得到了较大的发展，原油产量以每年递增18.6%的速度增长，1969年，周恩来确定康世恩负责筹划湖北江汉石油会战，到1972年，共发现6个油田、1个气田和一批含油构造，建成了100万吨的原油年产能力和配套的荆门炼油厂。1978年突破一亿吨，使中国由“贫油国”成为世界第8位产油大国。已建成8个油田、原油产量达到105.6万吨，天然气年产量1611万立方米。这一时期国外化工成套设备的大规模引进，使原油加工量比1965年增加了5倍多。1970年，国务院批准由兰州军区组成指挥部，开展陕甘宁石油勘探会战，到1975年形成长庆油田，转入开发建设，到1978年年产原油能力达到122万吨。同年，石油工业部抽调队伍进行辽河油田勘探，到1978年共探明11个油田，其中9个投入开发，原油年产量达355万吨，天然气年产量16.5亿立方米。1975年，河北任丘油田开始石油会战，到1978年原油产量达到1224万吨，成为70年代中国石油勘探的重大成果。

由于“文革”中“左”倾思潮、长官意志的影响，石油工业建设中也产生了一些不应有的损失。如四川天然气出川工程没有经过充分论证，提出过早，造成了浪费和损失，到1976年被迫停止。[①]

中共九大召开以后，为了实现毛泽东于1966年2月重新提出的到1980年“基本上实现农业机械化”的目标，也为了适应战备需要，国家对

① 《当代中国的石油工业》，中国社会科学出版社1988年版。

地方“五小”工业进行了新的部署。1970年2月的全国计划会议强调各地都要建立自己的“五小”工业，形成为农业服务的小而全工业体系。从1970年起的五年中，中央安排了80亿元扶植地方“五小”工业，并制订了一系列优惠政策。中央财政预算之外的投资也迅速增加，由1970年的100万元增加到1973年的1.48亿元。正在进行的大规模企业管理权下放运动，使地方获得了较多的自主权，提高了地方建设的积极性。下放到地方的机关干部、科研人员及上山下乡知识青年也给农村地区带来了科技文化知识和经济信息。于是，地方“五小”工业蓬勃发展起来。仅1970年全国就有近300个县、市兴建了小钢铁厂，90%的县建立了农机修造厂，20多个省、市、区建起手扶拖拉机厂、动力机械厂和农机具制造厂。与上年相比，地方小钢铁工业的炼钢能力增长1.5倍，生铁产量增长1.8倍，小化肥厂生产的氮肥、合成氨增长60%—70%，小水泥厂、小化肥厂的产量占全国总产量的40%，以小煤窑为主的南方各省煤炭产量增长70%。

这些地方“五小”工业，在国民经济建设中发挥了重要作用，大大促进了农业机械化和农业技术改造的进程。到1975年年底，地方“五小”工业的钢、原煤、水泥、化肥年产量分别占全国的6.8%、37.1%、58.8%、69%。全国小化肥厂有1300多个，合成氨产量比1964年增长18倍，使农业化肥施用量增长4倍多。全国农业机械总动力达1亿马力以上，比1964年增长了近10倍。其中，手扶拖拉机、机动脱粒机分别增长了45倍和23倍，过去农村没有的机动水稻插秧机、收割机、饲料粉碎机分别拥有3.2万部、17万部、94万部，电动碾米机、轧花机、榨油机比1964年分别增长10.4倍、1.8倍、11.8倍。

但是，“五小”工业上得过猛、过多，也带来了不少问题。其一，确定项目和选址没有进行论证，缺乏规划，一哄而起。片面追求本地自力更生，许多小工业原料没有来源，产品没有销路。其二，片面强调土法上马，因陋就简，又用“大批判”开路，结果是消耗大、成本高、质量差。其三，新增职工过多，采取"人海"战术。1970年、1971年仅县办工业就新增职工2400万人，占全国新增数的40.7%。1973年2月，周恩来指出了这些问题，要求进行整顿。他说："搞五小工业也要有原料、材料和设备的保证。没有原料也搞，同大厂争原料，变成自由发展了。整顿的方针要写清楚。发展五小工业要有个范围，要对农业有利，破坏计划的无论如何不能搞。"①

20世纪60年代后期至70年代初，世界经济形势发生了较大变化。西方资本主义国家面临着新的一轮经济危机，苏联、美国争夺世界霸权的活动遭到越来越多国家的抵制，原有的社会主义和资本主义阵营两大经济体系逐渐趋向解体，代之而起的是发达国家和发展中国家之间日益增多的经济往来。1973年，长达28年的以美元为中心国际货币体系崩溃。另一方面，随着中美关系缓和，中国重返联合国，大批西方国家纷纷与中国建交，打破了国际敌对势力长期以来对中国的政治封锁。中国国内在林彪事件以后，开始批判和纠正部分的"文革""左"倾错误。这些都为中国扩大对外经济交流创造了有利条件。1972年2月，毛泽东邀请美国总统尼克松访华，准备抓住这个契机，开拓对外经济工作的新局面。他对尼克松说："你们要搞人员往来这些事，要搞点小生意。我们就死也不肯。""后来发现还是你们对，所以就打乒乓球。"②从而批判了"文革"中对外贸易领域的错误做法。在《中美上海公报》中，双方同意为逐步发展两国间的贸易提供便利。

1971年林彪事件以后，周恩来主持中央工作，与李先念、余秋里及相继复出的陈云、邓小平等人，积极推行了毛泽东打开对外经济工作局面的决策。1972年1月，根据周恩来指示，李先念听取了余秋里召集国家计委及有关部委负责人研究后的汇报，决定抓住西方资本主义国家在经济危机中急于出口的有利时机，针对国内需要，进口成套化纤、化肥技术

① 《周恩来选集》下卷，人民出版社1984年版，第464页。
② 《毛泽东外交文选》，中央文献出版社、世界知识出版社1994年版，第595页。

设备。1月22日,李先念向周恩来报送国家计委《关于进口成套化纤、化肥技术设备的报告》,建议引进我国急需的化纤新技术成套设备4套、化肥设备2套,以及部分关键设备和材料,约需4亿美元。2月5日,经周恩来批示呈报,毛泽东立即圈阅批准了这个报告。

随后,周恩来等人以此为突破口,将对外引进交流规模进一步扩大。5月5日,冶金部建议从国外进口一米七大型钢板轧机,这是国内钢铁工业长期以来急需的设备,因“文革”的冲击使试制工作停止,而江青集团又借口“自力更生”阻挠进口,严重影响了钢铁工业的发展。这时,国家计委根据李先念批示,正式提出了《关于进口一米七连续式轧板机问题的报告》。8月21日,毛泽东、周恩来予以批准。11月7日,国家计委再次提出《关于进口成套化工设备的请示报告》,建议进口6亿美元的23套化工设备。周恩来在批准这个报告的同时,又要求将总额33亿美元的另一进口方案送他合并考虑,准备采取一个更大规模的引进计划。

在1972年引进一系列项目工作顺利进行的基础上,1973年1月5日,国家计委向国务院提交《关于增加设备进口、扩大经济交流的请示报告》,对前一阶段和今后的对外引进项目做出总结和统一规划。报告建议,利用西方处于经济危机,引进设备对我有利的时机,在今后三五年内引进43亿美元的成套设备。其中包括:13套大化肥、4套大化纤、3套石油化工、10个烷基苯工厂、43套综合采煤机组、三个大电站、武钢一米七轧机,及透平压缩机、燃气轮机、工业气轮机工厂等项目。这个方案被通称为“四三方案”,是继50年代的156项引进项目后的第二次大规模引进计划,也是打破“文革”时期经济贸易领域被封锁局面的一个重大步骤。以后,在此方案基础上,又陆续追加了一批项目,计划进口总额达到51.4亿美元。利用这些设备,通过国内自力更生的生产和设备改造,兴建了26个大型工业项目,总投资额约200亿元。到1982年,26个项目全部投产。其中投资额在10亿元以上的有:武钢一米七轧机、北京石油化工总厂、上海石油化工总厂一期工程、辽阳石油化纤厂、黑龙江石油化工总厂等。这些项目取得了较好的经济效益，对我国经济建设的发展起到了重要的促进作用。

“四三方案”的批准实施，带动了对外引进工作的全面开展。毛泽东、周恩来审时度势，在国务院领导人的积极努力下，又果断地进行了开拓整个对外经济工作新局面的部署。从 1972 年起，我国的外贸、金融及与之有关的其他经济领域，出现了一个建国以来对外引进技术设备、开展经济交流的第二次高潮。

在引进国外先进技术设备方面，除“四三方案”的主要项目外，重要的引进项目还有：从美国引进彩色显像管成套生产技术项目；利用外汇贷款购买新旧船舶，组建远洋船队；购买英国三叉戟飞机，增强民航运输力量等。1972 年 9 月，国家计委成立了进口技术设备领导小组，负责审查进口设备和综合平衡及长期计划衔接工作，还组织有关部委派出多个考察小组，到国外考察检查进口设备。同时，在国内恢复举办先进科技国家的技术贸易展览会，学习吸取国外先进技术。

在制定研究利用外资的战略指导思想方面，周恩来等人顶住江青集团的压力，进行了艰苦的工作。1973 年和 1974 年协助周恩来研究指导外贸工作的陈云发挥了重要作用。1973 年 6 月，陈云在与中国人民银行负责人的谈话中，提出了“对资本主义要很好地研究”的重要思想。他指出：现在我们外贸主要面向资本主义国家这个趋势“我看是定了”，因此，“不研究资本主义，我们就要吃亏。不研究资本主义，就不要想在世界市场中占领我们应占的位置”。针对林彪、江青集团的破坏，他提出要恢复外贸金融研究机构，认真研究西方资本主义经济资料，并亲自拟定了了解世界经济状况的 10 个重要问题。根据他的这一思想和周恩来的多次指示，中国人民银行进行了许多调查研究，积极开展筹措外汇和利用外资工作，1973 年筹措到外汇资金 10 亿多元，支持了对外引进的需要。1973 年至 1974 年，利用国际货币动荡时机，陈云又向李先念建议，适时地购进 600 吨黄金，增加了我国的黄金储备。

在利用和借鉴外国现代金融和管理手段方面，陈云大胆地指出，要利用资本主义国家的商品交易所和期货市场。他说:“对于商品交易所，我们应该研究它、利用它，而不能只是消极回避。”根据这一思想，外贸部门在购买国内需要物资时，灵活运用期货手段，积极参与国外交易市场活动，在完成购买任务的同时，为国家赚取了外汇。

在恢复建立国内出口生产基地、扩大出口贸易方面，按照周恩来制定的“外贸要立足于国内，要把生产、使用和科研结合起来，推动国内生产的发展”的方针，李先念等人积极恢复了“文革”初期遭到严重破坏的出口生产工作。李先念在多次有关会议上指出:把出口工艺美术品说成是“为资产阶级服务”，不生产，不采购，使出口额显著下降，这种状况必须迅速加以改变。针对有人攻击外贸工作“崇洋媚外”，认为出口商品提价是“帮助外国商人剥削各国人民”的谬论，他按捺不住内心的愤慨，严厉批评说:这么说的人，硬是想要我们吃大亏，外国资本家赚大钱。在他和周恩来部署下，工艺美术品、农产品等出口生产基地得到了较快恢复。1972年9月，建国以来规模最大的全国工艺美术展览会在北京开幕，历时4个多月。为了扩大加工出口，外贸部门利用国际市场上棉布价格较高、棉花价格较低，而国内棉花歉收、加工能力较强的时机，进口一批棉花，加工成棉布后出口，既解决了国内的棉布紧缺，又赚取了外汇，同时还使国内人民增加了收入。但是，有人却认为，这样做是依靠外国，不是“自力更生”。陈云经过调查研究后，坚决地指出:“我们是要自力更生的”，但是要做到完全用自己的棉花需要很长时间，“我们要利用这段时间，进口棉花加工棉布出口。不这样做就是傻瓜”。同时，他还考虑到在整个外贸进出口安排上，都应利用国内丰富劳动力，加工成品出口，如进口化肥和设备，增产粮食，再出口大米、肉类，“要长期搞，这样搞是合理的。我们有劳动力，可以为国家创造外汇收入”。[1]

这一时期，周恩来开始注意台湾设立经济特区、引进外资的做法。

---

① 《陈云文选》第三卷，人民出版社1995年版，第224页。

1972年4月他接见广交会代表时，询问了台湾产品加工出口情况，说："为什么台湾能搞，我们搞不了？我们这样伟大的人民，出口才比台湾多十亿，值不得骄傲。"

1973年6月29日，周恩来接见美国银行家洛克菲勒时说：通过两国银行来推动两国贸易的发展，这是一个有效的渠道。我们过去不会运用银行。……我很直率地说，这一点我们还赶不上台湾的严家淦。他引进美国、日本和其他国家的外资。进口原材料，然后加工，专门供出口。他还在台湾高雄划了一个像香港一样的自由港，不收税。这样，台湾的贸易额就大了。[①] 10月31日至11月3日他和澳大利亚总理惠特拉姆会谈时，再次表示赞许台湾省吸引外资带着原料去建厂，利用台湾的廉价劳动力、劳务费，然后把商品回销外国的做法。[②]

由于"文革"，周恩来建立经济特区、引进外资和来料加工的设想不可能付诸实践。但是，他的这一思想对后来的中国经济开放产生了重要的探索作用。

在周恩来、李先念、陈云等人的领导和斗争下，经过两年多的努力，1973年到1974年，我国对外经济工作取得了开拓性的进展，出现了一个新的局面。1973年我国对外贸易总额达到109.76亿美元，是1970年45.8亿的2.4倍；1974年更达到145.7亿，是1970年的3.2倍。1973年全国出口总额达到58.2亿美元，是1970年22.6亿的2.58倍；1974年更达到69.5亿美元，是1970年的3.07倍。一方面，成套设备和先进技术的引进，促进了国内基础工业，尤其是冶金、化肥、石油化学工业的发展，为我国80年代经济建设的腾飞提供了必要的物质条件；另一方面，外贸出口创汇也得到迅速发展，有力地支持了国外成套设备的引进。

从70年代前期起，全国农村广大干部群众开展了治山造田、治河修渠的大搞农田水利基本建设运动，取得了一系列重要成就。在兴修水

① 《周恩来经济文选》，中央文献出版社1993年版，第645—646页。
② 《周恩来年谱》(1949—1976)下卷，中央文献出版社1997年版，第630页。

库,引水治河,改善农田条件方面,长江中下游水利建设取得重大成绩,兴建了荆江汉江分洪等工程,共建成500多座大中型水库,灌溉面积达1.5亿亩;全面治理黄河取得重要进展,扭转了黄河历史上"三年两决口"的险恶局面,灌溉面积达800万亩,1971年黄河流域粮、棉产量比1949年分别增长79%和137%;治理淮河成绩显著,共开挖11条大河道,建成30多座大水库、2000多座中小水库,灌溉面积相当于1949年的5倍以上;根治海河取得巨大成就,治理了子牙河等5大河系,修堤4300公里,疏浚270条河道,建成80座大中型水库、1500座小水库,万亩以上灌区271处,排洪能力比1963年提高5倍;大规模治理辽河取得成效,建成水库220座,灌溉面积由63万亩增加到1100万亩。此外,这一时期各地先后完成或初步完成的主要水利工程还有:豫、皖、苏三省开挖新汴河、治理沱河工程,河北黑龙港地区防洪排涝主要工程,京郊治涝工程三条主河道通水工程,宝鸡峡引渭灌溉骨干工程,汉江丹江口水利枢纽初期工程,江苏淮安水利枢纽工程,丹江渠道主体工程,青铜峡水利枢纽工程,黑龙江北部引嫩工程,三门峡水利枢纽工程等。在打井抗旱、兴建水电站方面,这一时期也取得了重要成就。据统计,1977年我国农田灌溉面积达70000万亩,比1965年的49582万亩增长41%,平均年增长2.9%;1977年我国机电排灌面积达43167万亩,各种水电站机电总装机容量达4289千瓦,分别比1965年的12140万亩、667万千瓦增长355.58%和643%,平均每年增长11.15%和16.8%;1975年我国机井数达181.75万眼,比1965年的19.42万眼增长935.89%,平均每年增长25%。[①]

农田水利和排灌机械的发展,增强了我国的农田灌溉和防涝抗旱能力,为农业持续丰收提供了保证。以全国受灾面积基本相同的1976年与1965年相比较,成灾面积占受灾面积的比例由1965年的53.9%下降到1976年的26.9%。其中水灾由50.3%下降到31.7%,旱灾由59.5%下

① 水利电力部编:《中国农田水利》,水利电力出版社1987年版,第25—43页。

降到28.6%。①

1975年10月20日，由科学家袁隆平等培育的籼型杂交水稻通过鉴定，开始在全国大面积推广，一般能提高产量20%。这项技术成为中国向美国出口的第一个农业专利，为世界粮食增产作出了重大贡献。

农田水利、农业机械、农用化肥和农村用电等条件的改善，使我国的粮食生产和农业总产值基本保持了稳定增长。70年代前期，全国农业总产值持续增长，其中只有1972年由于遭受1962年以来最严重的自然灾害，比1971年下降1.04%。其余各年与上年相比，1970年增长5.76%，1971年增长4.2%。1973年增长8.3%，1974年增长3.55%，1975年增长3.1%。1975年粮食产量比1964年增加1940亿斤，增长57.1%。全国人均粮食产量也由531.9斤增长到615.7斤。

这一时期，农村社队工业（主要指农村公社以下的集体工业）也得到了长足的发展。70年代初，中国的经济环境开始发生有利于社队工业崛起的变化。一方面，农村人口的持续增长，使一些农村地区尤其是沿海人口密集省份的农业劳动力出现多余，人多地少的矛盾日益尖锐。另一方面，国家号召实现农业机械化，但又拿不出较多的资金予以扶植，而国有大中企业由于“文革”动乱效益始终不高，不能满足社会市场需要。于是，因地制宜，不需国家投资的社队集体工业抓住机遇，以毛泽东1966年提出的“五七指示”中“亦工亦农”的设想为理论依据，自己走出一条路，得到了建国以来最大的发展。1970年，北方农业会议提出，大办地方农机厂、农具厂以及与农业有关的其他企业，这一指导方针给单纯靠种植农作物养活自己的各地农村注入了新的活力。江苏、浙江、广东等历史上有传统手工业的省份首先行动起来，纷纷创办各种规模的农具、粮油加工、建材、编织、服装等社队工业。几年中，如雨后春笋，蓬勃兴起。以江苏省为例，社队工业总产值1975年已达22.44亿元，比1970年的6.96亿元增长2.22倍，平均每年增长20%以上。社队工业在全省工业

① 国家统计局编：《建国三十年国民经济提要》第74页。

总产值中所占比重,由3.3%上升到9.3%。[①] 这些社队工业的特点是:围绕农业办工业,工业为农业服务;为城市工业加工服务;就地取材,就地生产,就地销售,适应了当时农村较低的生产力状况,因而具有很强的生命力。

在极“左”思潮的影响下,发展社队工业也被指责为“搞资本主义”,“挖社会主义墙角”。一些社队工业因此而夭折,但在广大农村社员干部的抵制下,多数仍顽强地生存下来,并取得了较大的发展。1975年9月5日,浙江省永康县人民银行干部周长庚写信给毛泽东,建议改变1962年中央关于公社工作60条中社队“一般不办企业”的规定,积极发展农村工业,为农村剩余劳动力寻找出路。毛泽东和邓小平先后作了批示,印发中央有关部门和北方农业会议,引起了重视。[②] 主持中央工作的邓小平对社队工业予以明确的肯定和积极的支持,指出其发展方向主要是为农业和人民生活服务,有条件时也要为大工业、出口服务。要求各级领导采取积极措施,加以扶植。1975年10月,《红旗》杂志发表江苏无锡县发展社队工业的调查报告,指出社队工业“对于发展农业、建设社会主义新农村、改造小生产的习惯势力有着很大的作用”。《人民日报》也发表了调查报告《伟大光明灿烂的希望》和评论文章。此后,社队工业得到了更快的发展。

1965年至1976年期间,按不变价格计算,全国社办工业产值由5.3亿元增长到123.9亿元,在全国工业产值中的比重由0.4%上升到3.8%。[③] 社队工业的发展为农业机械化、农田水利事业提供了有力的支持。如上海川沙县1971年至1974年用于农业机械化的2500万元投资中,社队工业提供的资金占87.5%。社队工业还吸纳了大量农村剩余劳动力,使农民增加了收入,初步改变了农村的经济结构。事实证明,这一时期农村社队工业的蓬勃兴起,起到了繁荣农村经济的重要作

① 莫远人主编:《江苏乡镇工业发展史》,南京工学院出版社1987年版,第140页。
② 吴增地:《周长庚致信毛泽东主席的前因后果》,《当代农史研究》1997年第3期。
③ 《中国统计年鉴(1983)》,中国统计出版社1984年版,第214、215页。

用，也为80年代实行改革开放政策后乡镇企业的大发展打下了初步的基础。

三、媒体述评

“四五”计划于1970年开始进行编制。2月15日至3月21日国务院召开全国计划工作会议，制定1970年国民经济发展计划，会上研究、讨论、制定了《第四个五年计划纲要(草案)》。同年9月，在党的九届二中全会上曾作为参考文件印发。1971年3月，中共中央在批转1971年计划时，《“四五”计划纲要(草案)》的部分指标也作为附件下发。

第四个五年计划期间的主要经济指标：《纲要(草案)》规定，工农业总产值每年平均增长速度达到12.5%，五年合计国家预算内基本建设投资1300亿元，1975年粮食产量达到6000亿斤－6500亿斤，棉花6500万担－7000万担，钢3500万吨－4000万吨，原煤4亿吨－4.3亿吨，发电量2000亿度－2200亿度，铁路货运量9亿吨－10亿吨。

1973年7月，国家计委拟订了《第四个五年计划纲要(修正草案)》。《修正草案》对主要经济指标进行了调整，不少指标有所压缩，钢产量下调到3200万吨－3500万吨，后又调到3000万吨。1972、1973两年国民经济形势有所好转，1973年各项主要经济指标都完成和突破了计划，并且是“一五”计划以来经济增长最快的一年。

1975年是“四五”计划的最后一年，按照《修正草案》规定的1975年指标要求来检查计划执行的结果是：工农业总产值完成计划的101.7%，其中农业完成104.5%，工业完成100.6%。主要产品产量完成的结果是：粮食103.5%，棉花96.5%，钢79.7%，原煤109.5%，原油110.1%，发电量103.1%，棉纱96.8%，铁路货运量98.7%，预算内基本建设投资完成101.6%，财政收入完成98%。

（来源：新华网2010年10月18日）

四、专家论道

“四五”计划(1971—1975年):严重失控 调整战略

“四五”计划最终仍以“草案”的形式印发。

在国际紧张形势和国内“文化大革命”的影响下,“四五”计划盲目追求高速度和高指标,导致上世纪70年代初期国民经济出现了“三个突破”的严重失控现象:职工人数突破5000万人,工资支出突破300亿元,粮食销量突破800亿斤。

1971年林彪事件发生以后,周恩来主持两年经济调整,对极“左”思潮进行了批判。

1973年,中共中央两次修改“四五”计划的高指标,逐步调整了以战备为中心的战略,开始强调经济效益,注意沿海和三线地区并重,大规模的“三线建设”进入收尾阶段。

经过1975年邓小平主持的整顿工作,“四五”计划得到了基本完成。

【决策回眸】

在1969年4月中共九大上,林彪作为毛泽东的接班人,被正式写进新党章。在九届一中全会上,林彪集团的主要成员总参谋长黄永胜,副总参谋长吴法宪、李作鹏、邱会作及林彪妻子叶群,都进入了中央政治局。他们直接插手国务院部委工作,大肆发布战争迫在眉睫的指示,对这一时期的经济计划产生了严重的影响。

他们盲目扩大军事工业生产,乱上“重点”项目,使得因“文化大革命”本已不正常的国民经济体系雪上加霜。军事工业的盲目上马和扩大,又严重占用挤压民用工业的资金、设备和人力,使其生产下降。

江西景德镇瓷器

在国际国内市场上享有盛誉,产品一直供不应求。为了增加陶瓷出口,国家用了2700万元,在景德镇建成了一个全国最大的现代化陶瓷厂,设计规模为年产2000万件。

1969 年，吴法宪等人看中了这个厂的厂房，不经国家有关部门批准，借口大搞直升机，占用了这个刚刚投产的陶瓷厂。他们把设备分掉，还把花了 500 万元建起来的隧道窑和锦窑全部炸掉。致使以后我国在国际市场瓷器贸易总额中只相当日本的五分之一。

1970 年宣布建成的这个景德镇的直升机厂，到 1971 年仍然没有生产出一架飞机。吴法宪等就采取欺骗手段，把老厂生产的零部件拉到这里总装、试飞。将这个厂包装成当年设计、当年基建、当年投产的典型。

他们还肆意破坏计划管理制度。吴法宪派到成都雷达厂的心腹公开提出了“六不要”，首先就是不要计划。他们说：要什么计划？林副主席的指示就是计划。我要什么，你就生产什么，能干多少，就算多少。计划就是计划，把它丢在一边。另外还包括不要设计、不要配套、不要检验，甚至提出不要质量、不要生产管理：讲这个质量、那个质量，威力大了就是质量，给部队使用了就是质量。过去几年出不了一个产品，有人说乱，我看这个乱很好，还乱得不够，这才是正常秩序。

1971 年林彪出逃的“九一三”事件发生后，周恩来主持中央工作。针对前一个时期因“文化大革命”动乱和过分强调战争威胁造成的问题，以批判林彪极“左”思潮的形式，进行了经济调整。1972 年 2 月，全国计划会议在周恩来指示下制定出一系列重要措施。包括：加强国家计划，整顿企业管理，落实各项政策，反对无政府主义等。

1973 年 2 月，周恩来在听取国家计委汇报计划工作时严厉批判极“左”思潮造成的“瞎指挥”、“三个突破”等现象后指出：“影响到 1973 年，恶果逐渐暴露出来了。应该把九大以来林彪一伙破坏经济计划的情况编个材料，供大家批判。一定要批透，把破坏性后果消除掉。”他历数了两年来经济领域国民经济发展不讲比例、各地自行其是、各自为政等等乱象，感慨地说，确实没有王法了。

此后，在周恩来的主持下，“四五纲要（草案）”的部分高指标被降低：工业总产值由 4000 亿元下降到 3300 亿元，工业年平均增长速度从

12.8%下调到7.7%……

【数字】

第一

1970年4月,全国煤炭工业会议提出:大干三年,扭转北煤南运,实现江南9省煤炭基本自给,力争在1975年煤炭产量超过美国、苏联,跃居世界第一。

101.7%

1975年是“四五”计划的最后一年,主要由于整顿的作用,才使“四五”计划的多项指标基本完成,其中,工农业总产值完成计划的101.7%。

10.7年

大中型项目的建设周期,“一五”时期是6.5年,“三五”和“四五”时期则延长到8.8年和10.7年。

【语录】

中国属于社会主义国家。解放前跟资本主义差不多。现在还实行八级工资制,按劳分配,货币交换,这些跟旧社会没有多少差别。所不同的是所有制变更了。

——毛泽东(1970年10月20日)

把国民经济搞上去。

——毛泽东(1974年10月)

【评说】

“三五”、“四五”计划的编制给我们留下的教训,一是制定计划必须有稳定的政治环境和充分的科学论证、调查研究;二是制定计划必须尽量符合经济规律和生产力水平,不能单纯从人的主观愿望和热情出发。两个计划编制中,始终强调“抓革命,促生产”,用精神力量来作为完成指标的依据,这本身就是严重违背客观规律。更何况,“文化大革命”中那种“抓革命”的“热情”不但不是“促生产”的动力,反而是经济发展的破坏力。

尽管存在着计划编制不合理、国民经济结构失调、经济效益低下等重大问题，但是，我们还是应当看到，在当时的困难条件下，“三五”、“四五”计划毕竟得到了完成。建成了一大批骨干企业、重点项目和基础设施，国家经济总量比以往有较大增加，而没有出现“大跃进”后严重倒退的三年经济困难局面。而且，“三五”、“四五”计划是中国建立独立的比较完整的工业体系的重要阶段。（点评专家：社科院当代中国研究所经济研究室主任 陈东林）

（来源：《中国青年报》2006 年 3 月 20 日）

五、延伸阅读

1.《第四个五年计划纲要(修正草案)》。

2.《关于增加设备进口、扩大经济交流的请示报告》。

3.《伟大光明灿烂的希望》,《人民日报》1975 年 10 月 15 日。

第五章

“五五”计划(1976—1980年)

【关键词】 新跃进 大转折

【基本任务】 建成独立的比较完整的工业体系和国民经济体系，基本上实现农业机械化，全国粮、棉平均亩产达到《全国农业发展纲要》规定的指标。该纲要规定：工农业生产10年平均增长速度为8.7%，其中工业速度为10%；财政收入10年合计为1.28万亿元；基本建设投资10年合计为4580亿元。1985年工业生产指标：钢6000万吨、煤9亿吨、化纤150万吨、原油2.5亿吨。

1975年，中共中央制定了《1976－1980年发展国民经济十年规划纲要（草案）》，安排了“五五”计划。“五五”计划实施期间，跨越了由“文革”至粉碎“四人帮”及拨乱反正的重大历史转折，致使计划的制定与实施亦随之变化。其制定开始于1974年，没有独立的文本，包含在《1976－1985年发展国民经济十年规划纲要》之中。此纲要直至1977年12月才被下发，“五五”计划缩水仅剩3年。

一、“五五”计划概要

“五五”计划实施期间的国际国内形势可以归纳为国际形势好转，国内由社会动荡向良性发展艰难迈进。在十一届三中全会召开以前的过渡时期，经济发展又出现了过热与冒进的情况。由于开展了“批邓”、“反击右倾翻案风”运动，十年规划纲要草案实际未能执行。“五五”时期经济增长速度为6.5%，比“四五”时期高出近1个百分点。

（一）“五五”计划的实施背景

国际上，美国作为资本主义阵营中超级大国的地位开始发生动摇，日本与西欧的经济实力不断上升，并挑战美国的霸权地位。20世纪70年代到80年代，美苏从60年代的冷战共处过渡到美苏缓和中的激烈争夺态势，为80年代末90年代初雅尔塔体系瓦解埋下了伏笔。在这一时期，国际上的全球化联系增强，世界开始向多元化发展。总体来说，中国所面临的国际形势好转。

在国内，“五五”计划实施前期中国处于“文化大革命”最后的困难时期，1976年随着一批重要领导人相继去世以及唐山大地震等自然灾害，中国社会陷入深深的动荡。但是此后随着“四人帮”被粉碎，长达十年的“文化大革命”结束，社会经济秩序逐渐恢复正常，经济发展遇到了难得的机遇。随着1978年十一届三中全会的召开以及改革开放的开始，文革的错误得到系统纠正，经济在黑暗中迎来了希望，在过渡中酝酿了改革。

(二)“五五”计划的制定与实施

“五五”计划前期，虽然“文革”已经结束，但是文革的错误还未得到系统纠正，经济中“左”的思想倾向依然存在。因此在十一届三中全会召开以前的过渡时期，经济发展又出现了过热与冒进的情况。虽然此时中国经济各领域都开始出现自下而上的改革压力，但是经济仍然沿着原先的体制发展。

1974年1月12日，国家计委向国务院提出关于拟定长远计划的报告。该报告拟定的是1976—1985年十年远景规划，其重点放在1976—1980年第五个五年计划上。1974年8月，经中共中央、国务院批准，国家计委发出《关于拟定十年规划的通知》，各部委及各省市开始编制1976—1985年十年规划。

1975年1月13日至17日，第四届全国人大一次会议后，邓小平主持中共中央、国务院的日常工作。国务院总理周恩来在四届全国人大一次会议上提出，“五五”计划期间，要建成独立的比较完善的工业体系和国民经济体系，有步骤地建设经济协作区，基本上实现农业机械化。全国国民经济和社会发展第五个五年计划经过计划工作会议讨论、汇总后有了一个初步设想，全国经济形势开始好转，即着手研究编制了《1976—1985年发展国民经济十年规划纲要(草案)》，其中包括第五、第六两个五年计划的设想。但是，由于开展了“批邓”、“反击右倾翻案风”运动，十年规划纲要草案实际未能执行。

1975年3月16日，国家计委召开长远规划工作会议。其间提出了第五个五年计划的基本建设投资为2400亿元，财政收入为500亿元。

1975年10月，国家计划拟定了《1976—1985年发展国民经济十年规划纲要(草案)》，“五五”计划没有单独编制，而是安排在十年规划之中。同年底中共中央政治局审议了该草案，决定略加修订后试行1年，再作进一步修订。

1976年10月，因粉碎江青反革命集团，全国政治经济形势发生重大转折，“五五”计划最终没有形成正式文件下达。

1977年11月21日至12月11日，全国计划会议在京举行。会议重点讨论了长远规划问题。国家计委向中央政治局提出了《关于经济计划汇报要点》。该汇报要点中提出了“五五”后3年以及“六五”计划的设想和安排，连同《1978年国民经济计划主要指标》于1978年2月经中共中央同意后一起下发。后来，经过修改的《十年规划纲要》在1978年3月5日闭幕的第五届全国人大第一次会议上获得通过。该纲要草案规定“五五”计划的目标是：建成独立的比较完整的工业体系和国民经济体系，基本上实现农业机械化，全国粮、棉平均亩产达到《全国农业发展纲要》规定的指标。该纲要规定：工农业生产10年平均增长速度为8.7%，其中工业速度为10%；财政收入10年合计为1.28万亿元；基本建设投资10年合计为4580亿元。1985年工业生产指标：钢6000万吨、煤9亿吨、化纤150万吨、原油2.5亿吨。

《十年规划纲要》规定，“五五”和“六五”期间，发展国民经济的奋斗目标是：在1980年建成中国独立的比较完整的工业体系和国民经济体系；到1985年进一步完善全国的经济体系，各个部门的主要环节基本掌握现代先进技术，在全国基本建成六个大区不同水平、各有特点、各自为战、大力协同、工农轻重比较协调发展的经济体系。《汇报要点》规定的“五五”后3年的主要任务：一是把农业搞上去，二是把燃料、动力、原材料工业搞上去，规定工业总产值平均每年增长12%，农业总产值增长6%，到1980年要基本实现农业机械化，粮食产量达6700亿斤，钢产量3600万吨，原煤6.5亿吨，原油1.3亿吨－1.5亿吨，发电量3000亿度，国家预算内基建投资“五五”后3年拟安排1200亿元，5年合计1780亿元。由于经济建设指导思想急躁冒进，受“左”倾错误影响，《十年规划纲要》规定的目标、任务，严重脱离国情、国力，具体指标规定偏高，自1978年下半年开始，进一步扩大了基本建设投资规模，加剧了国民经济比例失调。

1977年12月1日，中共中央国务院批准并下达了国家计委《关于

1976—1985 年国民经济发展十年规划纲要(修订草案)》。于 1978 年初对原来的纲要作了修定。"五五"计划的主要任务是:把农业搞上去,把燃料、动力、原材料工业搞上去,到 1980 年要基本实现农业机械化。

1978 年 12 月,中共十一届三中全会作出了把工作重点转移到社会主义现代化建设上来的战略决策,从指导思想上实现了拨乱反正。中共中央对 1979 年指标作了修改,并开始实施国民经济的调整。

1979 年 4 月 5 日—28 日,中共中央召开工作会议,重点讨论经济调整问题。会议同意中共中央提出的"调整、改革、整顿、提高"的方针。会议决定,从 1979 年起要用 3 年时间进行调整,坚决把各方面严重失调的比例关系基本上调整过来,继续整顿好现有企业,积极、稳妥地改革工业管理和经济管理体制,使整个国民经济真正纳入有计划、按比例健康发展的轨道。会议对"五五"计划指标作了较大幅度的调整,提出在以后 2 年要压缩基本建设投资,降低重工业增长速度,努力发展农业、轻工业,逐步开展多种经营形式和开辟多种流通渠道,大力安置城镇青年就业,改善人民生活。1980 年底国民经济主要比例关系开始逐步改善,生产和建设也取得较大发展。

中国共产党第十一届中央委员会第三次全体会议于 1978 年 12 月 18 日至 22 日在北京举行。全会的中心议题是讨论把全党的工作重点转移到社会主义现代化建设上来。在中央工作会议上,党的许多老一辈革命家和领导骨干,对"文化大革命"结束后两年来党的领导工作中出现的失误提出了中肯的批评,对党的工作重点转移到经济、政治方面的重大决策,党的优良传统的恢复和发扬等,提出了积极的建议。邓小平在会议闭幕式上作了题为《解放思想,实事求是,团结一致向前看》的重要讲话。这次中央工作会议,为随即召开的十一届三中全会作了充分准备。邓小平的讲话实际上成了三中全会的主题报告。实现了建国以来党的历史的伟大转折。

第一,全会实现了思想路线的拨乱反正。思想路线的拨乱反正是各方面拨乱反正的前提和先导。全会冲破了党的指导思想上存在的教条主义和个人崇拜的严重束缚，坚决批判和否定了“两个凡是”的错误方针，高度评价了关于真理标准问题的讨论，指出实践是检验真理的唯一标准是党的思想路线的根本原则，从而重新确立了马克思主义的实事求是的思想路线。

第二，全会实现了政治路线的拨乱反正。这是最根本的拨乱反正。建国之初，党就要求各项工作必须以发展生产力为中心。党的八大确定要以在新的生产关系下保护和发展生产力为主要任务。这以后的失误，归根到底，就是背离了八大路线，搞了“以阶级斗争为纲”，没有集中力量进行经济建设。

第三，全会实现了组织路线的拨乱反正。组织路线的拨乱反正包括多方面的内容，是一个从中央贯彻到各级的较长的过程。一大批老一辈革命家重新回到党中央的领导岗位，以邓小平为核心的中央领导集体经过三中全会在实际上建立起来，这是最重要的成果。

第四，全会开始了系统地清理重大历史是非的拨乱反正。全会认真地讨论了“文化大革命”中发生的一些重大政治事件，也讨论了“文化大革命”前遗留下来的某些历史问题。会议肯定了1975年邓小平受毛泽东委托主持中央工作期间各方面工作取得的很大成绩。

第五，全会恢复了党的民主集中制的传统。全会讨论并着重提出了健全社会主义民主和加强社会主义法制的任务。全会决定根据党的历史经验，健全党的民主集中制，健全党规党法，严肃党纪；全体党员和党的干部，人人遵守纪律，是恢复党和国家正常政治生活的起码要求；强调党中央和各级党委要加强集体领导。

第六，全会作出了实行改革开放的新决策，启动了农村改革的新进程。全会在讨论1979－1980两年的国民经济计划安排时，提出了要注意解决国民经济重大比例失调，搞好综合平衡的要求。全会还讨论了农业问题，认为农业这个国民经济的基础就整体来说还十分薄弱，只有大力恢复和加快发展农业生产，才能提高全国人民的生活水平。全会提出了当前发展农业的一系列政策措施，并同意将《中共中央关于加快农业发展若干问题的决定(草案)》等文件发到各省、市、自治区讨论和试行。这个文件在经过修改和充实之后正式发布，接着一些重要的农业方面的文件相继制定和发布施行，有力地推动了农村改革的进程。

农村中开始试行家庭联产承包责任制，城市里私营经济重新登上历史舞台，由原先的封闭经济向对外开放转变，从计划向市场经济的转轨也开始艰难起步。

(三)“五五”计划的完成情况

1975年，国务院讨论和规划“五五”和“六五”时期的经济发展。同年，召开了多次计划工作的务虚会，研究和确定经济工作的路线、方针、政策，并草拟了《1976－1985年发展国民经济的十年规划纲要》。

从1976年到1980年，经济经过徘徊，得到初步调整。1977年至1978年间社会总产值、工农业总产值、国民收入连续两年大幅度增长，主要工农业产品的产量恢复或者超过了历史最好水平。

1977年开始，当时的中央领导提出发展国民经济要“大干快上”的方针。“五五”计划提出后三年(1978－1980年)，建立独立的比较完整的工业体系和国民经济体系。

1977年2月，全国铁路工作会议在北京召开。这次会议是经中共中央批准，由国务院主持召开的。28个省、市、自治区党委的负责人，20个铁路局和16个铁路分局党委的负责人，中共中央、国务院、中国人民解放军有关部门的负责人共200多人出席了会议。会议认真研究了动员全党管好铁路，抓纲治国，大干快上的问题。会议指出，铁路是国民经济的大动脉，全国要大治，工农业要大上，铁路必须做到畅通无阻，当好先行。8月10日，国务院发出《关于调整部分职工工资的通知》，决定在国民经济初步恢复和国家财政情况开始好转的基础上，为部分低工资的职工调整工资。全国60%的职工十多年来第一次不同程度地增加了工资，社会商品零售总额比上年增长7%，人民生活水平有所提高。

1977年4月19日，《人民日报》发表《抓纲治国推动国民经济新跃进》的社论。社论指出，在“两个阶级”的激烈斗争中，实现安定团结，巩固无产阶级专政，达到天下大治的战略决策，已经在经济战线上取得显著成果，一个新的“跃进”形势正在形成。为了巩固和发展当前的大好形势，把国民经济搞上去，首先和主要要抓的就是抓纲治国。

1977年11月18日、23日、25日，中共中央政治局听取和讨论了国家计委《关于经济计划的汇报要点》。汇报提出，今后23年在经济战线上分三个阶段，打几个大的战役，使农业每年以4%到5%、工业每年以10%以上的速度持续大步前进。到20世纪末，钢产量达到1.3亿到1.5亿吨，粮食产量达到1.3万亿到1.5万亿斤。在工业管理体制方面，重申了在中央集中统一领导下，发挥中央和地方两个积极性。

1978年2月5日，中共中央将国家计委起草的《关于经济计划的汇报要点》和《1978年国民经济计划主要指标》发给各省、市、自治区。根据《关于经济计划的汇报要点》的描绘，今后8年，即到1985年以前，在基本建设方面，全国要新建和续建120个大型项目，主要有：

二十个大水电站和八个大坑口火电站：大水电站包括四川铜街子，贵州乌江渡、天生桥，云南黄泥河，陕西安康，青海龙羊峡，甘肃黑山峡，广西大化、大藤峡，湖北葛洲坝、清江，湖南东江、五强溪，福建闽江水口，江西万安，吉林白山等，总规模1800万千瓦，8年新增装机1100万千瓦。八个坑口火电站是吉林霍林河，山西大同，河北开滦，安徽两淮，江苏和山东的徐州、兖州，河南平顶山，贵州六盘水，陕西韩城，总规模2000万千瓦。

七大煤炭基地：开滦、两淮、霍林河、兖州、大同、平顶山、六盘水。

十大油气田和一条输气管道：大庆、胜利、华北、辽河、新疆、柴达木、陕甘宁长庆、河南、南海油田和四川气田。总规模原油开采能力2.12亿吨，天然气300亿立方米，8年新增采油能力1.34亿吨，天然气210亿立方米。

十一个大钢铁基地：攀枝花、酒泉、武汉、包头、太原、上海、马鞍山、京津唐、冀东、邯郸、鞍山本溪。这 11 个大钢铁基地，1985 年生产能力达到 4200 万吨。

九大有色基地：江西的铜，甘肃金川的镍，陕西金堆城的钼，广西大厂的锡、平果的铝，郑州、山西、贵州的铝和四川的铝加工。

1978 年 2 月 26 日至 3 月 5 日，五届全国人大一次会议在北京举行。会议的主题是：动员全国各族人民团结起来，为建设社会主义现代化强国而奋斗。华国锋作《政府工作报告》。《政府工作报告》总结了 16 个月以来的工作，提出社会主义革命和社会主义建设的新的发展时期的总任务是：坚决贯彻执行党的十一大路线，坚持无产阶级专政下的继续革命，深入开展阶级斗争、生产斗争和科学实验三大革命运动，在本世纪内把我国建设成为农业、工业、国防和科学技术现代化的伟大的社会主义强国。

1978 年初对原来的纲要作了修定，这时形势虽有好转，但由于“左”倾思想仍起作用，在经济工作中求成过急，提出了许多不切实际的高指标，如“1980 年基本实现农业机械化”，十年内搞“十来个大庆”、“十来个鞍钢”，兴建 120 个大型项目等等，进一步加重了原来已经严重失调的比例关系，重演了历史上曾经发生过的“冒进”，给经济发展带来了严重的困难。

1978 年 12 月，中国共产党召开第十一届中央委员会第三次全体会议，作出了把工作重点转移到社会主义现代化建设上来的战略决策，提出了解决国民经济重大比例严重失调的问题，制订了关于加快农业发展的决定。不久，正式提出了“调整、改革、整顿、提高”的方针，对计划指标作了较大幅度的削减，开始扭转经济形势继续恶化的局面。

1978 年国民经济中问题不小，主要是：第一，由于钢铁等重工业发展过快，基本建设规模安排过大，加上其他一些因素，使本来就失调的农轻重比例、积累与消费比例更加不协调，人民生活没有得到应有的改善。

这一年，重工业总产值比上一年增长15.6%，而轻工业只增长10.8%。积累基金比上年增长30%以上，而消费基金只增长8.4%。第二，经济效益差的状况没有多少改变。工业主要产品的质量、消耗和产值利润率等有一半以上没有恢复到历史最好水平。这一年完成的基本建设投资额是历史上最多的一年，1978年基建总规模由年初计划的332亿元追加到415亿元，比1977年增加100多亿元，增长34.5%。而投资效果是十几年来最差的年份之一。全部建成投产的大中型项目只有99个，投产率仅为5.8%。由于基本建设规模过大，农轻重比例、积累和消费比例关系严重失调，经济效益较差，全国有三分之一的企业管理混乱，生产秩序不够正常。

“五五”计划实施期间经济增长速度加快，但并未摆脱大起大落的增长模式。“五五”时期经济增长速度为6.5%，比“四五”时期高出近1个百分点。“文革”最后一年的1976年，经济出现倒退，增长率为－1.6%，之后的第三年又出现了过热，增长率达11.7%。随后经过两年的治理整顿，经济增长恢复到7.6%和7.8%的稳步增长。主要产品指标大部分基本完成，1980年粮食产量6411亿斤，完成99%；棉花产量5414万担，完成91%；钢产量3712万吨，完成93%；煤炭6.2亿吨，完成110%；发电量3006度，完成100%。

从“五五”计划执行情况来看，1977年至1978年间社会总产值、工农业总产值、国民收入连续两年大幅度增长，主要工农业产品的产量恢复或者超过了历史最好水平。1977年，工农业生产总值达到5055亿元，超过计划的4.4%，比上年增长10.4%。

财政收入和支出连续两年大幅度增加，但收入略有节余，扭转了1974年到1975年连续三年财政赤字、财政收支恶化的状况。但此时表现出明显的冒进倾向，对经济发展要求过急，规定的具体指标过高，使我国的经济建设出现新的失误。1978年12月的十一届三中全会，使全党工作重点转移到社会主义现代化建设上来。会议强调必须按照客观经济规律办事,初步提出了调整、改革的任务和措施,预示着国民经济发展即将摆脱困境,进入新的不断探索发展道路的时期。1979年4月,中共中央在北京召开中央工作会议,决定用三年时间对国民经济进行全面的调整。落实中央提出的战略决策“调整、改革、整顿、提高”八字方针,从根本上消除经济工作中的“左”倾错误影响,切实纠正经济工作中的失误。

1978年社会总产值为6846亿元,比1977年增长13.1%,1978年国民生产总值达到3010亿元,比1977年增长12.3%,比1976年增长19.4%。

我国不少地区遇到了严重干旱,经过广大农民群众的斗争,农业生产仍然获得了丰收。农业总产值1458.8亿元,超额完成计划2.7%,比上年增长8.9%。1978年全国基本建设交付使用的固定资产达356亿元,比上年增长37%。

交通、邮电事业有了较快的发展。全国铁路通车里程达到5万多公里,比上年增加约900公里;公路通车里程89万公里,比上年增加约3.5万公里;民用航空航线长度达到14.9万公里,比上年增加1.7万公里;内河通航里程13.6万公里。

对外贸易有较快发展。全年进出口贸易总额355亿元,比上年增长30.3%。其中,出口167.6亿元,增长20%;进口187.4亿元,增长41.1%。进口大于出口19.8亿元。1978年非贸易收入大于支出21亿元。全年外汇收支平衡,略有节余。

1978年底,我国职工总数达到9499万人,比上年增加387万人。其中:全民所有制单位职工实有人数达到7451万人,比上年增加255万人;城镇集体所有制单位职工2048万人,比上年增加132万人。全国人口为9亿7523万人。人口自然增长率为1.2%。

1979年,全国工农业总产值达到6175亿元,完成计划101.5%,比上年增长8.5%,国民收入(工业、农业、建筑业、交通运输业和商业等物质生产部门的净产值)达到3370亿元，按可比价格计算比上年增长7%。

工业总产值达到4591亿元，完成计划100.6%，比上年增长8.5%。其中，轻工业产值为1980亿元，比上年增长9.6%；重工业产值为2611亿元，比上年增长7.7%。农业总产值(包括农业、林业、牧业、副业、渔业和队办工业产值)达到1584亿元，完成计划104.2%，比上年增长8.6%。

全国基本建设交付使用的固定资产为418亿元，比上年增长17.4%；固定资产交付使用率达到83.7%，比上年提高9.4%。全年竣工房屋面积1.2亿平方米，比上年增长33%，创造了建国以来的最高水平。

进出口贸易总额455亿元，比上年增长28%。其中，出口212亿元，增长26.3%；进口243亿元，增长29.6%。进口大于出口31亿元，除用非贸易外汇顺差弥补外，还借用了一部分国外资金。

1980年，我国各族人民，在中国共产党和人民政府领导下，认真贯彻执行国民经济调整、改革、整顿、提高的方针，经过积极努力，取得新的成果。全年工农业总产值按1970年不变价格计算为6619亿元，完成计划103.2%，比上年增长7.2%。国民收入初步计算为3630亿元，按1970年不变价格计算，比上年增长6.9%。在生产发展的基础上，人民生活有了进一步改善。存在的主要问题是：国家财政继续出现较大的赤字，货币发行量增加较多，不少商品价格上涨。

工业生产持续增长，工业内部结构逐步向合理的、协调的方向发展。全年工业总产值按1970年不变价格计算为4992亿元，完成计划103.1%，比上年增长8.7%。其中，轻工业产值为2344亿元，比上年增长18.4%；重工业产值为2648亿元，比上年增长1.4%。

不少地区遭受了多年来少有的自然灾害，但由于贯彻执行了党和政府的正确政策，调动了广大农村干部和社员的生产积极性，除湖北、河北等少数地区粮食减产比较严重外，大多数地区仍然获得了较好的收成。农业总产值按1970年不变价格计算为1627亿元，完成计划103.3%，比上年增长2.7%。

全国全民所有制单位基本建设新增固定资产为427亿元,比上年增长2.2%;固定资产交付使用率为712%;比上年降低4.5%。全年竣工房屋建筑面积14,500万平方米,比上年增长20.8%。

全国进出口贸易总额为563亿元,比上年增长23.6%。其中,出口总额为272亿元,比上年增长28.7%;进口总额为291亿元,比上年增长19.2%。进口大于出口19亿元。

“五五”期间,国民经济年平均增长7.84%,最高年11.7%,最低年1.7%;工农业总产值平均每年增长8.1%,农业总产值年均增长5.1%,工业总产值年均增长9.2%,其中轻工业为11%,重工业为7.8%,5年新增固定资产为1747.31亿元。到1980年底,粮食达到6411.1亿斤,棉花5413.4万担,钢3712万吨,原煤6.2亿吨,原油10595万吨。全民所有制单位职工平均实际工资增长了31.2%。

“五五”计划是继“大跃进、大冒进”的“二五”计划之后,又一个“洋跃进”、小冒进的计划,要求石油产量达到2.5亿吨,新建和续建120个大型项目,冒进指数达到105%。“五五”计划完成情况也很差,完成率只有31.3%,工业总产值只完成计划的92%。“五五”时期经济增长率达到6.6%,但是依然波动较大,波动系数达到74.3%,经济增长质量有所提高,全要素生产率贡献达到了34.0%。

二、“五五”计划成就辉煌

从1976年到1980年,经济经过徘徊,得到初步调整。1977年至1978年间社会总产值、工农业总产值、国民收入连续两年大幅度增长,主要工农业产品的产量恢复或者超过了历史最好水平。1977年,工农业生产总值达到5055亿元,超过计划的4.4%,比上年增长10.4%。1978年社会总产值为6846亿元,比1977年增长13.1%,1978年国民生产总值达到3010亿元,比1977年增长12.3%,比1976年增长19.4%。财政收入和支出连续两年大幅度增加,但收入略有节余,扭转了1974年到1975

年连续三年财政赤字、财政收支恶化的状况。

（一）滇藏公路建成通车

1976年7月6日，我国西南边疆又一条公路干线——滇藏公路建成并正式通车。这条公路是继川藏、青藏、新藏公路之后，从内地到西藏的第四条公路干线。这条公路的通车，对于进一步改善滇藏之间的交通状况，密切云南和西藏各族人民之间的往来，促进沿线地区工农业生产的发展，都有重大意义。滇藏公路南起云南下关，北至西藏自治区芒康，全长716公里，横跨金沙江和澜沧江，翻越海拔4300多米的白茫雪山和洪拉雪山，穿过横断山脉的碎落地带，同川藏公路的南线接头，通往拉萨。滇藏公路的建成通车，进一步活跃了沿线各族人民的政治、经济和文化生活，加强了民族团结，促进了工农业生产、文教卫生和基本建设事业的发展。

（二）引进彩色显像管成套技术设备

1977年4月9日，国家计委同意恢复1974年因“四人帮”干扰而中断的彩色显像管成套技术设备的引进工作。

（三）调整部分职工工资

1977年8月10日，国务院发出通知，从1977年10月1日起提高部分职工的工资，调整的重点是工作多年、工资偏低的职工。约有60%的职工不同程度地增加了工资。

（四）小岗村包产到户

1978年10月24日，安徽省凤阳县小岗村小岗生产队长严俊昌、副队长严宏昌把全村18家农民的户主召集到会计严立华家，冒着政治风险，商定私下实行大包干，并当场立下字据，按上手印。小岗生产队获得大丰收，粮食总产6万多公斤，相当于1955年到1970年15年的粮食产量总和，自1956年合作化以来第一次向国家交了12488公斤公粮。小岗村农民包产到户事件，标志着农村经济改革开放的开始。

(五)全国科学大会

1978年3月18日到31日,中共中央在北京召开全国科学技术大会。华国锋、邓小平等领导人作了重要讲话。华国锋提出为提高中华民族的科学技术水平,必须正确处理普及与提高的关系。邓小平讲了三个问题:对科学技术是生产力的认识问题;建设宏大的又红又专的科学技术队伍;科技部门实现党委领导下的所长负责制问题。会议制定了《1978－1985年全国科学技术发展纲要(草案)》。全国科学技术大会是知识界的拨乱反正大会,掀起了学习科学技术的热潮。

(六)十一届三中全会召开

文化大革命结束之后,中共中央进行了拨乱反正的工作,恢复被破坏的国民经济,并展开了真理问题的大讨论,但是,由于文革造成的思想混乱尚未消除,"左"倾错误仍在各项工作中蔓延。为全面纠正"文革"及以前的"左"倾错误,中共中央在1978年11月10日至12月15日召开中央工作会议,为十一届三中全会召开作了准备。12月18日至22日中共中央十一届三中全会在北京举行。全会批判了"两个凡是"的错误方针,确立了解放思想,开动脑筋,实事求是,团结一致向前看的总方针。全会恢复和确立了正确的政治路线,作出了全党工作的重心转移到社会主义现代化建设上来的决定,抛弃了以阶级斗争为纲的错误方针。全会确立了正确的组织路线,决定健全党的规章制度,反对个人崇拜。全会通过了《中共中央关于加快农业发展若干问题的决定(草案)》和《农村人民工作条例(试行草案)》,制定了发展农业生产的一系列政策措施。全会原则通过了《一九七九、一九八〇年国民经济计划安排(草案)》。全会提出必须对我国经济管理体制进行改革的决策。这次全会是建国以来党的历史上具有深远意义的伟大转折。

最后两年的调整,表现在:农业战胜自然灾害,粮食产量创造最高记录,多种经营发展得更快;轻工业的发展超过重工业,重工业的内部结构有了变化;通过提高农副产品收购价格和增加职工工资等一系列的政策和措施，使人民生活得到较大改善。但是，长期的比例失调形成的经济结构的不合理，没有完全解决，加上投资规模退得不够，经济效益提高不快。因此，1980年末召开的中国共产党中央工作会议决定在经济上实行进一步的调整。

三、媒体述评

国民经济第五个五年计划

"五五"计划在实施期间，跨越了由"文革"至粉碎"四人帮"及拨乱反正的重大历史转折，致使计划的制定与实施亦随之变化。"五五"计划的制定开始于1974年，并没有独立的文本，它包含在《1976年—1985年发展国民经济十年规划纲要》之中。此纲要直至1977年12月才被下发。

"五五"计划大体上经历了两个阶段：

第一个阶段，从1976年粉碎"四人帮"到1978年党的十一届三中全会以前，经济建设处于恢复发展时期。从"五五"计划执行情况来看，1977年至1978年间社会总产值、工农业总产值、国民收入连续两年大幅度增长，主要工农业产品的产量恢复或者超过了历史最好水平。财政收入和支出连续两年大幅度增加，但收入略有节余，扭转了1974年到1975年连续两年的财政赤字、财政收支恶化的状况。但此时表现出明显的冒进倾向，对经济发展要求过急，规定的具体指标过高。

第二阶段是党的十一届三中全会以后，国民经济处于全面调整时期，"五五"计划指标也作了较大幅度的相应调整。党的十一届三中全会决定从1979年起，全党的工作重点转移到社会主义现代化建设上来。1979年4月5日至28日，中共中央召开工作会议。会议决定，从1979年起要用3年时间进行调整，坚决把各方面严重失调的比例关系基本上调整过来，继续整顿好现有企业，积极、稳妥地改革工业管理和经济管理体制，使整个国民经济真正纳入有计划、按比例健康发展的轨道。会议对"五五"计划指标作了较大幅度的调整。

1980年8月26日,第五届全国人大常委会第十五次会议决定,批准国务院提出的决定在广东省的深圳、珠海、汕头和福建省的厦门建立经济特区。

“五五”期间,国民经济年平均增长7.84%;工农业总产值平均每年增长8.1%,农业总产值年均增长5.1%,工业总产值年均增长9.2%,5年新增固定资产为1747.31亿元。

“五五”计划是计划经济体制时期的最后一个五年计划。“五五”之后,中国的国民经济和社会发展五年计划翻开了新的篇章。

(来源:《经济日报》2011年7月1日)

四、专家论道

“五五”计划(1976—1980年):新跃进 大转折

“恢复和调整是“五五”计划实施的主线。

“计划赶不上变化”。“五五”计划实施期间,跨越了由“文革”至粉碎“四人帮”及拨乱反正的重大历史转折,致使计划的制定与实施亦随之变化。其制定开始于1974年,没有独立的文本,包含在《1976—1985年发展国民经济十年规划纲要》之中。此纲要直至1977年12月才被下发,“五五”计划缩水仅剩3年。

“五五”计划大体上经历了两个阶段。第一个阶段,从1976年粉碎“四人帮”到1978年党的十一届三中全会以前,经济建设处于恢复发展时期。1978年前后的“新跃进”,致使国民经济结构失调、效益低下。

第二阶段是党的十一届三中全会以后,国民经济处于全面调整时期,“五五”计划指标相应作了较大幅度的调整。1980年年底,国民经济主要比例关系开始改善,生产和建设也取得较大发展。

【决策回眸】

“一个新的跃进形势正在形成。”

“中国人民有一种不干则已,一干就干到底的英雄气概。”

“只有一年、两年的高速度不行，一定要年年保持高速度；只有一个部门、两个部门的高速度不行，一定要各个部门都保持高速度！”

这三段话，引自1977年和1978年的《人民日报》社论。

粉碎“四人帮”以后，由于没有及时总结纠正“左”倾错误，在经济工作上继续推进冒进方针，不顾国情国力，强行要求“大干快上”、“革命加拼命”的老毛病又卷土重来。这使刚刚降温的狂热气氛又逐渐有了升温的趋势，甚至出现了“组织新的大跃进”的论调。

这种情况，与时任党和国家领导人的华国锋同志不无关系。

粉碎“四人帮”以后，作为毛主席接班人的华国锋威望空前高涨，对他的崇拜之风也在全国渐起。在此情形下，华国锋感觉重任在肩，因此急于把国民经济快速搞上去，尽快实现“强国之梦”。

其实，早在1976年，华国锋和中央有关部门就对农业机械化提出过空浮的口号和脱离实际的高指标。1976年12月，在中共中央召开的第二次全国农业学大寨会议上，就提出目标要求1980年全国基本上实现农业机械化。

在工业上的“新跃进”则表现得更为激进。1977年4月至5月，全国工业学大庆会议先后在大庆和北京举行。华国锋对于大庆这样的“社会主义旗帜”相当重视，他在会议讲话中雄心勃勃地提出，第五个五年计划期间，全国至少要有1/3的企业要办成大庆式企业，并且表示：“石油光有一个大庆不行，要有十来个大庆。”在会上，他还提出要在23年内实现四个现代化的目标。

1977年9月，他又召集国务院领导和有关部委负责人研究加快经济建设速度问题，并且在会上批评国家计委提出的工业增长速度“太保守”，强调“今后工业部门要开足马力，挽起袖子大干”，“要比原来的设想更快地实现现代化”。

这样明显不符合科学规律、急于求成的发展计划，对国民经济危害甚多。1978年，我国国民经济出现比例失调、积累与消费的比例严重失衡、财政和外汇收支的严重不平衡等诸多情况,都是"新跃进"导致的恶果。

由此而来的是开始于1979的经济调整期,这个调整一直持续了3年,直到1981年基本完成调整任务,国民经济才走向健康发展的轨道。

陈云同志在1978年年底所说,"要循序渐进,不要一拥而上。一拥而上,看起来好像快,实际上欲速则不达",就是对这次急于求成的"新跃进"的深刻反思。

【数字】

0.4%

1978年,大学生仅占全国学生总数的0.4%,相当于1949年的水平,也是新中国成立以来最低的。

11.7%

"五五"时期,国民经济年平均增长7.84%,最高年为11.7%,最低年为1.7%;工农业总产值平均每年增长8.1%,农业总产值平均增长5.1%,工业总产值年平均增长9.2%。

4

"五五"时期物资分配上很难衔接,企业当年申请,部门当年平衡、当年安排生产、当年交货,解决一个配件最快也得4个月。而在市场经济国家,4个小时即可送到。

【语录】

市场经济不能说只是资本主义的,社会主义也可以搞市场经济。

——邓小平(1979年11月)

【评说】

"五五"计划是计划经济体制时期的最后一个五年计划。

粉碎"四人帮"与"文化大革命"结束之后,国家面临三条道路:一条是"老路",继续"以阶级斗争为纲";一条是"邪路",盲目照搬西方资本主义制度;一条是"新路",走一条既不同于苏联模式又坚持社会主义方向的快速发展的中国道路。走“老路”只会使中国更加贫穷；走“邪路”只会使中国陷入动乱的深渊；走“新路”虽然艰难，但是最有前途。

1978年党的十一届三中全会重新确立了实事求是的正确路线，确定党和国家工作重心的战略转移，实现了新中国成立以来我国历史的伟大转折，提出："实现四个现代化，要求大幅度提高社会生产力，也就必然要求多方面地改变同生产力发展不相适应的生产关系和上层建筑，改变一切不适应的管理方法、活动方法和思想方法，因而是一场广泛、深刻的革命"。"五五"之后，中国的五年计划翻过了新的一页。（点评专家：中国社科院研究员 董志凯）

（来源：《中国青年报》2010年10月18日）

五、延伸阅读

1.《1976—1985年发展国民经济的十年规划纲要》。

2.《关于经济计划的汇报要点》。

3.《中国共产党第十一届中央委员会第三次全体会议公报》。

4.《解放思想，实事求是，团结一致向前看》(1978年12月13日)。

5.《关于1976—1985年国民经济发展十年规划纲要(修订草案)》。

第六章

“六五”计划(1981—1985年)

【关 键 词】 改革启动 由局部实验到全面探索

【基本任务】 继续贯彻执行“调整、改革、整顿、提高”(1979)的方针,进一步解决过去遗留下来的阻碍经济发展的各种问题,争取财政经济状况根本好转,实现财政收支基本平衡,并为第七个五年计划期间国民经济和社会发展奠定更好的基础,创造更好的条件。

中华人民共和国国民经济和社会发展的第六个五年计划(1981—1985年)，是在认真总结过去长期社会主义建设经验、全面分析当前国民经济和社会发展现状的基础上，按照中共中央提出的到上世纪末经济建设的战略部署制定的。这是继续贯彻执行“调整、改革、整顿、提高”的方针，使国民经济走上稳步发展的健康轨道的五年计划；是进一步推进我国现代化建设，使人民生活继续得到改善的五年计划；是从我国实际情况出发，走社会主义现代化经济建设新路子的五年计划。

一、“六五”计划概要

“六五”计划是我国实施社会主义市场经济以来的第一个五年计划，也是继“一五”计划后的第一个比较完备的五年计划。在这五年间，城市开始经济体制的全面改革，使得长期以来的人民温饱问题得到解决，让国人可以放眼于小康的长远目标。“六五”计划还确定了一切经济工作都要以提高经济效益为中心，这一时期也成为继第一个五年计划后迎来的又一个国民经济快速增长期。以往的几个五年计划都是仅仅关于国民经济发展的计划，从“六五”计划开始，我国的经济计划中开始增加了社会发展的内容，计划的题目也相应改为“国民经济与社会发展计划”。

(一)“六五”计划的实施背景

“六五”计划实施期间，国际国内形势都发生了重大变化。国际国内形势的变化为改革的扩大进行与全面推进提供了良好的环境。

国际上，进入20世纪80年代，和平与发展取代战争与对抗成为世界的主题。正如邓小平在1985年所指出的：“现在世界上真正的大问题，带全球性的战略问题，一个是和平问题，一个是经济问题或者说发展问题。”虽然局部冲突仍然此起彼伏，但是国际总体形势继续趋于缓和，相应的，中国开始改变长期以来奉行的“战争与革命”的时代观，将重点转向国内经济建设与体制改革。

在国内,随着“五五”计划的完成,以及十一届三中全会的召开,改革开放,以经济建设为中心成为全党全国人民的共识。“六五”计划期间,立足于社会主义初级阶段的基本国情,首次提出要建设有中国特色的社会主义道路。改革在各个领域逐渐展开,在农业领域,继续扩大家庭联产承包责任制的改革范围,以连续五个农业一号文件的形势推进农业改革。对外开放方面,通过开放经济特区与沿海开放城市等举措逐步建立有层次的对外开放体系,放松对外经济交流上的限制。同时在科学、教育、文化、卫生领域展开改革,社会发展开始纳入国家发展战略。

从经济运行体制看,商品经济的作用重新得到重视,多种经济成分重新出现。市场开始在局部发挥作用,开始打破原先计划体制全面控制经济运行的局面,为下一阶段改革的加速推进酝酿条件。

(二)“六五”计划的制定与实施

“六五”计划,在1975年和1978年曾结合“五五”计划编制过两次。当时,由于“左”的思想指导还未得到纠正和解决,提出的计划指标脱离实际。中国共产党第十一届中央委员会第三次全体会议后,中央指出,“六五”计划需要重新编制。1980年4月,国务院召开了有专家、学者和实际工作者参加的“长期计划座谈会”,会后对经济发展进行了预测;同年7月,国家计划委员会提出“六五”计划的初步设想;同年12月,中共中央召开工作会议,对经济形势进行了认真分析,提出对国民经济实行进一步调整的方针。1981年,在探索发展经济的新路子这一思想指导下,国家计委重新进行测算,并到全国各地调查研究,将“六五”计划方案报请国务院讨论,形成“六五”计划的初步设想。根据这个设想,曾分别制定了1981年和1982年两个年度计划,并经全国人民代表大会常务委员会审议批准。1982年9月,中国共产党召开第十二次全国代表大会,确定了从1981年到20世纪末经济建设的战略目标、战略重点和战略步骤;要求着重解决好农业问题,能源、交通问题,教育问题和科学问题,并提出要分两步走。前十年主要是打好基础,积蓄力量,创造条件。其中,又分“六五”、“七五”两小步，这就为“六五”计划定下了基调。随后再经研究，“六五”计划草案才编制完毕，1982 年 12 月经第五届全国人民代表大会第五次会议审议批准，向全国人民公布。

“六五”计划的基本任务是，继续贯彻执行“调整、改革、整顿、提高”(1979)的方针，进一步解决过去遗留下来的阻碍经济发展的各种问题，争取财政经济状况根本好转，实现财政收支基本平衡，并为第七个五年计划期间国民经济和社会发展奠定更好的基础，创造更好的条件。

“六五”计划的具体要求是：①工农业生产，在提高经济效益的前提下，计划平均每年递增 4%，在执行中争取达到 5%。②大力增加适合社会现实需要的农产品、轻纺产品和其他日用工业品的生产，争取消费品供应的数量与质量同社会购买力的增长和消费结构的变化大体相适应，保持市场物价的基本稳定。③努力调整重工业的服务方向和产品结构，大力降低物质消耗特别是能源消耗，使生产数据生产同消费数据生产的发展保持大体协调。④有计划有重点地对现有企业进行技术改造，广泛地开展以节能为主要目标的技术革新活动，同时集中必要的资金，加强能源、交通等的重点建设，做好与“七五”计划期间的发展相衔接的工作。⑤统一组织全国的科技力量，进行科技攻关和科技成果的推广应用；努力发展教育、科学和文化事业，促进社会主义物质文明和精神文明的建设。⑥加强国防建设和国防工业建设，研制发展新型常规武器和战略武器，提高军队装备的现代化水平。⑦通过发展生产，提高经济效益和适当集中资金，使国家财政收入由下降转为上升，使经济建设和文化建设的开支逐步有所增加，保证财政收支和信贷收支基本平衡。⑧大力扩展对外贸易，有效利用国外资金，积极引进适合国内需要的先进技术，促进国内经济技术的发展。⑨严格控制人口的增长，妥善安排城镇劳动力的就业，在生产发展和劳动生产率提高的基础上，使城乡人民的物质和文化生活继续得到改善。⑩加强环境保护，制止环境污染的进一步发展，并使一些重点地区的环境状况有所改善。

(三)“六五”计划的完成情况

从实施的结果来看,“六五”计划完成的非常理想,指针完成百分数均值为179%,完成率为88%,基本完成率高达97%。这标志着随着改革开放的开始,我国又迎来了一个新的黄金发展期。

这一时期国民经济持续、快速、稳定增长,各项经济指标以超额近两倍完成。“六五”时期的经济增速高达10.7%,各项经济指标完成情况接近原计划的3倍,社会总产值增长率为11%,完成275%;工业总产值增长率为10.8%,完成270%;农业总产值增长率为11.7%,完成293%;国民收入增长率9.7%,完成243%。随着对外开放政策的实施,对外贸易实现了跨越式的增长。1985年,我国进出口贸易额达2067亿元,完成计划值的242%;出口额809亿元,完成201%;进口额1257.8亿元,完成278%;外汇储备新增39.4亿美元。“六五”时期基础建设取得了较大的进展,全民所有制单位固定资产投资5330亿元,完成148%。其中,基础建设投资3410亿元,完成148%;新增铁路通车里程2200公里,完成106%;新建电气化铁路2500公里,完成100%;新增港口吞吐能力0.94亿万吨,完成94%。

“六五”期间不仅经济发展迅速,社会事业也迎来了新的发展。高等教育的发展进入了一个黄金时期,高等院校在校生数增加55.9万人,完成计划358%;累计毕业研究生4万人,完成89%。“六五”是人民得到较多实惠的时期,城乡生活水平都得到提高,城乡消费水平指数增长率8.8%,完成计划215%;农民纯收入年增长14.1%,完成235%;职工工资年增长12.3%,完成251%。“六五”时期人口自然增长率为1.4%,突破了计划提出的控制在1.3%以内的目标。

“六五”计划的主要问题是计划制定总体上过于保守。“六五”计划冒进指数只有74.9%,也就是说留了25%的余地,大大高于各个五年计划平均值(为10%);各指针平均完成了178%,其中工业、农业产值计划增长率都为4%,实际上工业总产值增长率为10.8%,而农业总产值更是实现了"一五"以来前所未有的11.7%的高增长。

二、"六五"计划成就辉煌

经五届人大五次会议批准的第六个五年计划，要求在1981年至1985年的五年中，"继续贯彻执行调整、改革、整顿、提高的方针，进一步解决过去遗留下来的阻碍经济发展的各种问题，取得实现财政经济状况根本好转的决定性胜利，并且为第七个五年计划期间的国民经济和社会发展奠定更好的基础，创造更好的条件。"五年来，在中国共产党领导下，经过全国各族人民的共同努力，上述要求已经圆满实现。"六五"计划规定的工农业生产、交通运输、基本建设、技术改造、国内外贸易、教育科学文化、改善人民生活等方面的任务和指针，绝大部分都已提前完成或超额完成。我国社会主义现代化建设取得了巨大成就，全国经济和社会面貌发生了深刻变化。这些成就和变化，无论与建国以来几个五年计划时期的情况相比，还是与世界各国同期的情况相比，都是很突出的。

(一)工农业总产值增长迅速

"六五"时期，我国工农业总产值平均每年增长11%，其中工业总产值平均每年增长12%(包括村办工业)，农业总产值平均每年增长8.1%(不包括村办工业)；国民生产总值平均每年增长10%。这样的经济增长速度大体相当于"一五"时期，高于其他几个五年计划时期，也高于世界许多国家同期的增长速度。特别是这五年我国农业发展十分迅速，是建国以来发展最快的时期。我国农业总产值从1953年至1980年的28年间平均每年增长3.5%，其中增长较快的"一五"时期平均每年增长4.5%，"五五"时期平均每年增长5.1%，而"六五"时期的年平均增长速度比这两个时期都高得多。农业这个国民经济基础的迅速发展，为我国整个经济的全面稳定增长创造了极为有利的条件。

(二)关系国计民生的重要产品产量大幅增长

"六五"时期，我国若干关系国计民生的重要产品的产量大幅度增长。"六五"时期同"五五"时期相比,我国粮食的年平均产量由3.053亿吨增加到3.7062亿吨,棉花由224万吨增加到432万吨,猪牛羊肉由937万吨增加到1462万吨。从1980年至1985年,我国原煤产量由6.2亿吨增加到8.5亿吨,原油由1.06亿吨增加到1.25亿吨,发电量由3000亿度增加到4073亿度,钢由3700万吨增加到4666万吨。我国有10亿多人口,目前主要工农业产品的人均产量还相当低,但由于前五年上述各项产品的产量都大幅度增长,它们的总产量不仅在世界上是比较高的,而且在世界上所占的位次也大都提前了。这标志着我国总的经济实力有了显著的增强。

(三)基本建设和技术改造取得重大成就

"六五"时期,我国的基本建设和技术改造取得了重大成就。全民所有制单位固定资产投资总额达到5300亿元,新增固定资产3880亿元。建成投产大中型项目496个,其中能源、交通项目103个。五年内新增发电装机容量1950万千瓦,采煤能力8000万吨,原油开采能力5000万吨,铁路通车里程1500公里、复线里程1500公里、电气化里程2400公里,港口深水泊位吞吐能力1亿吨。现有企业更新改造的步伐加快,共建成投产项目20多万个,一些行业和企业的技术水准明显提高。机械行业和电子行业达到国际上比较先进水平的产品品种,在过去的五年中有了成倍的增加。这些不仅促进了"六五"期间的经济稳定增长,而且为"七五"时期和九十年代的经济发展创造了较好的物质基础。

(四)我国财政收入由下降转为上升

"六五"时期,我国财政收入由下降转为上升,后三年出现了大幅度稳定增长的可喜形势。"五五"末期,国家财政出现较大的赤字,1979和1980两年合计近300亿元。其间,通过调整和改革,生产发展,流通扩大,效益提高,收入增加。1983年国内财政收入增加127亿元,1984年增加255亿元,1985年增加362亿元,全年总收入达到1829亿元,实现了收支平衡。在过去的几个五年计划期间,财政收入增加最多的是"五五"

时期，1980 年比 1975 年增加 226 亿元，而“六五”期间的增加额大大超过“五五”时期，1985 年比 1980 年增加 786 亿元。在国家财政收入增加的同时，预算外资金也大幅度增加，1985 年达到 1430 亿元，预算内和预算外两项资金合计比 1980 年增加了 1 倍。

（五）科技、教育、文化事业焕发生机

“六五”期间，我国科技、教育、文化事业重新出现了繁荣兴旺的局面。其间，国家财政用于这些方面的经费共为 1172 亿元，比“五五”时期的 577 亿元增长 1 倍。这五年共取得重要科研成果 3.3 万项，有 937 项获得国家科技发明奖，其中一部分居于世界领先地位或达到世界先进水平。科技成果的推广应用和群众性的技术革新，取得了显著效果。高等教育发展迅速，普通高等学校在校学生由 1980 年的 114 万人增加到 1985 年的 170 万人。中等教育的结构调整开始取得成效，职业技术教育发展很快，普及初等教育的工作有了进展，各种形式的成人教育以前所未有的广度在全国展开。文学艺术、新闻出版、广播电影电视等各项文化事业和卫生、体育事业，都有了新的发展。

（六）对外经济贸易和技术交流开启新局面

“六五”时期，我国对外经济贸易和技术交流打开了新局面，对外开放的广度或深度都超过了历史上的任何时期。其间，进出口贸易总额合计达到 2300 亿美元，比“五五”时期翻了一番，在世界上所占的位次明显提高。1985 年同 1980 年相比，国家外汇储备有了增加。全国通过各种形式使用国外贷款 103 亿美元，吸收外商直接投资 53 亿美元，在各地建立了一批中外合资企业、合作经营企业和外商独资经营企业。五年间全国共引进国外技术 1 万多项，其中有一部分是具有国际七十年代末和八十年代初期水平的先进技术和关键设备。通过引进技术和中外合资、合作经营，使许多企业和行业的技术水准和管理水平有了显著提高。此外，我们还在发展对外承包工程、劳务合作和旅游业等方面，取得了较大的进展。

(七)人民生活得到显著改善

“六五”时期,我国人民生活得到显著改善,改善幅度之大是建国以来没有过的。这可以从以下四个方面来看:一是,城乡居民收入大幅度增长。扣除物价上涨因素,这五年农民人均纯收入平均每年增长13.7%,城镇职工家庭人均收入平均每年增长6.9%。五年合计在城镇安排就业的劳动力达到3500多万人。二是,城乡人民的消费水平迅速提高,消费结构发生明显变化。人民吃得比过去好了,衣着向多样化发展,耐用消费品特别是电视机、洗衣机、收录机、电冰箱等家用电器的销售量大幅度增加。三是,人民的居住条件有了改善。“六五”期间,城镇住宅竣工面积达6.3亿多平方米,农村新建住房32亿平方米。四是,城乡居民储蓄大幅度增加,1985年末达到1623亿元,比1980年末增长3倍。

上述成就和变化,使得我们长期希望解决而没有解决的一些经济问题,在“六五”期间得到了较好的解决。过去我国农业发展缓慢,粮食产量在1953年到1978年间平均每年只增长500多万吨,棉花产量在1965年到1978年间长期停滞不前,解决人民吃饭穿衣问题一直是摆在我们面前的严峻任务。中国共产党十一届三中全会以后,我们逐步找到了一条中国式的发展社会主义农业的新路子,终于较快地实现粮食自给,棉花自给有余,这是一件具有重大历史意义和深远影响的事情。过去我国城乡市场的商品供应,除五十年代前期比较宽松以外,一般都比较紧张,许多商品不得不采取定量分配、凭票供应的办法,有些时期有些地方票证多达几十种,排队购货现象十分普遍。“六五”期间,随着工农业生产的大幅度增长,消费品货源比较充足,全国除粮、油外已基本取消票证,敞开供应。过去我国农业、轻工业和重工业的比例关系、积累和消费的比例关系长期严重失调,极大地影响了国民经济的持续稳定发展和人民生活的改善。“六五”期间,经过调整和改革,提高了农业和轻工业在工农业总产值中所占比重,明确了重工业的服务方向,它们之间的比例关系趋于协调。积累率在1978年高达36.5%,“六五”期间五年平均降到

30%左右。重大经济比例关系的改善，对于促进和保证我国经济持久的健康发展，已经起了并将继续起到极为重要的作用。

“六五”期间取得的各项巨大成就，充分证明了我们党的路线、方针和政策是正确的。我们坚决摒弃“以阶级斗争为纲”的错误理论和实践，巩固和发展安定团结的政治局面，坚定不移地把全部工作重心转到社会主义现代化建设上来，努力推进社会主义物质文明和精神文明的建设，并坚持从实际出发制定各项政策，这是整个国民经济持续、稳定、协调发展的根本保证和重要前提。

三、媒体述评

第六个五年计划

“六五”计划的编制时间较长，最初是作为《1976—1985年发展国民经济十年规划纲要》草案的一部分，根据1975年《政府工作报告》中的提议着手编制的。1980年2月，国务院决定重新制定中长期计划，并召开长期计划座谈会，再次酝酿编制“六五”计划。之后，国家计委和有关部门就“六五”计划的编制进行了大量的调查研究和测算工作，并组织有关专家进行了科学论证。1982年全国计划会议着重讨论了“六五”计划草案，1982年12月全国人大五届五次会议正式批准“六五”计划，同时作出了动员全国人民为实现这个计划而奋斗的专门决议。

《中华人民共和国国民经济和社会发展第六个五年计划》(1980—1985年)是按照党的十二大提出的到本世纪末经济建设的战略部署制定的，是继“一五”计划后的一个比较完备的五年计划，是在调整中使国民经济走上稳步发展的健康轨道的五年计划。

“六五”计划的具体要求是：继续贯彻执行“调整、改革、整顿、提高”的方针，进一步解决过去遗留下来的阻碍经济发展的各种问题，取得财政经济根本好转的决定性胜利，并且为“七五”时期国民经济和社会发展奠定更好的基础，创造更好的条件。

(1)工农业生产总值,计划年均增长4%,在执行中争取达到5%。

(2)争取消费品供应的数量和质量同社会购买力的增长和消费结构的变化大体适应,保持市场物价的基本稳定。

(3)大力降低物质消耗特别是能源消耗,使生产数据的生产同消费数据的生产大体协调。

(4)有计划有重点地对现有企业进行技术改造,广泛地开展以节能为主要目标的技术革新活动,同时集中必要的资金,加强能源、交通等重点建设,作好“七五”发展的衔接。

(5)组织全国的科技力量,进行科技攻关和科技成果的推广应用;努力发展教育、科学和文化事业,促进社会主义精神文明和物质文明的建设。

(6)加强国防建设和国防工业建设,增强防御力量。

(7)通过发展生产,提高经济效益,适当集中资金,使国家财政收入由下降转为上升,使经济建设和文化建设的开支逐步有所增加,保证财政收支和信贷收支的基本平衡。

(8)大力发展经济贸易,有效利用外资,积极引进国内需要的先进技术,促进国内经济技术的发展。

(9)严格控制人口增长,妥善安排城镇劳动力的就业,在生产发展和劳动生产率提高的基础上,使城乡人民的物质和文化生活继续得到改善。

(10)加强环境保护,制止环境污染的进一步发展。

“六五”计划取得了举世瞩目的成就。第一,国民经济全面稳定增长。工农业总产值平均每年增长11%,国民生产总值1985年达到7780亿元,与1980年相比,扣除物价上涨因素,平均每年增长10%。

第二,重要产品的产量大幅度增长。1985年与1980年相比,钢产量增长26.1%,煤炭增长37.1%,发电量增长35.8%,原油增长17.9%,粮食产量年均增长21.4%,棉花增长92.8%。

第三，基本建设和技术改造取得重大成就。全民所有制单位固定资产投资总额达到5300亿元，新增固定资产3800亿元，建成投产大中型项目496个，完成更新改造项目20万个。

第四，财政状况逐年好转。财政收入平均每年增加159亿元，年递增12%，实现了财政收支平衡。

第五，科技、教育、文化事业繁荣兴旺。

第六，对外经济贸易和技术交流打开了新局面。我国出口额在世界的位次由1980年的第28位上升到1984年的第10位。

第七，全国居民收入大幅度增长，人民生活显著改善。

“六五”期间国民经济发展中也存在一些困难和问题，特别是“六五”后期，在经济形势好转的情况下，固定资产投资规模过大，消费基金增长过猛，货币发行过多，对经济稳定增长产生了不利影响。

（来源：人民网2013年2月5日）

四、专家论道

“六五”计划是拨乱反正后的第一个五年计划，是在“文革”后认真总结长期社会主义建设中正反两方面的经验教训，按照中央提出的从1981年到20世纪末20年内力争实现我国工农业总产值翻两番的战略部署制定的。“六五”计划的编制时间比较长，最初是作为《1976—1985年发展国民经济十年规划纲要》草案的一部分，于1975年、1977年两次进行编制。两次拟定的“六五”计划指标，指标一次比一次高。1978年党的十一届三中全会以后，自1980年开始，对“六五”计划在推倒原方案后开始重新拟定。1982年12月，全国人大五届五次会议正式批准“六五”计划。

从“六五”计划开始，我国的经济计划中增加了社会发展的内容，计划的题目也相应改为“国民经济与社会发展计划”，而以往的几个五年计划都是仅仅关于国民经济发展的计划。“六五”计划的另外一个重要特点，是强调一切经济工作都要以提高经济效益为中心。

【决策回眸】

农村改革拨雾见日

1978年12月的一个寒冷冬夜，安徽省凤阳县小岗村18户农民，在生产队长严宏昌的主持下，在社员严立华家的破屋里开会，决定在保证交够国家公粮和集体提留的前提下，实行分田到户。如果队干部因此坐牢，全体社员要共同负责把他家的农活儿全包下来，并且把他的孩子养到18岁。

接着大家发誓，保证严守秘密，并写成契约，一一在上面按了手印。这颇具悲壮意味的一幕，被认为是一次大转折的起点。它催生了中国农村大变革，孕育了家庭联产承包责任制。

但在当时的情境下，这是不可想象的。当时连“包产到户”四个字都是大忌，一提“包”字，都会令人为之色变，更别提彻底分家的“大包干”了。“包产到户”仅仅意味着农户各自生产粮食，最后全部交生产队分配，这在上世纪50年代合作化高潮时就出现过，被定性为“离开社会主义道路的原则性路线错误”。而“大包干”则让农民取得了对农产品的实际支配权，这在当时简直是冒天下之大不韪。

即使人们已从“十年动乱”和长期思想禁锢中苏醒过来，开始了思想解放，但是当时中央最高领导层所能容忍的也还只是“包产到组”而已。

1979年3月，国家农委召开了七省农委领导干部座谈会，主要话题是探讨农业生产责任制问题，并且集中在两个问题上：一是实行“包工包产到组”应当坚持什么原则，二是对“包产到户”应当采取什么态度。这个时候，“包产到组”已经算半合法了，而“包产到户”还属于绝对“不许”之列。

华国锋专门出席了这个会议并发表了讲话。据参加会议的同志后来透露，作为当时党和国家最高领导人，华国锋强调集体经济的优越性，认为分队、分组过小都是不利的，更不要说“包产到户”了。

当时的国家农委主任王任重也在会上表示，搞合作化几十年了，基本上是好的，集体办不好可能不如单干，但办得好肯定超过单干。言下之意也是不主张“包产到户”。

但形势的发展却远远跑在了前头。安徽、广东、四川等省份，“不经领导同意”搞“包产到户”的农户已经不少，且得到了一些地方领导的支持，如安徽省委书记万里，就多次为小岗村的改革当挡箭牌，并且呼吁“孩子已经生下来了，给他报个户口吧，承认它也是责任制的一种形式。”

但当时阻力仍然很大。方向真正明确起来，还是在改革开放的总设计师邓小平同志1980年5月发表了著名的《关于农村政策问题》的谈话之后。

在这个谈话中，邓小平同志旗帜鲜明地支援“包产到户”和“大包干”，表示“农村政策放宽以后，一些适宜搞包产到户的地方搞了包产到户，效果很好，变化很快。安徽肥西县绝大多数生产队搞了包产到户，增产幅度很大。凤阳花鼓中唱的那个凤阳县，绝大多数生产队搞了大包干，也是一年翻身，改变面貌。”

他由此得出结论认为：“总的说来，现在农村工作中的主要问题还是思想不够解放……从当地具体条件和群众意愿出发，这一点很重要。”

这个谈话为农村的改革拨开了迷雾，指明了方向。此后，农村的改革形势迅速发展起来，并且逐渐形成家庭联产承包责任制，并在“六五”计划期间，随着中央5个“一号文件”的颁布，逐步在全国农村普遍推行。到1983年年底，实行联产承包责任制的生产队已达当时生产队总数的99.5%，其中实行包干到户的占到生产队总数的97.8%。

【数字】

23

由国家计划直接管理的产品由1979年的188种减少到1985年的23种，机电产品除汽车、半导体和工业锅炉外，全部实行自由购销。

11%

5年中,我国工农业总产值平均每年增长11%,其中农业总产值平均每年增长8.1%(不包括村办工业)。这五年是我国农业新中国成立以来发展最快的时期。

170万

高等教育发展迅速,普通高等学校在校学生由1980年的114万人增加到1985年的170万人。

【语录】

今后经济发展速度总的来说不会慢,但是头一个五年、十年,速度不可能很高。头几年,要非常谨慎,重大的事情要稳当一些,摸着石头过河,看准了再搞。

——邓小平(1981年10月)

三十几年的经验教训告诉我们,关起门来搞建设是不行的,发展不起来。

——邓小平(1984年6月)

现在我们正在做的改革这件事是够大胆的。但是,如果我们不这样做,前进就困难了。改革是中国的第二次革命。这是一件很重要的必须做的事,尽管是有风险的事。

——邓小平(1985年3月)

【评说】

“六五”期间,我国胜利完成了进行经济调整整顿的任务,国民经济开始走上一条比较协调、注重效益的新路子。在此期间,还成功地推进了农村经济体制改革,并开始了以城市为重点的经济体制全面改革。我国经济体制开始从封闭走向开放,从过去管得过多、统得过死的僵化体制,转向适应有计划的商品经济要求的充满活力的新体制。

在改革开放的推动下,我国经济全面发展,特别是农业发展十分迅速,是新中国成立以来发展最快的时期,使长期以来非常突出的人民温饱问题得以基本解决。

"六五"计划规定的工农业生产、交通运输、基本建设、技术改造、国内外贸易、教育科学文化、改善人民生活等方面的任务和指标，绝大部分提前完成或超额完成。

但"六五"后期，在经济形势好转的情况下，固定资产投资规模过大，出现了历史上少有的经济过热。（点评专家：中国社科院研究员 徐建青）

（来源：《中国青年报》2010 年 10 月 18 日）

五、延伸阅读

1.《关于第六个五年计划的报告》，《人民日报》1982 年 12 月 14 日第 1 版。

2.《第五届全国人民代表大会第五次会议对〈关于第六个五年计划的报告〉的决议》，《人民日报》1982 年 12 月 11 日第 2 版。

第七章

“七五”计划(1986—1990年)

【关 键 词】 改革闯关 治理整顿

【基本任务】 进一步为经济体制改革创造良好的经济环境和社会环境,努力保持社会总需求和总供给的基本平衡,使改革更加顺利地展开,力争在五年或者更长一些的时间内,基本上奠定有中国特色的新型社会主义经济体制的基础;保持经济的持续稳定增长,在控制固定资产投资总规模的前提下大力加强重点建设、技术改造和智力开发,在物质技术和人才方面为九十年代经济和社会的继续发展准备必要的后续能力;在发展生产和提高经济效益的基础上,继续改善城乡人民生活。

1985年9月18日至23日，中国共产党全国代表会议讨论并通过了《中共中央关于制定国民经济和社会发展的第七个五年计划的建议》，提出了“七五”期间中国经济和社会发展的基本指导思想、主要奋斗目标、重大发展战略和方针政策，为制定“七五”计划提供了正确的依据。1986年4月第六届全国人民代表大会第四次会议通过了国民经济和社会发展第七个五年计划。

一、“七五”计划概要

《中共中央关于制定国民经济和社会发展的第七个五年计划的建议》明确提出了“七五”计划的指导思想、主要任务和一系列适应新形势的方针政策。国务院根据这个建议，对计划安排作了进一步的深入研究，反复进行综合平衡和各种计算，同时广泛征求各部门、各地方的意见，编制了“七五”计划草案，1986年4月经第六届全国人民代表大会第四次会议审议批准，向全国人民公布。“七五”计划的编制工作比过去几次五年计划都较完备和及时。

（一）“七五”计划实施的背景

“七五”计划实施期间正逢国际国内形势风云激荡之际。国际上，和平与发展作为世界的主题继续主导着世界格局的发展，世界多极化趋势明显加强。资本主义阵营中美国丧失霸权地位，取而代之的是美日欧三足鼎立的国际格局。社会主义阵营中，东欧与苏联进入改革关键期，戈尔巴乔夫上台后在苏联推行一系列政治经济改革。第三世界一些国家和地区的影响力不断增强，在亚洲，以韩国、新加坡、台湾、香港为代表的亚洲新兴经济体经济迅速发展。国际形势动荡不安的同时，改革与自由化成为整个世界在这一时期的主要发展方向，这种趋势也影响到了中国的经济改革。

在国内，经济体制改革开始由农村转向城市，以城市为重点的全面经济改革开始推进。所有制改革方面，松绑私营经济与外资经济的发展，建立多种所有制共同发展的所有制结构。企业改革方面，增强企业自主权,开始实行政企分开。国有企业改革开始起步,试行承包经营责任制与“股份制”,探索经济运行新体制。市场化改革方面,以价格改革为核心,大胆尝试“价格闯关”,利用双轨制逐步放开价格,逐渐建立市场对资源的配置机制。由于改革的步伐过大,以及原先计划体制下的价格扭曲与资源配置扭曲状况严重,放开价格的改革导致了“七五”计划后期出现严重的通货膨胀,经济与社会秩序一度出现混乱。加上“七五”计划末期发生的政治危机,1989 年至 1990 年不得不对国民经济结构失衡与改革过程中出现的问题进行了治理整顿,影响了改革开放的进程。

(二)“七五”计划的制定与实施

1983 年,国务院着手组织“七五”计划的起草工作,1985 年上半年拟订了《中共中央关于制定国民经济和社会发展第七个五年计划的建议》。这个《建议》经党的十二届四中全会原则通过后,提交 1985 年 9 月的党代会审议通过。国务院根据《建议》,对计划安排又反复研究、平衡、测算,1986 年 3 月审定完毕,将《中华人民共和国国民经济和社会发展第七个五年计划(1986—1990 年)》提交六届人大四次会议审议批准。在一个新的五年计划刚刚起步的时候,国家就制定出了完整的经济和社会发展计划,这在我国社会主义计划经济史上是第一次。

“七五”期间国民经济和社会发展的主要任务是:进一步为经济体制改革创造良好的经济环境和社会环境,努力保证社会总需求和总供给的基本平衡,使改革更加顺利地开展,力争在五年或更长一些时间内,基本上奠定有中国特色的新型社会主义经济体制的基础。

“七五”期间也是国民经济发展的重要时期,1983 年中央提出了到 2000 年产值翻两番、人民生活达到小康水平的战略目标。到 1990 年要实现第一个阶段。同时,党的十二届三中全会做出了《关于经济体制改革的决定》后,改革开放的步伐加快,改革不断深化,企业的自主权大大增强,对外开放迅速扩大,外向型经济不断发展,国外国内两个市场逐渐形成。

1986年3月3日，科学家王大珩、王淦昌、陈芳允、杨嘉墀上书中共中央，提出发展高技术的建议。这一建议后来被称为“八六三计划”。随后的11月18日，中共中央、国务院转发《高技术研究发展计划〈“八六三”计划〉纲要》。《纲要》提出了生物技术、航天技术、信息技术、先进防御技术、自动化技术、能源技术和新材料等7个领域中的15个主题项目，作为我国今后发展高技术的重点。

1986年9月15日，中共中央、国务院颁发《全民所有制工业企业厂长工作条例》《中国共产党全民所有制工业企业基层组织工作条例》和《全民所有制工业企业职工代表大会条例》，并发出通知指出：改革企业的领导体制，是城市经济体制改革的一个重要组成部分。11月11日，中共中央、国务院又发出补充通知，指出：从党委领导下的厂长负责制到厂长负责制的转变，是企业领导体制的重大改革。企业中的党组织要积极支持厂长(经理)行使职权。

另外值得一提的是，“七五”期间特区建设加速，为我国经济的体制改革奠定了基础。1987年9月26日，中共中央、国务院发出《关于建立海南省及其筹建工作的通知》，决定将海南行政区从广东省划出来，筹建海南省。5月4日，国务院发布《关于鼓励投资开发海南岛的规定》，对海南经济特区实行更加灵活开放的政策，授予海南省人民政府更大的自主权。1988年3月18日，国务院发出《关于进一步扩大沿海经济开放区范围的通知》，决定适当扩大沿海经济开放区。新划入沿海经济开放区140个市、县，包括杭州、南京、沈阳等省会城市。1990年4月18日，国务院总理李鹏在上海宣布，中共中央、国务院同意上海市加快浦东地区的开发，在浦东实行经济技术开发区和某些经济特区的政策。

除此之外，我国在“七五”期间，交通方面也发展较快。国家采取了一系列改革措施和政策。例如，对铁路实行经济承包责任制；港口实行政企分开，调整运价；民航实行利润留成90%等，进一步促进了交通运输业的发展。铁路实行投入产出、以路建路的经济承包责任制后，5年共完成基建投资493.5亿元,机车车辆工业完成投资30亿元,实施的“北战大秦、南攻衡广、中取华东”重点工程完成国家计划,大秦一期工程和衡广复线工程提前交付运营。

公路继续实行投资管道多元化措施,5年共完成投资263.8亿元,为“六五”的4.9倍,共新建、改建公路8万多公里,新增二级以上公路2.4万公里。1988年上海至嘉定高速公路建成通车,结束了我国大陆没有高速公路的历史。

(三)“七五”计划的完成情况

“七五”计划实施期间,我国国民经济比例失调问题凸现。1988年和1989年出现了高通货膨胀,1989年还出现了严重的政治风波,改革开放一度面临十分严峻的局面。在复杂的政治经济形势下,“七五”计划的完成情况不尽理想,完成计划百分数均值为122%,完成率为71%,基本完成率为71%。

这一时期经济继续保持较高增长,完成了各项经济增长指标,但经济波动剧烈。“七五”期间国民生产总值的年增长率为7.8%,完成计划的104%,但通货膨胀率高达10.6%。各项经济速度指标均完成,工业增长率为13.2%,完成176%;农业增长率为4.7%,完成118%。这一时期固定资产投资大幅增加,固定资产投资的各项指标均以计划1.5倍左右完成。基础设施建设速度快于“六五”时期,但完成情况并不理想,5个指标中有3个没有完成。由于出现了严重的通货膨胀,人民生活水平提高趋缓,是改革后城乡居民收入增长较慢的时期。城乡消费水平增长率为3.3%,完成计划的66%;职工实际平均工资增长率为2.8%,完成计划的70%;农民纯收入增长率完成39%。

“七五”计划的主要问题是:第一是计划完成不平衡。“七五”指标完成了71.4%,但是很不平衡,部分指针大幅度超额完成,部分指针大大滞后,预期准确率只有32.1%。第二是发生了严重的通货膨胀。继续推行1984年开始的经济过热政策,信贷资金运用增加达到10686亿元,货币投放量达到1657亿元，均大幅度超过计划指针（分别为5745亿元、1000亿元），1988年“价格闯关”之后，进一步抬高了居民的通胀预期，导致了比较严重的通货膨胀，1989年、1990年居民消费价格指数上涨达到了18.8%、18.0%，一度形成抢购风，影响了社会稳定，并成为导致1989年严重政治风波的重要因素之一。第三是人民生活指标没能完成。改善人民生活是“七五”计划三大主要任务之一，但是部分受到高通货膨胀的影响，农民纯收入增长、职工平均工资增长、农村居民消费水平增长指标完成情况都大大低于计划预期，完成百分数分别为39%、70%、39%。第四是部分基础设施建设指标没有完成，例如新增铁路通车里程只完成78%，电气化铁路只完成70%，沿海港口吞吐能力只完成85%。

二、“七五”时期的辉煌成就

“七五”计划时期（1986 — 1990年），全国各族人民在党中央和国务院的领导下，认真遵循对内搞活经济、对外实行开放的总方针，在建设有中国特色的社会主义进程中，克服各种困难，取得了新的成就。经济实力增强，国内市场供应充足，对外经济活跃，财政增收，居民生活进一步改善，科技、教育、文化、卫生、体育事业有了新发展。“七五”时期，国民生产总值平均每年增长7.8%，国民收入平均每年增长7.5%，工农业总产值平均每年增长11%，均超过“七五”计划的要求，提前实现了第一步战略目标。

（一）农业

农、林、牧、副、渔业全面增长，基本完成了计划规定的目标。1990年，农业总产值7382亿元，比1985年增长25.3%，平均每年增长4.6%，超过4%的计划指标。其中，种植业产值年均增长3.2%，林业产值年均增长0.2%，牧业产值年均增长6.5%，副业产值年均增长11.3%，渔业产值年均增长12.7%。

在主要农产品生产中，粮食生产前三年徘徊不前，后两年连续刷新纪录；1990年，棉花、糖料生产扭转连年的徘徊局面，超过“七五”计划指标;油料大幅度增产,但仍低于计划要求。肉、禽、蛋、奶、蔬菜、水果、水产品等连年增产。"七五"时期主要农副产品平均年产量,除棉花、黄红麻外,均比"六五"时期有较大幅度的增长。

主要农产品平均年产量

类别	"七五"时期(万吨)	"六五"时期(万吨)	"七五"比"六五"增长(%)
粮食	40622	37064	9.6
棉花	404	432	-6.5
油料	1446	1205	20.0
甘蔗	5054	3775	33.9
甜菜	1061	789	34.4
黄红麻	64.0	89.5	-28.5
烤烟	200	158	26.6
蚕茧	44.7	33.9	31.9
茶叶	51.6	39.7	30.0
水果	1678	930	80.4
猪牛羊肉	2185	1463	49.4
水产品	1042	569	83.1

林业和绿化工作取得新的进展。"七五"时期,人工造林总面积超过4亿亩,造林质量不断提高。其中,用材林建设增长较快;经济林的主要产品产量大幅度增长,核桃、板栗、松脂等名特优产品均创历史最高纪录。全国900多个平原、半平原县,已有500多个接近或达到平原绿化标准。

科技兴农有了良好的开端。优良品种、模式化栽培、配方施肥、地膜覆盖等农业科技成果的推广应用已显示出巨大的生产潜力。在畜牧业生产方面,由于推广良种繁殖,进行科学饲养,疫病防治,使用配合饲料,畜禽生产技术水准明显提高。

农业物质装备水平有所提高。1990年末农村生产性固定资产原值达到3886亿元，比1985年末增长82.4%；农业机械总动力达2854亿瓦特，比1985年增长36.5%；化肥施用量增长46.8%，农药、塑料薄膜等使用量也均有所增加。但农业综合生产能力仍然较低。突出表现在：一是耕地大量减少，1990年末全国耕地面积比1985年末减少1854万亩；二是有效灌溉面积、机耕地面积近两年虽然有所恢复，但还没有达到历史最高水平；三是水土流失、沙化碱化的情况仍在发展；四是农业抗御自然灾害能力依然薄弱。

农村经济全面发展。1990年农村社会总产值达到16253亿元，比1985年增长87.8%，其中，农村工业、建筑业、运输业、商业、饮食业等非农业产值增长1.6倍，所占比重由1985年的42.9%上升到1990年的54.6%。"七五"时期，乡镇企业共吸收农村劳动力2200万人。

（二）工业

工业生产增长较快但波动较大。1990年全国工业总产值23851亿元，比1985年增长85.1%，平均每年增长13.1%，超过计划增长7.5%的目标，是继"一五"、"六五"之后，第三个高速增长时期。但是发展不平稳，出现了明显的起伏，前三年经济过热，工业生产年均增长16.7%，后两年进行治理整顿，宏观紧缩出现了市场疲软，速度明显趋缓，年均增长8.1%。"七五"时期，重工业年均增长12.2%，轻工业年均增长14.1%。分所有制看，全民所有制工业年均增长7.3%，集体所有制工业年均增长17.6%，中外合资、中外合作和外资独资经营的工业年均增长74%。全民和集体所有制工业总产值占全部工业的比重由1985年97.7%下降到1990年的91.4%。

列入"七五"计划的28种工业产品产量，有23种产品完成或超额完成了计划；汽车、家用洗衣机、家用电冰箱等因受市场需求制约，1990年控制了生产；原油、木材受资源限制，没有完成计划。"七五"时期主要工业品平均年产量，均比"六五"时期有较大幅度的增长。

主要工业品平均年产量

类别	单位	“七五”时期	“六五”时期	“七五”比“六五”增长(%)
化学纤维	万吨	132	65.4	101.8
纱	万吨	445	331	34.4
布	亿米	179	146	22.6
机制纸及纸板	万吨	1215	691	175.8
电视机	万台	2265	897	152.5
家用洗衣机	万台	882	443	99.1
家用电冰箱	万台	506	46.8	981.2
原煤	亿吨	9.87	7.33	34.7
原油	亿吨	1.36	1.10	23.6
发电量	亿千瓦小时	5390	3552	51.7
钢材	万吨	4623	3142	47.1
木材米	万立方	6066	5585	8.6
水泥	亿吨	1.95	1.11	75.7
化肥	万吨	1705	1336	27.6
汽车	万辆	51.6	27.3	89.0

工业生产能力扩大，技术水准提高。到1990年底，全国独立核算工业企业拥有固定资产原值达14000亿元，比1985年增长1倍。建成了一大批重要工业基础设施，平均每年有上百个大中型工业建设项目竣工投产，一些重要产品的生产能力逐年扩大。通过技术引进和加快对老企业的技术改造，我国工业生产的技术水准显著提高。国民经济生产技术装备的机械工业，平均每年开发新产品达到上千种，基本上依靠国内的力量，为能源、交通、原材料、尖端科学等十几个部门提供了上百种高水平的成套设备。

但是，工业结构失衡、地区结构趋同的状况没有明显好转，经济效益低下问题日益突出。1989年和1985年相比，在全国重点企业考核的指标中，有48%的质量指针下降，52%的消耗指标上升。每百元资金实现利税由23.8元降至16.8元，每百元销售收入实现利润由11.8元降至6.3元。

（三）固定资产投资和建筑业

固定资产投资增加，“七五”时期全社会固定资产投资完成额达到19746亿元，超过计划指标，比“六五”时期增加11749亿元。其中全民所有制单位投资12502亿元，比“六五”时期增加7172亿元；集体所有制单位投资2771亿元，增加1759亿元；个人投资4473亿元，增加2818亿元。

投资结构调整有一定进展，基础产业、基础设施建设和更新改造投资增加，比重上升。“七五”时期，全民所有制单位用于能源、原材料工业和运输邮电设施方面的投资6514亿元，比“六五”时期增加4030亿元，占全部投资的比重由“六五”时期的46.6%上升到52.1%。“七五”时期全民所有制单位基本建设投资7348亿元，比“六五”时期增长1.2倍；更新改造投资完成3976亿元，增长1.7倍，更新改造投资占的比重由“六五”时期的28%上升到31.8%。

重点建设步伐加快，取得一批新成果。“七五”时期，国家安排重点建设项目306个，总投资规模达2955亿元。已建成投产项目121个，主要有：山西大同、古交、河北开滦和山东兖州矿区的4对年产原煤400万吨的矿井；总装机容量271.5万千瓦的湖北葛洲坝水电站，建成投产4台32万千瓦机组的青海龙羊峡水电站，装机总容量120万千瓦的山西大同第二电厂一期工程和上海石洞口一电厂，6条50万伏超高压输变电工程，年产纯碱60万吨的唐山碱厂，扬子、齐鲁、大庆、上海四大乙烯工程，宝山钢铁总厂一期工程，中英合资上海耀华玻璃公司的浮法玻璃生产线，大同至秦皇岛双线电气化铁路一期工程，年吞吐量3000万吨的秦皇岛煤码头三期工程。此外，北京亚运会工程、北京图书馆、中央电视台彩电中心、中国科技情报中心、气象卫星数据接受处理系统等一批科学文化设施项目也相继建成投产。

新增一大批生产能力,增添了经济发展后劲。“七五”时期,全社会新增固定资产为 16400 亿元,建成投产基本建设大中型项目 532 个,限额以上更新改造项目 354 个,全民所有制单位建成小型基本建设项目和更新改造项目各 20 多万个。“七五”时期,全国基本建设新增加的主要生产能力有:煤炭开采 12374 万吨,发电装机容量 4628 万千瓦,石油开采 7752 万吨(含更新改造和其他投资增加的能力),炼铁 665 万吨,炼钢 512 万吨,铁矿开采 2342 万吨,化肥 124 万吨,塑料 87 万吨,水泥 1862 万吨,机制纸 28 万吨,机制糖 58 万吨,新建铁路交付运营里程 2307 公里,新建公路 18092 公里,沿海港口吞吐能力 13740 万吨。

建筑业施工力量增强,技术水准提高。1990 年全社会建筑施工队伍达到 2400 多万人,比 1985 年增长 16%;建筑业技术装备进一步加强,设计施工技术有新的突破。如岩土工程技术、工程结构抗震技术、桥梁与隧道的设计和施工技术、大型结构与设备安装技术、高层建筑结构设计与施工技术等已接近或达到国际先进水平。但建筑企业经济效益持续下降的局面仍未扭转。

地质普查勘探工作取得新进展。“七五”时期完成钻探工作量共 4689 万米,新发现或新证实为工业矿床的矿产地 1369 处,取得重大新进展的勘察矿区 1015 处。新探明储量:煤炭 1113 亿吨,铁矿石 21.8 亿吨,天然气 2738 亿立方米,石油勘探也取得新的突破。

(四)运输邮电

“七五”时期,运输基础设施有所改善,运输能力增强,运输量全面增长。1990 年末,铁路复线里程占营业总里程的比重,由 1985 年的 19.2%提高到 24.4%,其中主要干线复线率已达 90%以上。新增电气化铁路里程 2790 公里,铁路电气化里程占营业里程的比重达 13%。公路质量不断提高,高速公路建设开始起步。沿海港口新增吞吐能力

1.38 亿吨。

1990 年，各种运输工具完成的货物周转量 26322 亿吨公里，比 1985 年增长 45.3%；旅客周转量 5612 亿人公里，比 1985 年增长 26.6%。为减轻铁路负担，组织水陆运输合理分流，运输结构有所调整。在货物周转量中，铁路所占比重由 1985 年的 44.8%下降到 1990 年的 40.3%；公路所占比重由 9.3%上升到 13.1%，水运所占比重由 42.5%上升到 44.3%。

“七五”时期地方办交通积极性增强。1985 年我国只有 10 个省、区、市拥有 49 条地方铁路，正线长 2934 公里。1990 年末，已有 16 个省、区、市拥有 64 条地方铁路，正线长 4454 公里。地方航空公司从无到有，已形成一定的运输能力。个体运输得到较快发展。

邮电通信事业发展迅速。1990 年完成邮电业务总量 80 亿元，比 1985 年增长 1.7 倍，平均每年增长 22%。其中国际通信业务量年均增长 50%，已有 296 个市县电话可直拨世界 180 多个国家和地区。传真、用户电报、特快专递等新兴邮电业务成倍增长。市内电话建设由于多渠道筹措资金，发展迅速，“七五”时期增加 301 万户，增长 1.37 倍。但运输邮电发展同经济和社会的需要相比，仍不适应。

（五）国内商业和物资供销

“七五”时期，国内市场变化较大。前三年市场波动较大，后两年国民经济进行治理整顿，销售已基本趋于正常，商品供应比较丰富。1990 年社会商品零售总额达 8255 亿元，比 1985 年增长 92%，平均每年增长 14%，扣除物价上涨因素，实际增长 3.4%。

从各种经济类型的商品零售额看，1990 年与 1985 年相比，全民所有制增长 86.4%，占社会商品零售总额的比重由 40.4%下降为 39.3%；集体所有制增长 64.4%，所占比重由 37.2%下降为 31.9%；合营经济增长 2 倍，所占比重由 0.3%上升为 0.4%；个体经济增长 1.4 倍，所占比重由 15.3%上升为 19%；农民对非农业居民的零售额增长 1.7 倍，所占比重由6.8%上升为9.4%。

市场物价前四年涨势较猛，由于采取有效措施，1990年市场物价相对平稳。

“七五”时期各年物价变动情况如下(以上年价格为100)

类别	1986年	1987年	1988年	1989年	1990年
居民生活费用价格总指数	106.5	107.3	118.8	118.0	103.1
零售物价总指数	106.0	107.3	118.5	117.8	102.1

随着物资体制的改革，主要物资国家统一分配的比重明显下降，钢材国家合同供货量占当年生产量的比重，由1985年的49.7%下降到1990年的30.8%；煤炭由45.2%下降到42.1%；木材由29.7%下降到26.4%；水泥由16.4%下降到10.3%。

(六)对外经济和旅游业

进出口贸易取得突破性进展。据海关统计，“七五”时期进出口总额4864亿美元，比“六五”时期增长92.7%。其中，出口总额2325亿美元，增长93.7%；进口总额2539亿美元，增长91.8%。进出口商品结构有所改善，进口的高档耐用消费品大幅度下降，出口总额中工业制成品比重由1985年的49.4%上升到1990年的74.5%。

利用外资增长较快。“七五”时期我国实际利用外资460.9亿美元，其中对外借款300亿美元，外商直接投资141.7亿美元。到1990年末，外商直接投资项目累计达2.9万项，投产开业的企业已超过1万家。

对外经济技术合作有很大发展。我国已同129个国家和地区开展了承包劳务合作业务。“七五”时期，共签订对外承包工程和劳务合作合同11219份，合同金额101亿美元，实际完成营业额70亿美元。

国际旅游业稳步前进。“七五”时期，前来我国的国际游客达1.33亿人次，比“六五”时期增长1.4倍；旅游外汇收入97.2亿美元，增长96.3%。

（七）科学技术

科技事业有了新发展。“七五”时期我国共取得国家级科学技术成果14139项，是“六五”时期的1.5倍。经国家批准的发明奖846项，自然科学奖237项，科学技术进步奖2330项，星火奖261项。有44个国家重点实验室建成并通过验收。“七五”国家重点科技攻关合同已完成90%以上。在生物技术、农业科学、高能物理、计算机技术、运载火箭技术、卫星通讯技术、超导材料的理论研究等领域的某些科技成果已接近或达到国际先进水平。

“星火”计划项目取得明显成效。“七五”时期，“星火”计划累计完成项目1.4万项，为农村培训技术管理人才650万人。

“七五”时期，国家自然科学基金委员会批准资助科研项目16504项，资助金额6.44亿元。

“七五”时期，高等院校共有35400项科技成果通过鉴定和评审。

“七五”时期制订、修订各类国家标准10346个。气象、地震、海洋、测绘等科技服务工作有了新的发展。

专利工作体系已初步形成。“七五”时期受理专利申请152971件，批准专利61499件。有一批专利项目付诸实施并取得较好的经济和社会效益。

科技队伍进一步扩大。1990年末全国共有各类专业技术人员2432万人，其中自然科学技术人员1097万人，比1985年增长40%。全国县以上全民所有制独立的科技机构5820个，比1985年增加1130个。

（八）教育、文化、卫生、体育

“七五”时期大学本科、专科毕业生266.8万人，比“六五”时期增长73.8%。国内培养毕业研究生15.8万人，其中获得博士学位的6927人，获得硕士学位的14.1万人。中等专业学校毕业生292.2万人，增长31%。培养农业、职业中学毕业生389.5万人，增长2.4倍。

人口文化素质提高。人口普查数据表明：我国平均每万人拥有大专以上文化程度的人口由1982年的62人增加到1990年的142人,高中文化程度的人口由678人增加到804人,初中文化程度的人口由1789人增加到2334人。全国文盲半文盲率由20.37%下降到15.88%。

基础教育得到进一步普及。全国小学学龄儿童入学率由1985年的95.95%提高到1990年的97.9%。普及初等教育验收合格的县由1985年的731个,增加到1990年的1459个。全国在园幼儿比1985年增长33.3%。

成人教育稳步发展。1990年全国成人高等学校在校学生174万人,与1985年大致持平;成人中等学校在校学生1529万人,增长1.8倍;成人初等学校在校学生2282万人,增长1.7倍。

文化事业在整顿中保持繁荣。“七五”时期生产故事片674部,比“六五”时期增长10%;文化馆增加35个,公共图书馆增加183个,博物馆增加301个,广播电台增加342座,电视台增加287座,电视发射台和转播台增加10565座。1990年广播覆盖率(包括中央、省、地、县四级)为73%,电视为78%,分别比1985年提高5个百分点和10个百分点。1990年出版图书、杂志、报纸种类比1985年增加较多,但总印数下降7.2%。

卫生事业继续发展,医疗条件进一步改善。“七五”时期卫生机构增加7000个,医院病床增加39.5万张,专业卫生技术人员增加48.7万人,均达到计划目标。疾病防疫工作取得新的成效,但城市住院难等问题依然突出,农村医疗条件还比较落后。

体育事业发展较快,运动技术水准不断提高。“七五”时期我国体育健儿在世界锦标赛、杯赛中共夺得285个世界冠军,创造172次世界纪录。特别是1990年在我国成功地举办了第十一届亚运会,我国运动健儿取得了优异成绩,振奋了民族精神。群众体育运动不断普及,全国经常参加体育锻炼的人数占总人口数的35%。

(九)人民生活

城镇就业继续扩大。“七五”时期安置待业人员2070万人。全国职工人数增加1631万人，其中全民所有制单位实行劳动合同制职工增加1020万人，城镇个体劳动者增加250万人。

人民生活水平进一步提高。1990年全国职工平均货币工资2150元，比1985年增加1002元，扣除价格上涨因素，年均实际增长2.5%；如包括工资外收入和就业面扩大因素，城镇居民人均生活费收入年均实际增长4.1%。同期农民人均纯收入年均实际增长4.2%。居民消费水平年均实际增长3.1%。人民的健康状况、营养水平、平均寿命等生活质量指针，已接近或达到中等收入国家水平。但发展不平衡，还存在一些贫困户。

城乡储蓄大幅度增加。1990年末居民储蓄存款余额7034亿元，比1985年末增长3.3倍。

城乡居住条件继续改善。1990年城镇居民人均居住面积7.1平方米，农村居民人均居住面积17.8平方米，比1985年分别增长36.5%和21.1%。

（十）人口

1990年末，全国总人口为114333万人，比1985年增加8482万人，年均增长1.55%。

三、媒体述评

“七五”计划

1986年

“七五”计划

1986年是我国实施“七五”计划的第一年。“七五”计划从1983年开始研究编制。1985年9月，党的全国代表会议审议通过了《中共中央关于制定国民经济和社会发展第七个五年计划的建议》。1986年4月，六届全国人大第四次会议审议通过了《中华人民共和国国民经济和社会发展第七个五年计划(1986－1990)》。“七五”计划的指导思想是：遵循建设有中国特色的社会主义的总要求，遵循对内搞活、对外开放的总方针，继续推进经济发展战略和经济管理体制由旧模式向新模式转变。“七五”计划的主要指标是:工农业总产值年均增长6.7%,农业总产值年均增长4%,工业总产值年均增长7.5%,国民收入年均增长6.7%,全国居民人均消费水平年均增长5%。“七五”计划实施期间,我国经济发生了迅速发展与治理整顿,经济增长出现较大的波动,不过仍然超过“七五”计划确定的目标。工农业总产值年均增长11.3%,农业总产值年均增长4.6%,工业总产值年均增长13.1%,国民收入年均增长7.5%,全国居民人均消费水平年均增长3.1%。“七五”计划的完成,为20世纪90年代经济与社会的发展奠定了比较坚实的基础。

改革劳动制度

1986年4月18日,中共中央、国务院颁发《关于认真执行改革劳动制度几个规定的通知》时指出,《国营企业实行劳动合同制度几个规定的通知》《国营企业辞退职工暂行规定》《国营企业职工待业保险暂行规定》《改革国营企业招工制度的暂行规定》都要认真落实,我国传统的劳动用工制度开始改革。

第一家国有企业宣布破产

1986年8月3日,国有企业沈阳市防爆器械厂宣布破产,这是新中国建立以来第一家破产的国有企业。沈阳市防爆器械厂是1966年成立的一个街道小企业,后来被市里上收,变成了市属“大集体”,隶属沈阳市拖拉机制造总厂。此后,经营管理极其混乱,损失浪费严重,领导班子中出现了“败家子”,企业素质整体太差,开始连年亏损。沈阳市防爆器械厂破产事件,打破了社会主义企业不会破产的“禁令”,对人们的传统观念造成很大的冲击,表明随着经济体制改革的发展,企业自负盈亏、优胜劣汰势在必行。沈阳防爆器械厂的破产,对一些长期经营不善、管理无方、多年亏损的集体企业和全民所有制企业成了前车之鉴。沈阳市防爆器械厂破产,表明破产将是一些长期亏损企业改革的一个重要方向,有利于消除企业吃国家“大锅饭”和职工吃企业“大锅饭”的弊端,有利于保护国家财产，保护债权人、债务人的合法权益，促进企业之间展开竞争。这对提高产品质量、提高经济效益和社会效益，都具有重要意义。沈阳防爆器械厂倒闭后，国家对企业职工重新就业和生活出路作了妥善安置，对资金财产作了合情合理的处理，对有违法乱纪和负有经济责任的人员进行核实追查。

全国个体劳动者代表大会

1986年12月3日，全国个体劳动者第一次代表大会暨全国先进个体劳动者表彰大会在人民大会堂隆重举行。中国个体劳动者协会同时正式成立，从而使两千万个体劳动者有了自己的组织。党的十一届三中全会以后，我国个体经济在党的开放、搞活的政策指引下，得到了迅速的恢复和发展。据截至1986年9月的不完全统计，我国城乡个体工商业已达1162万户，从业人员1766万人以上。中共中央顾问委员会副主任薄一波在大会开幕时说：我国个体劳动者在国家经济发展中起了很大的作用，在今后几十年，以至更长的时间内，允许多种经济形式并存，坚持国家、集体、个人一起上的政策，是不会变的。

1987年

中共十三大提出社会主义初级阶段理论

社会主义初级阶段是指在我国特定的历史条件下建设社会主义必须经过的阶段。社会主义初级阶段理论是中共十一届三中全会后逐渐形成的。中共中央1981年6月召开的十一届六中全会首次提出“社会主义初级阶段”概念，经过理论完善，在1987年9月中国共产党第十三次全国代表大会上正式确定了社会主义初级阶段的理论。十三大政治报告指出，我国正处在社会主义初级阶段，它包括两层含义，第一，我国已经是社会主义社会，我们必须坚持而不能离开社会主义；第二，我们的社会主义社会还处在初级阶段。社会主义初级阶段的基本特征是，在生产力方面，我国建立了门类较齐全、独立的国民经济体系和工业体系，但生产力水平低，各地各行业发展不平衡，产品的社会化、商品化程度还很低，还没有从根本上摆脱贫困;在生产关系方面,我国虽然建立了公有制和按劳分配为主体地位的经济制度,但还存在多种经济成分和多种分配方式;在上层建筑方面,虽然已经确立了马克思主义在意识形态的主体地位,但社会主义民主和法律制度还很不健全,资本主义、封建主义思想还未肃清。社会主义初级阶段的基本矛盾是人民日益增长的物质和文化的需要与落后的社会生产之间的矛盾。社会主义初级阶段的主要任务是大力发展生产力,实现国家的工业化及生产的商品化、社会化、现代化。社会主义初级阶段理论是我国建设社会主义的理论基础。

建立海南经济特区

1987年9月26日,中共中央、国务院正式下达《关于建立海南省及其筹备工作的通知》。1988年4月13日,第七届全国人民代表大会第一次会议审议了国务院关于设立海南省的议案,决定:一、批准设立海南省,撤销海南行政区,海南省人民政府驻海口市;二、海南省管辖海口市、三亚市、通什市、琼山县、琼海县、文昌县、万宁县、屯昌县、定安县、澄迈县、临高县、儋县、保亭黎族苗族自治县、琼中黎族苗族自治县、白沙黎族自治县、陵水黎族自治县、昌江黎族自治县、乐东黎族自治县、东方黎族自治县和西沙群岛、南沙群岛、中沙群岛的岛礁及其海域。同日,还审议了国务院关于建立海南经济特区的议案,决定:一、划定海南岛为海南经济特区;二、授权海南省人民代表大会及其常务委员会,根据海南经济特区的具体情况和实际需要,遵循国家有关法律、全国人民代表大会及其常务委员会有关决定和国务院有关行政法规的原则制定法规,在海南经济特区实施,并报全国人民代表大会常务委员会和国务院备案。1988年8月23日,海南省人民代表会议第一次会议在海口市揭幕,海南省及海南经济特区正式成立。

深圳公开拍卖第一块土地使用权

1987年12月1日,深圳市在深圳会堂举行首次土地使用权的公开拍卖。深圳房地产公司以525万元的地价款,获得一块8588平方米住宅用地50年的使用权，每平方米地价约为611元。这也是建国以来土地使用权的首次公开拍卖。

1988年

城镇住房制度改革

1988年2月25日，国务院住房领导小组颁布《关于在全国城镇分期分批推行住房制度改革的实施方案》。《实施方案》指出，我国现行的住房制度存在着严重弊端，住房分配上的不公正，已成为一个严重的社会问题。城镇住房制度改革，是经济体制改革的重要组成部分，可以取得很大的经济效益和社会效益，是一件利国利民的事情。国家要从1988年起，用三、五年时间，把住房制度改革在全国城镇分期分批推开。城镇住房制度改革的目标是：按照社会主义有计划的商品经济的要求，实现住房商品化。从改革公房低租金制度着手，将现在的实物分配逐步改变为货币分配，由住户通过商品交换，取得住房的所有权或使用权，使住房这个大商品进入消费品市场，实现住房资金投入产出的良性循环，从而走出一条既有利于解决城镇住房问题，又能够促进房地产业、建筑业和建材工业发展的新路子。住房制度改革主要内容是：改变资金分配体制，把住房消费基金逐步纳入正常管道，使目前实际用于职工建房、修房资金的大量暗贴转化为明贴，并逐步纳入职工工资；改革现行的把住房作为固定资产投资的计划管理体制，确立住房作为商品生产的指导性计划管理体制；建立住房基金，逐步形成能够实现住房资金良性循环的运行机制；开放房地产市场，发展房地产金融和房地产业。

《企业法》颁布

1988年4月，七届全国人大一次会议审议通过了《中华人民共和国企业法》。《企业法》是建国以来我国国有企业第一基本大法。《企业法》从法律上确定了10年来企业改革的经验、全民所有制企业制度的基本原则和内涵，将改革以来国家搞活企业的有关法规、政策概括为赋予企业13项权力，即生产计划权、要求调整不必要指令性计划权、产品销售权、物资选购权、产品定价权、对外经济活动权、留用资金使用权、资产处置权、内部分配权、用工权、机构设置权、拒绝摊派权、联合经营权等，以法律形式确定下来。《企业法》的颁布实施，使扩大和落实企业自主权又有了大的进步，在指导企业改革，增强企业活力，维护企业合法权益等方面起了重要作用。

价格闯关

1988 年是我国物价改革关键的一年。上半年经济中各种矛盾趋于尖锐，但当时决策者对于价格改革难度估计不足，决定加快价格改革，准备迎着风险进行价格闯关。从 4 月到 7 月，出台了一系列重大的调价措施。4 月 5 日实行猪肉、鲜蛋、大路菜、食糖由暗补改为明补之后，其他物价改革措施也纷纷出台。国家提高部分粮食、油料合同收购价、生产资料和交通运价，放开名烟名酒价格，并提高部分高中档烟酒的价格，扩大棉纱、棉布的上浮价格，彩电等商品实行浮动价格，提高劳动力价格等。但是由于经济过热，需求膨胀，引起物价上涨，市场发生波动。8 月 18 日中共中央政治局全体会议原则通过了价格、工资改革方案，群众认为价格改革将进一步加快，从当月中旬起许多城市发生了居民提取存款抢购商品的风潮，结果造成更大的物价上涨。1988 年全年商品零售总额达到 7440 亿元，零售物价总水平上涨 18.5%，食品价格上涨 23%，衣物价格上涨 12.7%，肉蛋价格上涨 36.8%，鲜菜价格上涨 31.7%，水产价格上涨 31.1%，粮食价格上涨 14.1%。通货膨胀严重影响人民生活水平，引起社会的普遍不满。因此，1988 年 9 月中共中央十三届三中全会决定治理经济环境，整顿经济秩序，全面深化改革。

治理整顿决策

1988 年上半年，我国经济发展出现了严重的通货膨胀，物价上升过快，流通秩序紊乱，对社会安定、经济生活、改革开放造成极坏的影响。1988 年 9 月，中共中央十三届三中全会制定了“治理经济环境，整顿经济秩序，全面深化改革”的方针。治理经济环境主要是压缩社会总需求，以抑制通货膨胀，采取的措施有：一，对全社会的固定资产投资规模进行坚决缩减，切实调整投资结构；二，控制消费基金过快的增长之势，削减社会集团购买力；三，纠正经济过热的倾向，降低工业区发展速度；四，稳定金融物价，严格控制货币发行，采取多种措施回笼货币。整顿经济秩序就是整顿经济体制在新旧转换过程中出现的混乱状况，尤其要整顿流通秩序，采取的措施有：强化国家宏观调控职能；官商分开，政企分开，清理各种公司；确立社会重要产品的流通秩序；制止各方面对企业的乱摊派；制止乱涨价之风。全面深化改革就是积极推进价格、工资及其他方面的配套改革，尤其是要深化国营企业的改革。三方面的措施相辅相成，相互促进，在治理整顿中改革，在改革中治理整顿。1989 年 11 月，中共中央十三届五中全会通过了《关于进一步治理整顿和深化改革的决定》，继续开展治理整顿。到 1992 年，经过三年的治理整顿与深化改革，我国经济秩序有所好转，通货膨胀得到抑制，为经济的进一步发展创造了条件。

（来源：中国网 2009 年 9 月 27 日）

四、专家论道

“六五”后期，从 1984 年第 4 季度开始，经济发展过程中出现了一些问题：固定资产投资规模过大，消费基金增长过猛，货币发行过多，出现了历史上少有的经济过热。这些也成为“七五”开局的基础条件。经济过热局面成为整个“七五”期间不得不认真对付的难题。

“七五”计划的编制工作历时 3 年。1983 年，国务院即着手组织“七五”计划的起草工作。1986 年 3 月，经六届人大四次会议审议批准。这是我国社会主义计划经济史上第一次在一个新的五年计划刚刚起步的时候就制定出来的经济和社会发展计划。

“七五”期间可以分为两个阶段，前一阶段从 1986 年到 1988 年 9 月，特点是经济发展持续过热，不稳定因素增加；后一阶段从 1988 年 9 月到 1990 年，为经济的治理整顿时期。

【决策回眸】

价格闯关受挫

这是新中国历史上少有的一幕。几乎所有的银行门前都排满了来提款的储户,不管到期还是未到期;几乎所有的商店前都挤满了来购物的大妈大婶,不管需要不需要。她们抱着、拎着、拖着各式各样的物件,一趟又一趟。百货大楼空了,杂货铺也空了。这个时刻属于白糖,属于洗衣粉,甚至属于大白菜。因为它们都成为这场空前的抢购风中的抢手货品。这个时刻也属于“七五”。

力行近十年的改革开放到了一个关键点,计划和市场也到了生死抉择的最后交锋时期。新旧体制的“共荣共存”难以为继,继续转舵势成必然。“七五”时期国民经济和社会发展的主要任务是:“力争在五年或者更长一些时间内,基本上奠定有中国特色的新型社会主义经济体制的基础”。其中最大的尝试和焦点之战则是“价格闯关”。

1988年5月8日,各大新闻媒体透露,中国人民银行将发行第一张百元大钞。这让长期习惯了“大团结”(拾元币)的中国老百姓颇感意外。虽然不知道决策层的具体动向,但是已经对涨价异常敏感的老百姓也悄悄紧张起来,传言四起。

当时中央在下价格“并轨”的决心。时任国家统计局局长张塞说,“当时的改革是考虑要由产品经济,过渡到社会主义商品经济。如果不解决物价严重的扭曲问题,那就不可能转到商品经济的领域里来。我们当时的物价,管你供求关系有多大变化,我照样不动,价值有多大变化,我价格照样不动。这就是产品经济,因此,没有活力。”

1988年5月19日,邓小平在人民大会堂会见朝鲜政府军事代表团时指出,中国的改革要“过五关斩六将”,物价改革虽然风险很大,但是“非搞不可”,“要迎着风险、迎着困难上”。同年6月,《人民日报》发表评论员文章《改革有险阻苦战能过关》。文章认为:中国的改革发展到今天，已经到了一个关键性阶段，到了非解决物价问题不可的时刻。

1988年8月15日至17日，中共中央政治局第十次全体会议在北戴河召开，讨论并原则通过《关于价格、工资改革的初步方案》。该《方案》提出，绝大多数商品价格放开，由市场调节。

8月19日清晨，中央人民广播电台播发了这条重要消息。当天，各地就出现了抢购。有的人一下子买200公斤食盐，买500盒火柴，商店被抢购一空。银行发生挤兑，有的地方银行因不能及时支付，群众在愤怒之下把柜台推倒。

人民群众对物价上涨的敏感及其反应，使这次价格闯关遭受重大挫折，也充分表明这几年经济形势中的各种矛盾为改革带来的巨大阻力。中央重新审视和调整决策，原有计划大转弯，急刹车。

8月30日，国务院发出《关于做好当前物价工作和稳定市场的紧急通知》，对物价闯关的改革方案作出解释。9月26日，中共十三届三中全会批准了"治理经济环境、整顿经济秩序、全面深化改革"的方针。1989年11月，中共十三届五中全会又作出《关于进一步治理整顿和深化改革的决定》，决定延长治理整顿的时间，将原定的"两年或者更长一些的时间"延长为"三年或者更长一点的时间"。

【数字】

90%

到1990年年底，全民所有制工业企业的承包面超过90%。

1/3

全国1987年预算的物价补贴和企业亏损补贴超过700亿元，约占全国财政收入的1/3。

【语录】

为什么一谈市场就说是资本主义，只有计划才是社会主义呢？计划和市场都是方法嘛。只要对发展生产力有好处，就可以利用。

——邓小平（1987年2月）

我们现在的问题是通货膨胀，物价上涨得太快，给国家和人民都带来了困难。我们已经注意到这个问题，准备用两年或更多的时间来解决问题。我们的一条经验是，发展顺利时要看到出现的新问题，发展要适度，经济过热就容易出毛病。总之，制定一切政策，要从实际出发。

——邓小平(1989年3月)

【评说】

“七五”时期是实现党的十二大提出的到20世纪末“工农业总产值翻两番”、“前10年打基础”战略部署的重要时期，也是新旧体制转轨过程中两种体制并存，同时又激烈冲突的时期。

“七五”时期的经济过热，以及政府所采取的克服过热的宏观调控措施，带有明显的过渡时期的特点。理论上几十年争论不休的计划与市场之争这时也到了生死抉择的最后交锋时期，市场经济的改革取向已经不可逆转。“七五”时期经济体制改革步伐加快，通过改革，我国经济体制的格局和国民经济运行机制都发生了重大变化，为以后的进一步深化改革奠定了基础。

“七五”后期的治理整顿取得的成效，保证了经济的发展和“七五”计划的基本完成。(点评专家：中国社科院研究员 徐建青)

(来源：《中国青年报》2010年10月18日)

五、延伸阅读

1.《中华人民共和国国民经济和社会发展第七个五年计划》。

2.《关于制定“七五”计划建议的说明》(1985年9月18日)。

3.《中共中央关于制定国民经济和社会发展第七个五年计划的建议》(1985年9月23日)。

4.《关于第七个五年计划的报告》(1986年3月25日)。

第八章

“八五”计划(1991—1995年)

【关 键 词】 改革深化 确立市场经济体制

【奋斗目标】 在大力提高经济效益和优化经济结构的基础上，使国民生产总值按不变价格计算，到本世纪末比1980年翻两番；人民生活从温饱达到小康，生活数据更加丰裕，消费结构趋于合理，居住条件明显改善，文化生活进一步丰富，健康水平继续提高，社会服务设施不断完善；发展教育事业，推动科技进步，改善经济管理，调整经济结构，加强重点建设，为二十一世纪初叶我国经济和社会的持续发展奠定物质技术基础；初步建立适应以公有制为基础的社会主义有计划商品经济发展的、计划经济和市场调节相结合的经济体制和运行机制；社会主义精神文明建设达到新的水平，社会主义民主和法制进一步健全。

1990年12月中国共产党第十三届中央委员会第七次会议审议并通过了《中共中央关于制定国民经济和社会发展十年规划和“八五”计划的建议》，提出了此后十年我国国民经济和社会发展的基本任务和方针政策。1991年3月第七届全国人大第四次会议审议通过国务院《关于国民经济和社会发展十年规划和第八个五年计划纲要的报告》。以1992年邓小平同志重要谈话和中共十四大为标志，“八五”时期中国改革开放和现代化建设进入新的阶段。

一、“八五”计划概要

“八五”计划是在我国国民经济高速增长和治理整顿经济环境的背景下制定和实施的，最初的发展指标因为国际的制裁各种经济指标并不太高。但是，从1992年开始，中国的经济发展态势发生巨变，“八五”期间国民生产总值五年平均年增长率高达12%，不仅是同期世界各国中经济增长最快的，也是建国以来我国经济增长最快的时期。“八五”期间确立的“对内改革，对外开放”的格局，让国民经济提前五年完成了党在日程上的长远目标，实现了国民生产总值较1980年翻两番的任务。

(一)“八五”计划实施的背景

在我国社会主义现代化建设的历史进程中，20世纪最后十年是非常关键的时期。这是由当时的国内和国际形势所决定的。上世纪90年代前半期，国际国内形势都呈现出新特点。国际上两极格局正式瓦解，多极化趋势继续发展。1991年12月25日，世界历史上的第一个社会主义国家苏联以解体的方式退出历史舞台，雅尔塔体系宣告终结。加上上世纪80年代后半期席卷东欧的剧变，社会主义阵营遭受了重大打击。同一时期，虽然世界总体形势趋于和平，但是局部冲突与战争却日渐频繁，南北矛盾开始激化。在国内，1989年政治危机后进行了一段时间的治理整顿，进入90年代之后，社会经济秩序有所恢复，通货膨胀得到缓解。但是人们对改革的最终方向存在疑虑，改革开放走到了十字路口。能不能在

90年代巩固和发展80年代取得的成就，进一步促进经济振兴和社会进步，使我国以更加昂扬的姿态跨入21世纪，直接关系到我国社会主义的兴衰成败，关系到中华民族的前途命运。

1992年，邓小平先后视察武昌、深圳、珠海、上海等地并发表著名的系列谈话，被称为“南方谈话”。在谈话中邓小平指出“改革开放胆子要大一点，看准了的，就大胆地试，大胆地闯”，“改革开放迈不开步子，是因为太注重姓‘资’还是姓‘社’的问题”，并提出判断改革开放的标准应该为是否有利于发展社会主义社会的生产力，是否有利于增强社会主义国家的综合国力，是否有利于提高人民的生活水平。“南方谈话”为改革开放注入了一剂强心针，有利于卸下广大干部群众的思想包袱。

同年，中共十四大召开，正式将建立社会主义市场经济体制作为改革开放的目标确立下来，意味着存在多年的计划与市场之争在指导思想领域基本结束。此后，市场作为资源配置的基本手段得到承认，计划经济同时被国家宏观调控所取代，由此改革进入了新的阶段。

（二）“八五”计划的制定

1989年11月9日，中共十三届五中全会审议通过了《中共中央关于进一步治理整顿和深化改革的决定》，这个决定成为中国制定“八五”计划的基本指导原则。1990年12月30日，中共十三届七中全会讨论并通过了《中共中央关于制定国民经济和社会发展十年规划和“八五”计划的建议》，提出了今后十年我国国民经济和社会发展的基本任务和方针政策。1991年3月第七届全国人大第四次会议审议通过国务院《关于国民经济和社会发展十年规划和第八个五年计划纲要的报告》。1991年4月9日，第七届全国人民代表大会第四次会议批准了《中华人民共和国国民经济和社会发展十年规划和第八个五年计划纲要》。

在政治风波之后不久制定的“八五”计划，在发展目标上主要强调确保经济与社会稳定，制定的指标力求稳妥。“八五”计划的基本任务是：进一步解决过去遗留下来的阻碍经济发展的各种问题，取得实现财政经济状况根本好转的决定性胜利。

(三)“八五”计划的实施与完成

从实施结果来看,“八五”计划完成得较为理想。完成百分数均值为267%,完成率为89%,基本完成率为89%。

这一时期国民经济增速达到历史最高,而且增长相当稳定。经济增速12%,是十个五年计划中增长最快的时期,经济增长比较平稳。国民生产总值增长率为11.6%,完成193%;第二产业增长速率为17.4%,完成174%;工业总产值增速22.2%,完成342%;农业总产值增长率4.2%,完成120%;第三产业增长9.9%,完成110%;国民收入增长率为11.6%,完成232%。主要工、农业产品产量提高很快,绝大多数指标都超额完成。基础设施建设高速增长,所有指标均大幅超额完成,标志着我国基础设施建设进入加速增长期。这一时期人民生活水平提高较快,人民基本生活条件改善很快,绝大部分指标大幅超额完成。

“八五”计划的主要问题为:第一是计划实施偏离度过高。由于计划指导方针中途转向,“八五”计划也成为改革以来计划偏离度最高的五年计划。大部分指针大幅度超出计划预想,工业总产值增长率,计划值为6.5%,实际上为22.6%;基础建设投资原计划0.84万亿元,实际上为2.3万亿元,这也造成了计划失控,计划指标之间的平衡被打乱。第二是经济严重过热,出现1949年以来最严重的通货膨胀。出现了严重的投资过热,资本形成率由1990年的34.9%上升到1995年的40.3%,五年间信贷总规模年增长21%,为计划值的近两倍,还是满足不了社会的资金需求,居民消费价格指数达到了12.9%,最高时达到了24.1%(1994年)。

二、“八五”时期成就辉煌

以1992年邓小平同志南方谈话和党的十四大为标志,我国改革开放和社会主义现代化建设进入了新的发展阶段。在全国人民的共同努力下，完成或超额完成“八五”计划提出的主要任务。社会生产力、综合国力和人民生活水平上了一个新台阶，为全面实现第二步战略目标和下个世纪初的持续发展奠定了坚实的基础。“八五”计划是建国以来执行得最好的五年计划之一，在各方面都取得了很大的成就。

（一）国民经济持续快速增长，提前5年实现国民生产总值翻两番，经济实力显著增强

1995年，国民生产总值达到5.76万亿元。在1988年比1980年翻一番的基础上，用7年时间又翻了一番。“八五”期间国民生产总值年均增长12%，是建国以来增长速度最快、波动最小的五年。

“八五”期间，第一产业年均增长4.1%，第二产业年均增长17.3%，第三产业年均增长9.5%。国有单位固定资产投资累计完成4.3万亿元，其中基本建设投资完成2.3万亿元，技术改造投资完成1.1万亿元。建成投产大中型基建项目845个，限额以上重点技改项目374个。

主要工农业产品产量稳步增长。1995年，粮食产量达到4.65亿吨，比1990年增加1900万吨；油料2250万吨，增加630万吨；肉类总产量5000万吨，增加2140万吨；水产品2538万吨，增加1230万吨；原煤12.98亿吨，增加2.2亿吨；原油1.49亿吨，增加1078万吨；天然气174亿立方米，增加21.78亿立方米；发电量1万亿千瓦时，增加3780亿千瓦时；钢9400万吨，增加2800万吨；10种有色金属425万吨，增加190万吨；化肥（折纯）2450万吨，增加570万吨；乙烯243万吨，增加86万吨；化纤290万吨，增加125万吨；汽车150万辆，增加99万辆；彩电1958万台，增加925万台；集成电路3.1亿块，增加2亿块。

（二）经济体制改革取得突破性进展，国民经济市场化、社会化程度明显提高，社会主义市场经济体制正在逐步建立

“八五”期间，确立了建立社会主义市场经济体制的目标和基本框架，市场在资源配置中不同程度地发挥了基础性作用。推进了财税、金融、外汇、外贸、投资、价格和流通体制改革，在价格形成机制、税收制度、汇率并轨等方面取得重大突破。国有企业、农村、科技、教育以及各项社会事业的改革也取得新的进展。适应社会主义市场经济的宏观调控体系开始形成，经济政策、经济杠杆和法律法规等手段日益发挥重要的作用。

(三)对外开放总体格局基本形成，对外贸易迅速增长，利用外资大幅度增加

“八五”期间，对外开放由沿海扩展到沿边、沿江、沿主要铁路线和内陆省会城市，经济特区继续发挥对外开放窗口的重要作用，浦东开放开发取得很大进展；对外开放的领域由一般加工业扩展到基础工业和基础设施；外商直接投资由中小企业扩展到大企业，多方位、多层次、多形式的对外开放格局基本形成。进出口总额五年超过1万亿美元。五年实际利用外资超过1600亿美元。引进先进技术和管理经验，促进了国内生产技术和管理水平的提高。

(四)产业结构调整取得明显成效，水利建设得到加强，能源、交通、通信建设创造了历史最好水平，支柱产业快速成长

“八五”期间，长江三峡、黄河小浪底和北江飞来峡水利枢纽相继开工建设；建成了黄淮海平原灌溉、引大入秦等一批水利工程；农村人畜饮水工程建设有了较大发展。农田灌溉面积净增200万公顷。

能源、交通、通信建设步伐加快，生产能力提高，对国民经济发展的瓶颈制约有所缓解。“八五”期间，发电装机总容量新增7500万千瓦，年均增长9%，1995年达到2.1亿千瓦；新增铁路营业里程3000公里，复线3848公里，电气化2973公里，基本建成京九、宝中、集通新线和兰新复线，增强了铁路干网运输能力；新建和改造公路9.2万公里，其中高等级公路8000公里；新建和改建沿海港口中级以上泊位170个，增加吞吐能力1.38亿吨；新建和改造了一批机场，客机座位增长1.4倍；铺设长途光缆干线10万公里，电话交换机总容量新增5895万门，年均增长42%。

汽车、电子、石化等产业生产能力快速增长，形成了具有经济规模的年产15万辆轿车、45万吨乙烯、300万台彩电的生产基地。轻工纺织产品满足了国内市场需要，在国际市场上发挥比较优势，出口大幅度增加。

（五）各地区因地制宜发展优势产业，区域经济不同程度地发展壮大

“八五”期间，各地区经济都取得了很大发展，经济社会面貌发生显著变化。东部沿海地区发挥资金、技术、人才和地缘优势，资金技术密集以及外向程度高的产业迅速发展，对外经济技术交流水平进一步提高，辐射和示范作用进一步增强。中西部地区发挥资源优势，农业、能源、原材料等产业进一步壮大，有力地支持了全国经济发展。国家加强了支持中西部发展的力度，在扶持民族地区、贫困地区发展和基础设施建设等方面取得成效。地区间的分工合作与经济交流有了新的进展。

（六）科技教育事业取得重大进步，社会事业全面发展

科学技术研究进一步加强，五年共取得国家级科研成果16万项。一批成套技术装备研制成功，在生产建设中推广应用。各类教育事业迅速发展，在占总人口90%以上的地区普及了小学教育，普及九年义务教育和发展中等职业教育的工作顺利推进，高等教育结构调整加快。制定了《中国21世纪议程》，确定了可持续发展战略，环境和生态保护得到重视。计划生育取得新成绩，人口过快增长的势头得到抑制，人口自然增长率由1990年的14.39‰降到1995年的10.55‰。文化、卫生、体育事业都得到很大发展。广播和电视人口覆盖率分别达到78.7%和84.4%，比1990年提高4和5个百分点。

“八五”时期建设成就

类别		“七五”时期	“八五”时期
GDP平均年增长率%		7.9	11.7
全社会固定资产投资(亿元)		19744	38900
居民人均收入年均增长%	城镇	3.7	8.4
	农村	4	4.2
消费品零售总额(亿元)		30348	66640
城乡居民储蓄额(亿元)		7034	30000
进出口贸易总额(亿美元)		271.2	3060.5
签订对外经济合作合同(份)		12794	46939
国家外汇储备(亿美元)		111	670
专业技术人员(万人)		1080.9	1865.9
国家级重大科技成果(万个)		9	12.5
教育事业	学龄儿童入学%	97.8	98.4
	小学毕业升学%	74.6	86.6
	初中毕业升学%	40.6	46.4
	普通高校招生(万人)	60.9	90
卫生事业	每千人口医院床位(张)	2.3	2.41
	每千人口医生人数	1.54	1.6
体育事业	获世界冠军(项)	285	364
	创世界纪录(次)	150	352

(资料来源:《人民日报》1995年8月16日)

(七)城乡居民生活水平提高较快,生活质量进一步改善

“八五”期间,城镇居民人均生活费收入实际年均增长7.7%,农民人均纯收入实际年均增长4.5%。社会消费品零售总额实际年均增长10.6%。人民生活水平在80年代基本解决温饱的基础上继续提高,贫困人口由80年代末的8500万人减少到1995年的6500万人。城乡居住条件进一步改善,城镇人均居住面积由6.7平方米提高到7.9平方米。电

话普及率由1.1%提高到4.6%。城镇职工实行了每周五天工作制。城乡居民生活质量提高，文化生活更加丰富。

（八）国防建设在调整中发展，和平利用军工技术取得显著成效

为了保卫国家安全，坚决贯彻积极防御的战略方针，国防实力不断增强，国防现代化取得新进展。军民结合、平战结合的方针继续得到较好的实施，国防科研水平进一步提高，国防工业的结构和布局得到进一步调整，重点专项工程的研制取得重大突破。军转民在核电、民用卫星、民用船舶、民用飞机制造和卫星发射等方面取得重大进展，开拓了国内市场，进入了国际市场，对国民经济发展起了重要作用。

但是，“八五”国民经济和社会发展中也存在一些不容忽视的问题：经营管理比较粗放，经济素质不高，经济效益较差；农业基础薄弱，不适应人口增加、生活改善和经济发展的需要；国有企业生产经营困难较多，管理体制和经营机制不适应社会主义市场经济的要求；在经济快速增长和经济体制转换过程中，通货膨胀压力依然较大；国家财力不足，宏观调控实力不强；在全国经济发展和人民生活普遍提高的同时，地区发展差距扩大，部分社会成员之间收入差别悬殊；在经济和社会生活中，有些腐败现象有所滋长，社会主义精神文明和民主法制建设面临不少新的问题。

三、媒体述评

1991—1995年是中国第八个五年计划时期。1990年12月中国共产党第十三届中央委员会第七次会议审议并通过了《中共中央关于制定国民经济和社会发展十年规划和“八五”计划的建议》，提出了今后十年我国国民经济和社会发展的基本任务和方针政策。1991年3月第七届全国人大第四次会议审议通过国务院《关于国民经济和社会发展十年规划和第八个五年计划纲要的报告》。以1992年邓小平同志南方谈话和中共十四大为标志，“八五”时期中国改革开放和现代化建设进入新的阶段。

国民经济持续快速增长。“八五”计划期间取得的最大成就是提前五年完成了到2000年实现国民生产总值比1980年翻两番的战略目标。1995年中国的国民生产总值达到57600亿元,扣除物价因素,是1980年的4.3倍,提前完成了“翻两番”的任务。这是一个了不起的成就,在中国经济发展史上是一个重要的里程碑。

“八五”时期中国的一些主要产品的产量稳步增长。总量居世界第一位的有煤炭、水泥、棉布、电视机、粮食、棉花、肉类。居世界第二位的是钢和化学纤维。发电量居世界第三位。

在整个“八五”计划期间,中国经济年均增长速度达11%左右,比“七五”时期的年均增长高出近4个百分点,经济波动不到5个百分点。统计数据显示,在中国执行的8个五年计划中,“八五”计划是中国历次五年计划中增长最快、波动最小的一个五年计划。

固定资产投资加快,产业结构日趋合理。“八五”期间全社会固定资产投资累计完成38900亿元,年均增长17.9%,比“七五”高13.6个百分点,其中国有单位投资年均增长22.9%,大大高于“七五”年均4.1%的水平。

“八五”计划期间全部建成投产的基本建设大中型项目约为845个,建成投产的限额以上的重点技术改造项目约为374个,这些项目使主要产业部门的技术水准和企业的装备水平、市场竞争能力有了较大提高。

“八五”期间新建铁路干线5800公里,复线3400公里,电气化2600公里,公路新增10.5万公里,其中高速公路1600多公里,港口吞吐能力增加1.38亿吨,新建机场12个,铺设长途光缆干线10万公里,电话交换机总容量新增5895万门,发电装机总容量新增7500万千瓦,新增产电力年均增长9%。

“八五”期间第一产业产值年均增长4.1%,第二产业产值年均增长17.3%,第三产业产值年均增长9.5%,一、二、三产业的产值结构由“六五”末期的28.4∶43.1∶28.5和“七五”末期的27.1∶41.6∶31.3转变为“八五”末期的20.3∶47.7∶32。

经济体制改革取得突破性进展。以分税制为核心的新财政体制，以增值税为主体的新税制已经基本建立并正常运行。政策性金融和商业性金融初步分开，汇率顺利并轨，新的宏观经济调控框架初步建立，市场在资源配置中的作用明显增强，以公有制为主体、多种经济成分共同发展的格局已经形成。

对外开放总体格局基本形成。对外开放的范围和规模进一步扩大，形成了由沿海到内地、由一般加工工业到基础工业和基础设施的总体开放格局。以上海浦东为龙头的长江地区的开发开放，成为"八五"期间对外开放区域布局的一项重要举措。中国对外开放的县市超过1100个，兴办了一大批经济开发区和13个保税区。

"八五"期间对外贸易迅速发展。对外贸易总额累计达10145亿美元，比"七五"翻了一番，年均增长19.5%，高于"六五"的12.8%和"七五"的10.6%。年出口额已突破1000亿元，占世界商品贸易的比重从"七五"的1.6%增加到3%。1995年，中国进出口贸易总额居世界第十一位；国家外汇储备已达到736亿美元，比"七五"末期的111亿美元增加5.6倍。

城乡人民生活继续改善。"八五"期间，城镇居民人均生活费收入达1578元，扣除物价因素，年均增长分别为7.7%和4.5%，大大高于"七五"的3.7%和2.8%。社会商品零售总额累计达67275亿元，扣除物价因素，年均增长10.6%，大大高于"七五"时期3.3%的水平。1995年底，城乡居民储蓄余额接近3万亿元，比"七五"末期增加两万多亿元。

"八五"期间，城乡新建住房面积43亿平方米，到1994年末，农村人均居住面积达20.5平方米，城镇居民人均居住面积达7.7平方米。

"八五"期间全社会劳动者总数约增加5000万人，其中城镇劳动力增加3740万人。贫困人口由80年代末的8500万人减少到6500万人。

"八五"期间人口过快增长的势头得到抑制，人口自然增长率由1990年的14.39‰降到1995年的10.55‰。广播和电视人口覆盖率分别达到

78.7%和84.8%,比1990年提高4和5个百分点。

(来源:人民网2005年10月8日)

四、专家论道

“八五”计划是在20世纪80年代国民经济高速增长和治理整顿经济环境的背景下制定的,最初要求保持6%左右的中速增长,设想建立计划经济与市场调节相结合的经济体制。但是,1992年邓小平南方谈话和党的十四大之后,人们的观念和经济发展态势发生了巨大变化。“八五”期间成为中国改革开放推进最快的时期,确立了社会主义市场经济目标,形成了总体开放的格局。国民生产总值平均年增长达到12%,是同期世界各国中经济增长最快的,也是新中国成立以来经济增长速度最快、波动最小的时期。

改革开放的胆子要大一点

【决策回眸】

1990年开始编制“八五”计划时,中国正在经历一场历时三年的经济全面治理整顿,西方几个主要国家也正对我国实行经济制裁。时任国务院副总理的邹家华说,“要把困难想得严重一些,以立于不败之地。在订计划时要留有充分的余地,把计划编得小一点。”

时年87岁的邓小平已经退休一年,但仍在思考中国的改革与发展。对于计划中的两个问题,邓小平心存疑虑。其一是发展速度问题,邓小平对中央负责同志说,“强调稳定是对的,但强调得过分可能丧失时机。”其二是关于计划与市场的关系。事实上,1987年召开的党的十三大已经提出了“计划调控市场,市场引导企业”,这种说法被认为距“社会主义市场经济”的提法只有一步之遥。但两年之后,中央的表述依然是“计划经济与市场调节相结合”。

邓小平决定把这些疑虑摆上台面。1992年1月17日,南方的春天已初现端倪。邓小平乘坐一辆有8节车厢的专列离开北京,开始了他不平凡的一生之中最后一次视察南方。先于他到达南方的是中央办公厅的一份绝密电报，上面只有两行字：“小平同志要到南方休息，请做好安全接待工作。”

这位来南方“休息”的88岁老人，在那次行程中始终流露出一种强烈的忧患意识。到了深圳、珠海等经济特区后，邓小平一直在不停地走，不停地看，不停地思考。向来并不多言的他，几乎没有停止过谈话。最激动的一次，从深圳坐船到珠海一个小时，他整整谈了一个小时。

邓小平在这次视察南方中的谈话与思考——“革命是解放生产力，改革也是解放生产力”，“改革开放胆子要大一点”，三个“有利于”标准，“计划多一点还是市场多一点，不是社会主义与资本主义的本质区别”，等等——在一个月之后的2月28日，经中央和小平本人亲自审阅，被作为1992年中央第二号文件下发，并发出通知，要求尽快逐级传达到全体党员干部。自此，邓小平这次“不要专门汇报，不要陪餐，不题词，不见记者，不摄影，不报道”的南方视察，开始广为人知。很多人意识到，一个新的时代开启了。

当年10月召开的党的十四大，以邓小平建设有中国特色社会主义理论为指导，结束了十多年的争论，第一次在改革目标模式上取得了共识，指出应建立社会主义市场经济体制，加快改革开放和现代化建设，是上世纪90年代的中心任务。

在这次会议上，江泽民同志作报告时提出，到2000年前，经济每年增长8%－9%——高于当初“八五”计划提出的6%的指标。在家里观看电视直播的邓小平对身边的人说，“我应该为这个报告鼓掌”。

自此，中国掀起了新一轮的经济建设高潮，一个开放而令人激动的年代开始了。下海经商风起云涌，一批批人从体制内移身商海，这些人后来被归为“92派”；有如“砖头”一般的“大哥大”开始为一些人所使用，并成为一种“身份”的象征；许多后来广为人知的跨国公司，如摩托罗拉、宝洁等，也是在这一时期进入中国大陆，兴办合资企业。

【数字】

12%

1995年，国民生产总值达到57650亿元，在1988年比1980年翻一番的基础上,用七年时间又翻了一番。“八五”期间,国民生产总值年平均增长12%。

1600亿

“八五”期间,对外开放总体格局基本形成,对外贸易迅速增长,利用外资大幅度增加。进出口总额五年超过1万亿美元。五年实际利用外资超过1600亿美元。

6500万

“八五”期间,贫困人口由上世纪80年代末的8500万人减少到1995年的6500万人。

【语录】

改革开放胆子要大一些,敢于试验,不能像小脚女人一样。看准了的,就大胆地试,大胆地闯。

改革开放迈不开步子,不敢闯,说来说去就是怕资本主义的东西多了,走了资本主义道路。要害是姓“资”还是姓“社”的问题。判断的标准,应该主要看是否有利于发展社会主义社会的生产力,是否有利于增强社会主义国家的综合国力,是否有利于提高人民的生活水平。

计划多一点还是市场多一点,不是社会主义与资本主义的本质区别。计划经济不等于社会主义,资本主义也有计划;市场经济不等于资本主义,社会主义也有市场。计划和市场都是经济手段。

低速度就等于停步,甚至等于后退。要抓住机会,现在就是好机会。我就担心丧失机会。不抓呀,看到的机会就丢掉了,时间一晃就过去了。

——邓小平(1992年1月18日—2月21日)

【评说】

“八五”计划是新中国成立以来执行得最好的五年计划之一,各方面都取得了很大的成就。国民经济持续快速增长,提前五年实现国民生产总值翻两番,经济实力显著增强。经济体制改革取得突破性进展,国民经济市场化、社会化程度明显提高,社会主义市场经济体制逐步建立。

存在的主要问题是：经营管理比较粗放，经济素质不高，经济效益较差；农业基础薄弱，不适应人口增加、生活改善和经济发展的需要；国有企业生产经营困难较多，管理体制和经营机制不适应社会主义市场经济的要求；在经济快速增长和经济体制转换过程中，通货膨胀压力依然较大；国家财力不足，宏观调控实力不强；地区发展差距扩大，部分社会成员之间收入差别悬殊；腐败现象有所滋长，精神文明和民主法制建设面临不少新问题。（点评专家：中国社科院研究员 武力）

（来源：《中国青年报》2010 年 10 月 18 日）

五、延伸阅读

1.《中共中央关于制定国民经济和社会发展十年规划和“八五”计划的建议》。

2.《关于制定国民经济和社会发展十年规划和“八五”计划建议的说明》。

3.《中华人民共和国国民经济和社会发展十年规划和第八个五年计划纲要》。

4.《中共中央关于调整“八五”计划若干指标的建议》。

第九章

“九五”计划(1996—2000年)

【关 键 词】 宏观调控 经济软着陆

【奋斗目标】 全面完成现代化建设的第二步战略部署，到2000年，人口控制在13亿以内，实现人均国民生产总值比1980年翻两番；基本消除贫困现象，人民生活达到小康水平；加快现代企业制度建设，初步建立社会主义市场经济体制。为下世纪初开始实施第三步战略部署奠定更好的物质技术基础和经济体制基础。

1996—2010年，是我国改革开放和社会主义现代化建设事业承前启后、继往开来的重要时期。在这期间，我国将以崭新的姿态跨入21世纪，建立起比较完善的社会主义市场经济体制，全面实现第二步战略目标，并向第三步战略目标迈出重大步伐，为21世纪中叶基本实现现代化奠定坚实基础。根据《中共中央关于制定国民经济和社会发展“九五”计划和2010年远景目标的建议》制定的《中华人民共和国国民经济和社会发展“九五”计划和2010年远景目标纲要》，作为组织和动员全国人民推进改革开放和现代化建设的行动纲领，具有重大意义和指导作用。

一、“九五”计划概要

1996年至2000年是中国的第九个五年计划，这五年是中国社会经济发展不平凡的五年，也是改革开放力度很大的五年。五年来，全国各族人民在中国共产党领导下，团结奋斗，开拓创新，各个方面取得了重大成就：国民经济持续快速健康发展，综合国力进一步增强；经济体制改革全面推进，社会主义市场经济体制初步建立；对外开放水平不断提高，全方位对外开放格局基本形成；人民生活继续改善，总体上达到小康水平；科技、教育加快发展，社会事业全面进步；“九五”期间，我国政府恢复对香港、澳门行使主权，祖国和平统一大业取得历史性进展。随着“九五”计划的完成，我们实现了现代化建设第二步战略目标，为实施“十五”计划、开始迈向第三步战略目标奠定了良好基础。这是我国社会主义现代化事业取得的伟大成就，是中华民族发展史上一个新的里程碑。

（一）“九五”计划实施的背景

“九五”计划是20世纪的最后一个五年计划。“九五”期间，我国改革开放和现代化建设面对的国内外经济环境及其变化，是历次五年计划执行和实施中比较少见的。

国际上，世界范围的经济结构调整加快，新兴产业迅猛发展；科技进步突飞猛进，以信息技术为代表的高技术广泛应用，对我国经济的发展带来新的压力。全球化进程加速,1997年始发于泰国的金融危机迅速波及整个亚洲,对我国出口、利用外资以及经济增长都带来了较大冲击。

在国内,通过宏观调控,通货膨胀过高得到有效控制,国民经济实现“软着陆”。同时,由于市场化改革的深入与经济的发展,市场结构由卖方市场转向买方市场。“九五”计划后期,内需不足成为经济生活中的突出问题,导致企业开工不足,下岗职工增多,企业经营困难,出现经济增速减缓,一些社会问题也随之出现。

“九五”计划是社会主义市场经济体制基本建立后的第一个五年计划,也是跨世纪的五年计划,在已有的改革成果基础上,促进改革深化,使经济社会全面发展,人民生活走向总体小康成为“九五”计划实施期间的主要奋斗方向。

(二)“九五”计划的制定

1995年9月25日至28日,中共十四届五中全会在北京举行。全会审议并通过《中共中央关于制定国民经济和社会发展“九五”计划和2010年远景目标的建议》。李鹏在会上作关于《建议》的说明。《建议》提出,“九五”时期国民经济和社会发展的主要奋斗目标是:全面完成现代化建设的第二步战略部署,到2000年在我国人口将比1980年增长三亿左右的情况下,实现人均国民生产总值比1980年翻两番;基本消除贫困现象,人民生活达到小康水平;加快现代企业制度建设,初步建立社会主义市场经济体制。2010年的主要奋斗目标是:实现国民生产总值比2000年翻一番,使人民的小康生活更加富裕,形成比较完善的社会主义市场经济体制。《建议》提出:实现奋斗目标的关键是实行两个具有全局意义的根本性转变。一是经济体制从传统的计划经济体制向社会主义市场经济体制转变,二是经济增长方式从粗放型向集约型转变。

1996年3月,第八届全国人民代表大会第四次会议审议通过了《国民经济和社会发展第九个五年计划纲要》。这是中国社会主义市场经济条件下的第一个中长期计划,是一个跨世纪的发展规划。

"九五"计划，是全面完成现代化建设的第二步战略部署。"九五"计划制定的指标更注重宏观性、战略性与指导性。其主要任务是：全面完成现代化建设的第二步战略部署，2000年实现人均国民生产总值比1980年翻两番；基本消除贫困现象，人民生活达到小康水平；加快现代企业制度建设，初步建立社会主义市场经济体制。

(三)"九五"计划的实施与完成

从实施的结果来看，"九五"计划绝大部分指针基本完成，平均完成百分数144%，完成率76%，基本完成率94%。这一时期经济保持较快增长，增长更加平稳，主要经济增长指标基本完成。国民生产总值增长率为8.4%，完成105%；第一产业增长率为3.5%，完成100%。第二产业增长率为9.8%，完成98%。第三产业增长8.2%，完成91%。转变经济增长方式取得了重大进展，经济增长的同时能源消费为零增长，经济效益提高，主要污染物排放下降。

人民生活水平提高较快，农民纯收入增长率为4.7%，完成了118%；城镇居民人均生活费增长率为5.7%，2000年城镇社会保障覆盖面77%，完成96%。人口为12.7亿，完成了控制在13亿以内的目标。

"九五"计划的主要问题是三大差距进一步拉大。地区差距进一步拉大，省级人均GDP相对差异系数由61.8%扩大为71.8%。城乡差距进一步拉大，城乡收入比由2.3倍扩大为2.5倍。收入差距扩大，基尼系数由0.38扩大为0.42。

二、"九五"时期成就辉煌

"九五"计划期间，在党中央和国务院的正确领导下，经过全国人民的共同努力，我国成功地克服了复杂多变的国内外经济环境的不利影响，国民经济保持了持续快速健康发展，各项社会事业全面进步，人民生活总体上达到了小康水平，"九五"计划的主要任务全面完成，现代化建设的前两步战略目标顺利实现。

(一)国民经济快速发展,综合国力进一步增强

国民经济快速发展。“九五”计划时期,国内生产总值年平均实际增长8.3%,超额完成“九五”年平均增长8%的计划目标,人均国内生产总值提前三年于1997年实现了比1980年翻两番的战略目标。特别值得一提的是,这一速度是在克服亚洲金融危机和严重自然灾害等不利因素下实现的,实属来之不易。同期世界经济年平均约增长3.8%,其中发达国家年平均约增长3.3%,发展中国家年平均约增长5%,均明显低于我国的经济增长速度。

综合国力进一步增强。2000年国内生产总值达到8.94万亿元,按现行汇率折算,突破1万亿美元,人均国内生产总值超过800美元,整体上已从“八五”时期的世界低收入国家行列跃入世界中下收入国家行列。“九五”时期也是国家财力增加最多的一个时期,国家财政收入累计超过5万亿元,比“八五”累计增加1.3倍。

三大产业共同发展。按可比价格计算,“九五”期间,第一产业增加值年平均实际增长3.5%,第二产业年平均实际增长9.8%,第三产业年平均实际增长8.1%。从产业结构变动情况看,第一产业比重持续平稳下降,第二、三产业比重有所提高。“九五”时期第一产业所占比重为18.2%,比“八五”时期下降了2.8个百分点;第二产业所占比重为49.8%,比“八五”时期提高2.9个百分点;第三产业所占比重为32%,基本保持“八五”时期水平。

(二)农业实现了农产品供给由长期短缺到总量基本平衡、丰年有余的历史性转变

主要农产品产量迈上一个新台阶。粮食产量于1996年突破5000亿公斤大关后已连续4年稳定在5000亿公斤左右的水平上,粮食生产和供给基本稳定,为整个国民经济持续快速健康发展奠定了坚实的物质基础。棉花、油料、糖料、肉类、水产等主要产品产量继续保持较高生产水平,其中油料产量2000年比1995年增长31.1%,水产品产量增长70.

4%，肉类产量增长19.2%，较好地满足了生产和生活的需要。

农业生产结构有所改善。“九五”期间，适应主要农产品需求结构的变化，在稳定主要农产品产量的同时，大力调整农业生产结构，加快了传统农业向现代农业的转变，取得了明显的成效。目前，全国优质早稻面积约占早稻总面积的50%，优质专用小麦面积约占小麦总面积的20%，优质专用玉米面积约占玉米总面积的20%，优质油菜面积占总面积的比重超过50%。

农业产业化、商品化、社会化程度明显提高。“九五”期间，农业产业化趋势明显，生猪、蛋类的生产规模不断扩大，水果的生产也在加速规模化。农业生产的自然经济特征不断弱化，绝大部分农产品已走向市场，商品化程度明显提高。在许多地区，逐步形成了由产前、产中到产后的农业服务体系，向农民提供信息、资金、销售等多种服务，农业生产的社会化程度不断提高，提高了农业生产效率。

（三）工业生产在结构调整中快速发展，国有企业改革与脱困三年目标基本实现

工业生产保持较快增长。“九五”期间，工业生产继续保持了快速增长的态势。到2000年末，工业增加值达39570亿元，按可比价格计算，比1995年增长62.6%，平均每年增长10.2%。到2000年，发电量达1.36万亿千瓦小时、原油1.63亿吨、钢1.27亿吨、化肥3186万吨、汽车207万辆，分别比1995年增长34.6%、8.6%、5.3%、25%和42.8%。很多主要工业产品产量位居世界前列。其中钢、煤、水泥、化肥、电视机产量位居世界第一，发电量、棉布产量位居世界第二，糖产量位居世界第三。

工业结构调整取得积极成效。技术含量高、附加值大的高新技术产品快速发展，成为经济增长的主要拉动力量。2000年与1995年相比，电子及通信设备制造业增加了1.9倍，逐渐成为工业生产中的支柱产业。煤炭行业关井压产成效明显，2000年煤炭产量比1995年减少四分之一以上;冶金行业总量控制取得积极进展,钢产量增速趋缓,行业利润显著提高;连续四年亏损的制糖行业通过优化种植区域结构,调整压缩落后制糖生产能力,2000年实现了扭亏为盈;纺织行业经过“九五”前三年的调整,在1999年整体扭亏的基础上,2000年实现盈利大幅度增加。

国有企业改革与脱困三年目标基本实现。“九五”期间,国有企业改革不断深化,按照“产权清晰、权责明确、政企分开、管理科学”的原则,有步骤地对国有大中型企业实行规范的公司制改造,同时坚持将改革与改组、改造、加强管理结合起来,着眼于搞好整个国有经济,通过“抓大放小”,对国有企业实行战略性改组,鼓励兼并、规范破产、下岗分流、减员增效、实施再就业工程。大多数国有大中型企业初步建立了现代企业制度。企业改革的积极推进使工业结构逐步趋向合理,一批国有大中型企业重新焕发生机和活力,到2000年底,全国31个省(区、市)都实现了整体扭亏或盈利增加,国家重点监测的14个行业有12个实现了整体扭亏为盈或继续增盈。1997年底亏损的6599户国有大中型工业企业到2000年底已有70%以上摆脱亏损困境。

(四)积极财政政策发挥重要作用,基础产业和基础设施得到加强

在积极财政政策的持续作用下,“九五”期间,全社会固定资产投资总规模超过13万亿元,比“八五”累计增加一倍多,集中力量办成了一些多年想办而未办成的大事。

城乡基础设施得到明显改善。“九五”期间新建城市道路1308公里,新增城市日供水能力1887万吨,日污水处理能力824万吨,日垃圾处理能力31317吨。城市综合功能进一步完善,城市面貌发生了巨大的变化。针对“九五”期间,洪涝和干旱等自然灾害频繁发生的情况,国家利用国债资金,加大了对农田水利建设的投入,加固和建成了一批防洪、排涝、灌溉等工程设施。累计加固新修大江大河堤防1.64万公里,增加行蓄洪面积1400多平方公里,有效地增强了抗洪涝灾害的能力。农村电网新建和改造取得积极进展,改变了农村电网布局不合理、技术装备落后和网架结构薄弱的状况，为提高农村的电气化水平、降低农村过高电费和改善农民生活质量创造了条件。

能源工业继续得到加强。“九五”时期，新增原煤开采能力 9607 万吨，新增大中型发电机组容量 9418 万千瓦，新增天然气开采能力 146 亿立方米，新增原油开采能力 5895 万吨。举世瞩目的长江三峡工程和黄河小浪底水利枢纽工程顺利实现截流，小浪底工程的部分机组已开始并网发电，世界最大的抽水蓄能电站——广州蓄能水电站竣工；现代化水平较高的神府东胜煤田和塔里木油田等重大项目开始发挥大的效益。

交通运输能力大为提高。“九五”期间，国家充分利用国债资金，共新建铁路主线正线交付运营里程 6140 公里，增建铁路复线交付运营里程 4365 公里。全长 2553 公里、跨越九个省市、贯穿南北的第二大经济动脉——京九铁路以及在复杂地质艰险山区修建的、全长 899 公里的电气化铁路——南昆铁路全线通车。累计新建公路 88770 公里，其中新建高速公路 11449 公里。全长 1262 公里、投资 393 亿元的我国第一条国道主干线京沪高速公路全线贯通。新建、改建、扩建了一些机场，投资 87 亿元、总建筑面积 56 万平方米的首都机场航站楼的竣工，使年输送旅客能力由原来的 870 万人次提高到 2630 万人次，提高了 2 倍。新扩建万吨级港口码头年吞吐量 22588 万吨。

通信设施明显改善。基本实现了以“八纵八横”光缆为主体的省际干线传输网的建设，数字微波和卫星通信也得到了长足的发展。兰西拉光缆通信干线正式开通并投入使用，工程总投资 6.12 亿元。

（五）对外经济持续快速发展，对外开放水平不断提高

对外贸易快速发展。“九五”期间，我国进出口总额达 17739 亿美元，比“八五”时期增长 74.9%。其中出口 9617 亿美元，增长 85.5%；进口 8122 亿美元，增长 63.7%。外贸顺差累计达 1495 亿美元，比“八五”时期的 223 亿美元增加 1272 亿美元。到 1999 年，我国进出口贸易总额位居世界各国和地区的位次已从1995年的第11位提升至第9位。市场多元化战略取得新的进展。"九五"期间，在不断巩固和扩大对欧、美和亚洲市场出口的同时，积极开拓非洲、拉丁美洲等市场。我国对外出口超过1亿美元的国家(地区)由1995年的67个增加到2000年的82个。

出口商品结构进一步改善，机电产品特别是高新技术产品出口快速增长。"九五"期间我国机电产品出口同比增加1.4倍，年平均增长19.1%，其占出口总额的比重由1995年的29.5%上升到2000年42.3%。出口商品中，2000年工业制成品比重由1995年的85.6%上升到89.8%，上升了3.2个百分点。出口比重的这一变化，标志着我国对外贸易的质量不断提高。

利用外资规模不断扩大，质量继续提高。"九五"期间，我国实际利用外资2894亿美元，比"八五"增长近80%，其中外商直接投资2136亿美元，增长87%。在总量不断增长的同时，利用外资质量和结构逐步改善。外商投资平均项目规模由80年代初期的120多万美元，90年代初期的130多万美元，迅速提高到"九五"期间的300多万美元。境外大公司、大财团来华投资增多，世界500强企业中已有约400家在华投资。随着对外开放领域的不断扩大和西部大开发战略的实施，国外厂商投向基础设施的资金和中西部地区的资金明显增多。"九五"期间我国利用发行证券吸引外资工作取得重要进展，通过境内外发行股票方式共筹集近140亿美元外资入境。

外汇储备达到一个较高水平，人民币汇率保持稳定。外汇储备由1995年底的736亿美元升至2000年底的1656亿美元，增加1.25倍，位居全球第二。面对亚洲金融危机和周边国家货币大幅度贬值的冲击，我国坚持人民币不贬值的政策，1997年以来，人民币汇率基本稳定在每100美元兑换830元人民币左右，总体上保持了基本稳定的态势。

(六)城乡人民生活进一步改善，总体上达到小康水平

城乡居民收入稳定增长。2000年城镇居民家庭人均可支配收入为

6280元，剔除价格因素，"九五"期间年平均实际增长5.7%；农村居民人均纯收入为2253元，剔除价格因素，年平均实际增长4.7%。城乡居民储蓄存款大幅度增加，到2000年底，已突破6.4万亿元，比1995年增加3.5万亿元，增加1.2倍。

居民消费结构不断改善，食物性消费支出比重继续下降。在城镇，居民消费中食物性消费的比重由1995年的49.9%降低到2000年的39.2%，下降了10.7个百分点，其中人均粮食消费量下降了15.2%。与此同时，牛羊肉、禽蛋、水产品、蛋类的消费量分别增长10.9%－37.5%，鲜乳品及酸奶增加1.3倍。在农村，食物性消费所占比重由58.62%下降到50%左右，下降8个多百分点。居民食物性消费所占比重的下降，标志着居民消费结构的改善和生活质量的提高。

居民耐用消费品拥有量不断增加，并逐渐向高档化发展。到2000年底，每百户城镇居民拥有彩电达116.6台，比1995年增加26.9台，已经接近日本、美国等发达国家的水平；洗衣机拥有90.5台、家用电冰箱86.7台、沐浴热水器49.1台、抽油烟机54.1台，分别比1995年增加1.5台、17.6台、19台和19.6台；1999年每百户农村居民拥有彩电38.2台、冰箱10.6台、洗衣机24.3台，分别比1995年增加21.3台、5.5台和7.4台。与此同时，家用计算机、轿车等高档消费品也逐渐进入高收入城镇居民家庭，拥有量不断上升，到2000年末，每百户城镇居民拥有家用汽车0.51辆、家用计算机9.72台、家用摄像机1.34台。

居民住宅面积不断扩大，生活环境明显改善。随着住房建设力度的加大和住房制度的改革深化，2000年城市居民人均居住面积预计达10.2平方米，比1995年的8.1平方米扩大了2.1平方米。随着住房制度改革的不断深化，城镇居民住房自有率明显提高，2000年已达77.1%，比1995年提高了41.4个百分点。住宅装饰水平不断提高，城镇绿地面积也逐步扩大；农村居民人均居住面积有所增加，住房结构质量不断提高。人均住房面积由1995年的21.01平方米增加到1999年的24.23平方米,增加了3.22平方米。其中砖木结构和钢筋混凝土结构所占比重达76.9%,比1995年提高了5.5个百分点。农村自来水、电力供应面不断扩大。电话普及率大幅度提高,全国平均每百人拥有电话机由1995年4.7部提高到2000年20.1部。

市场价格水平基本稳定。“九五”期间,居民消费价格年均上涨1.8%,市场价格总体上保持了基本稳定的态势。分品种看,农产品和家电耐用消费品价格的持续下降,粮食、油料、棉花、肉禽、鲜菜年平均分别下降6.2%、4.7%、5%、4%和4.1%,家电耐用消费品价格年平均下降6.4%。居住和服务项目价格年平均则分别上涨5.5%和13.4%。

(七)科技教育快速发展,各项社会事业全面发展

科技成果硕果累累。“九五”期间累计投入科技经费5828.3亿元,比“八五”时期增长88.9%。共缔结技术开发、技术转让、技术咨询和技术服务合同128.9万项,成交合同金额2240.8亿元,分别为“八五”时期的1.15倍和2.4倍。两系法杂交水稻技术的应用、水稻基因图谱的绘制、体细胞克隆羊的诞生、转基因试管牛的问世、“神舟”号飞船上天以及“神威”计算机、12英寸单晶硅材料、纳米技术等一系列重大科技成果的取得,标志着我国科学技术水准又取得了新的重大进展。

教育结构调整步伐加快,教育产业发展迅速。“九五”以来,在继续普及义务教育的同时,加大了教育结构调整的力度,扩大了高等教育招生规模,提高了全社会成员的文化素质。2000年普通高等学校在校学生达到556.1万人,比1995年增加265.5万人,增长了1.1倍。基础教育得到进一步加强,全国普及九年义务教育的人口覆盖率由“九五”初期的50%提高到2000年的85%。

此外,文化、卫生、体育也取得新的成就。“村村通”工程取得重大进展,广播电视覆盖率显著提高。截止2000年底,我国广播人口覆盖率和电视人口覆盖率分别达到92.1%和93.4%,分别比1995年提高13.4个百分点和8.9个百分点,基本形成了卫星、无线、有线等多种传输方式并存的广播电视覆盖网络。到2000年底，全国有线电视用户达7920万户。医疗保险体制改革和医疗卫生体制改革迈出了较大步伐，城镇小区卫生服务、农村合作医疗和初级卫生保健体系进一步健全，人民群众的健康水平有了新的提高。体育战线捷报频传，全民健身形成热潮。

“九五”期间，中国政府恢复对香港、澳门行使主权，祖国和平统一大业取得历史性进展。香港、澳门回归祖国以来，“一国两制”方针和基本法得到全面贯彻执行。特别行政区政府工作卓有成效，香港、澳门社会稳定，经济发展。

“九五”时期经济和社会发展的巨大成就，是克服重重困难取得的，来之不易。中国成功应对了国际突发事件的挑战，有效抵御了亚洲金融危机的冲击，既克服了“九五”前期通货膨胀的影响，又抵制了中后期的通货紧缩趋势，并战胜了严重的水旱灾害。总的看，“九五”时期，是我们党带领全国各族人民解放思想、实事求是、团结拼搏、锐意进取的五年，是在复杂的国内外形势下，经济建设和各项社会事业取得巨大成就的五年，是再次证明邓小平建设有中国特色的社会主义理论的正确性和具有强大生命力的五年。

当然，在充分肯定“九五”期间经济和社会发展所取得的巨大成就的同时，还应看到前进中依然存在不少矛盾和问题，主要是：微观经济主体的内在活力仍然不足，社会就业压力加大，经济结构不合理现象仍比较突出，农村居民收入增长缓慢，城乡部分居民生活还比较困难等。这些问题有的是多年积累下来的，有的是新形势下出现的，问题的最终解决有待于改革的进一步深化，有待于宏观调控的进一步完善，归根结底有赖于国民经济的不断发展。

“九五”辉煌的成就，为我国20世纪经济和社会发展划上了一个圆满的句号。从新世纪开始，我国就将进入一个全面建设小康社会、加快推进社会主义现代化的新的发展阶段。

三、媒体述评

跨世纪的宏伟纲领

——祝贺党的十四届五中全会胜利闭幕

中国共产党第十四届中央委员会第五次全体会议,完成了预定的各项议程,胜利闭幕了。

这次会议是在我国改革开放和社会主义现代化建设发展的重要时刻召开的。会议的重大贡献是,审议并通过了《中共中央关于制定国民经济和社会发展"九五"计划和2010年远景目标的建议》。这一历史性文献,全面体现了邓小平建设有中国特色社会主义理论和党的基本路线的要求,展示了今后15年中华民族发展的光辉前景,是指引全党和全国各族人民沿着建设有中国特色社会主义道路阔步前进,实现国家富强、民族振兴和社会长治久安,胜利跨入二十一世纪的宏伟纲领。这次会议在我们党的发展史上、在我们国家的振兴史上,都具有深远的意义。

改革开放以来,特别是"八五"期间,我国社会主义现代化建设取得了伟大的历史性成就。国民经济迅速发展,综合国力显著增强,人民生活明显改善,社会主义市场经济体制正在逐步建立,对外开放总体格局基本形成,各项社会事业取得巨大成绩,原定到2000年国民生产总值比1980年翻两番的目标将于今年提前完成。放眼神州大地,经济发展、政治稳定、民族团结、社会进步,一派欣欣向荣的景象。更重要的是,我们在实践中形成了有步骤地实现我国现代化的路线、方针和政策,成功地走出了一条建设有中国特色社会主义的道路。所有这些,为《建议》的制定提供了基本的前提,也为《建议》的实施创造了根本的条件。

今后的15年,在我国社会主义现代化建设的征程上,是承前启后、继往开来的重要时期。《建议》提出了在这一时期内的奋斗目标,即:在"九五"期间,全面完成现代化建设的第二步战略部署,到2000年,实现人均国民生产总值比1980年翻两番，人民生活达到小康水平，初步建立社会主义市场经济体制。到2010年，实现国民生产总值比2000年翻一番，使人民的小康生活更加宽裕，形成比较完善的社会主义市场经济体制。这是鼓舞人心的目标，也是实事求是的目标。这一目标实现后，我国的社会生产力、综合国力、人民生活水平将再上一个大台阶，社会主义精神文明建设和民主法制建设将取得明显进展，为下个世纪中叶实现第三步战略目标，基本实现现代化，开创新的局面。

《建议》为制定在发展社会主义市场经济条件下的第一个中长期规划，提出了一系列根本原则和重大方针。《建议》特别强调，要牢牢把握“抓住机遇、深化改革、扩大开放、促进发展、保持稳定”的大局，正确处理改革、发展、稳定三者的关系。指出这是必须长期坚持的基本方针。贯彻这个方针，就能总揽全局，抓住机遇，发展和壮大自己。这一基本方针的概括和提出，是对过去17年特别是党的十四大以来的实践经验的科学总结，具有重要的战略意义。我们党有了邓小平同志建设有中国特色社会主义的理论，有了“一个中心、两个基本点”的基本路线，有了“二十字”大局的基本方针，加上一系列指导国民经济和社会发展的重大方针，就能够保证我国的社会主义现代化建设不断从胜利走向新的胜利。

《建议》突出了以经济建设为中心的指导思想，强调发展是硬道理。指出，为了实现跨世纪的奋斗目标，关键是实行两个转变，一是经济体制从传统的计划经济体制向社会主义市场经济体制转变，二是经济增长方式从粗放型向集约型转变。这两个转变，是具有全局意义的根本性转变。逐步实现这两个转变，就能够促进国民经济持续、快速、健康发展，就能够促进社会全面进步。

《建议》指出，坚持物质文明建设和精神文明建设共同进步，经济和社会协调发展，是建设有中国特色社会主义的重要特征。提出必须把社会主义精神文明建设提到更加突出的地位，把物质文明和精神文明作为统一的奋斗目标，始终不渝地坚持两手抓、两手都要硬；必须把社会全面发展放在重要战略地位,实现经济与社会相互协调和可持续发展。这一重大方针对于全面实现社会主义现代化建设的各项目标具有长远的指导意义。

《建议》通篇贯穿了邓小平同志建设有中国特色社会主义理论和党的"一个中心、两个基本点"的基本路线,以这一理论和路线科学地分析了当代的国际形势,分析了我国经济和社会发展的有利条件和面临的矛盾,回答了社会主义现代化建设的一些重大问题。在我们这样一个地域辽阔、人口众多、情况复杂、发展任务异常艰巨的大国,设计出这样一个适应社会主义市场经济要求的巨大的社会系统工程,表明经过几十年来特别是近十几年来的实践、探索和对丰富经验的深刻总结,我们党对经济规律和社会发展规律的认识更加深入,对经济和社会发展的领导更加成熟。

《建议》充分代表了各族人民的根本利益,深刻反映了广大群众的意志和愿望,这是我们党贯彻全心全意为人民服务的根本宗旨的又一生动体现。要把美好的蓝图化为光辉的现实,必须依靠人民群众的积极支持和长期奋斗。《建议》全文不久将同全党同志和全国人民见面。我们相信,它一定会引起广大干部群众的热情关注,成为动员群众、团结群众、鼓舞群众的强大精神力量。各级党组织要认真学习、宣传和贯彻《建议》,把党中央的大政方针同本地区、本部门的实际情况结合起来,把远大目标同实干精神结合起来,把对美好未来的向往同扎扎实实做好当前工作结合起来,全面完成会议确定的各项任务。

全会提出要进一步加强民主法制建设,坚持不懈地加强党风廉政建设,深入持久地开展反腐败斗争。这表明我们党有决心、有能力把反腐败斗争进行到底。这必将得到全党和全国人民的衷心拥护。

综观世纪之交的国际形势,和平与发展仍然是时代的主题,国际竞争和综合国力较量日趋激烈。实现祖国和平统一的大业,是全国各族人民不可动摇的钢铁意志。历史将会证明,中国人民有志气、有能力抓住机遇，集中精力，排除万难，办好自己的事情，实现自己的目标，有中国特色社会主义的伟大事业一定会不断放出新的光彩。

全党同志和全国各族人民，在以江泽民同志为核心的党中央领导下，更加紧密地团结起来，为实现十四届五中全会提出的各项任务，为实现《建议》提出的宏伟目标，把一个经济发展、社会安定、生机勃勃的中国带入二十一世纪而奋发图强，艰苦奋斗！

（来源：《人民日报》1995 年 9 月 28 日）

为实现跨世纪的宏伟纲领而奋斗

——祝贺八届全国人大四次会议、全国政协八届四次会议闭幕

八届全国人大四次会议和全国政协八届四次会议完成了预定的各项议程，分别于 3 月 17 日和 3 月 13 日胜利闭幕了。我们对会议的圆满成功表示热烈的祝贺！

今年的"两会"为推进我国改革开放和社会主义现代化建设做出了历史性的新贡献。八届全国人大四次会议听取和审议了李鹏总理《关于国民经济和社会发展"九五"计划和 2010 年远景目标纲要的报告》，审查、批准了《国民经济和社会发展"九五"计划和 2010 年远景目标纲要》；全国政协八届四次会议讨论了李鹏总理的报告和《纲要》。代表和委员们高度评价报告和《纲要》，认为报告和《纲要》实事求是、鼓舞人心，是中华民族跨世纪的宏伟纲领，对于推进建设有中国特色社会主义的伟大事业具有重大而深远的意义；他们认真履行自己的神圣职责，积极建言献计，为把宏伟纲领制定得更周全、更富有前瞻性提出了许多宝贵的意见和建议。

代表和委员们认为，从中共十四届五中全会提出《建议》，到全国人大通过《纲要》，中共中央和国务院做了大量调查研究，反复征求了各方面人士的意见。《纲要》是在发展社会主义市场经济条件下制定的第一

个中长期发展规划，是民主和科学决策的产物，凝聚了全国各族人民的意志和智慧。这一宏伟纲领的产生，有利于集中力量办大事，是我们党和政府全心全意为人民服务宗旨的又一生动体现，是社会主义制度优越性的又一生动体现，是人民代表大会制度这一根本政治制度优越性的又一生动体现，是中国共产党领导的多党合作和政治协商制度优越性的又一生动体现。继续坚持并发挥有中国特色社会主义政治制度的优越性，是夺取改革开放和社会主义现代化建设新的更大胜利的根本保证。

今后的15年，在我国社会主义现代化建设的历史上，是承前启后、继往开来的重要时期。根据刚刚通过的“九五”计划和2010年远景目标纲要规划的蓝图，“九五”期间，我们将全面完成现代化建设的第二步战略部署，实现人均国民生产总值比1980年翻两番，使人民生活达到小康水平，并初步建立社会主义市场经济体制。2010年，将实现国民生产总值比2000年翻一番，使人民的小康生活更加宽裕，形成比较完善的社会主义市场经济体制。在推进改革和发展的同时，社会主义精神文明和民主法制建设也将取得显著进展，实现社会全面进步。这个奋斗目标，展示了本世纪末、下世纪初我国现代化建设的美好前景，表达了中华民族自立自强的雄心壮志，气势恢宏，催人奋进。它一经全国人大通过，就变成国家的意志、全民的意志。“两会”结束后，在全国必将出现一个宣传、学习和贯彻“两会”精神的热潮，动员和鼓舞全国各族人民为实现《纲要》提出的宏伟目标而奋发图强、艰苦奋斗。

综观世纪之交的国内外形势，我们面前有不可多得的历史机遇，也存在严峻的挑战。为了使伟大祖国以崭新的面貌屹立于世界，我们要更紧密地团结在以江泽民同志为核心的党中央周围，继续沿着党的十一届三中全会开辟的兴国之路阔步前进。我们党在过去十多年的勇敢探索中业已形成一整套理论、路线、方针、政策，实践证明这些理论、路线、方针、政策是正确的、行之有效的。邓小平同志建设有中国特色社会主义理论，是当代中国的马克思主义，是进行社会主义现代化建设和实现民族振兴的强大精神支柱，我们必须努力学习，武装头脑，指导实践。党的“一个中心、两个基本点”的基本路线，符合我国社会主义现代化建设的实际，我们必须始终坚持，全面贯彻，毫不动摇。“抓住机遇、深化改革、扩大开放、促进发展、保持稳定”，是新时期处理好改革、发展、稳定三者关系的基本方针，我们必须深刻理解，认真执行。《纲要》确定下来的指导国民经济和社会发展的九条重要方针，全面系统地反映了社会主义现代化建设客观规律的要求，我们必须认真学习，精心实施。在抓好物质文明建设的同时，抓好社会主义精神文明建设和民主法制建设，做到“两手抓、两手硬”，是国家长治久安、兴旺发达的重要保证，我们必须牢牢记住，狠抓落实。

《纲要》明确提出：“依法治国，建设社会主义法制国家。”这是指导我国现代化建设的一条十分重要的方针。我们要在党的领导下，坚定不移地实行依法治国，推进建设社会主义法制国家的进程。要进一步加强立法，全面建立起社会主义市场经济和集约型经济所必需的法律体系，保障和促进两个根本性转变的实现，同时抓紧制定现实生活中急需的其他法律。法律制定后，必须认真贯彻执行，切实纠正有法不依、执法不严、违法不究、滥用职权的现象。要建立和完善执法责任制，严格实行对执法机关、执法人员违法的追究制度和赔偿制度。要深入地、扎实地开展法制宣传教育和各项依法治理活动，增强全社会的法律意识和法制观念。

“人民，只有人民，才是创造世界历史的动力。”实现跨世纪的宏伟蓝图，是亿万人民群众的事业。宏伟蓝图的设计，是为了人民群众的利益；宏伟目标的实现，要靠人民群众的奋斗。人民群众是我们的力量源泉和胜利之本。群众观点，是马克思主义的基本观点；群众路线，是我们党和政府的根本工作路线。各级党政领导干部要牢记全心全意为人民服务的宗旨，讲学习、讲政治、讲正气，继承和发扬密切联系群众的优良传统，努力克服官僚主义、形式主义等不良作风，同各种腐败现象进行坚决斗争,廉洁奉公,勤政为民。优良的作风,出凝聚力,出向心力,出生产力,出战斗力。各级领导干部大兴实事求是之风,大兴艰苦创业之风,大兴勤俭节约之风,大兴诚心诚意为人民谋利益之风,就能极大地提高我们党和政府的威望,带领亿万人民群众朝着既定的目标胜利前进。

海内外的中华儿女盼望祖国的强大,渴望祖国的统一。本世纪的最后5年,在我们伟大祖国的振兴史上将写下辉煌的一页:我国在香港和澳门将恢复行使主权,一洗百年国耻,在祖国和平统一大业中迈出历史性的步伐。我们还要继续按照“和平统一、一国两制”的方针,为早日结束两岸分离的局面、完成祖国统一大业而努力。中国政府和中国人民有决心、有能力维护国家的主权和领土完整,绝不允许把台湾从祖国分裂出去,任何分裂祖国的图谋都是不能得逞的!以发展促进统一,以统一促进发展,将成为我们民族跨世纪的雄壮乐章。

新的蓝图,新的任务,新的世纪,新的天地。五千年文明古国,重新焕发了勃勃生机,潜力巨大,前程似锦。让我们在以江泽民同志为核心的党中央领导下,统一思想,齐心协力,奋发进取,讲求实效,为实现跨世纪的宏伟纲领而努力奋斗!

(来源:《人民日报》1996年3月18日第2版)

四、专家论道

“九五”计划时期,中国改革开放和现代化建设面对的国内外环境,是历次五年计划实施中比较少见的。国际上,全球化趋势进一步增强,1997年始发于泰国的金融危机迅速波及整个亚洲,对中国的出口、利用外资以及经济增长都带来了较大的冲击。在国内,“九五”前期,针对通货膨胀率过高的突出矛盾,把抑制通货膨胀作为宏观调控的首要任务。通过综合治理,高通胀得到了有效控制,需求过热的局面得以扭转,国民经济顺利实现了“软着陆”。而在后期,在出现有效需求不足后,又适时通过增加投资、刺激消费等措施,实现了国民经济持续快速健康发展。

“我的翅膀还在”

【决策回眸】

“九五”期间，中国经济环境所面临的复杂变化是前所未有的。时任国务院总理的朱镕基，在当时被美国《时代》周刊比喻成“飞向太阳的鸟，但翅膀已被烤焦。”

1997年，始发于泰国的亚洲金融危机，使我国外贸出口增幅从前一年的20%猛跌至0.5%，利用外资额跌至20年来最低点；在国内，产能过剩、有效需求不足又成为经济生活中的突出矛盾。

到1998年上半年，市场上已经没有供不应求的商品。企业家们都在忙着大打价格战，大商场也寻找一切理由打折。就连世都百货——北京城当时富人扎堆的地方，有时商品居然也打到1折。就是这样，消费者还是不为所动。

事实上，在1997年，关于“软着陆”后宏观经济形势的判断，已经颇有争议。这年年初，一个名叫刘慧勇的人曾上书朱镕基，建议应当注意通货紧缩。但这种观点在当时并未成为主流认识。

到了1998年，亚洲金融危机对中国的影响已相当明朗，并与一系列国内问题叠加，使经济受阻。2月，在达沃斯世界经济论坛上，时任副总理的李岚清发言表明，决策层不仅注意到了内需不足的存在，还下决心战而胜之。

当年8月2日，朱镕基第一次明确提出“扩大内需”的构想。国务院随后增发1000亿元财政债券，重点用于增加基础设施建设投资。同时采取了降低存贷款利率、提高出口退税率等在内的一系列宏观调控政策。与普通民众生活休戚相关的教育、医疗和住房三项，也从1998年开始了全面的市场化改革，和之后开始的黄金周等措施一起，发挥消费需求对经济增长的拉动作用。

而从1999年开始的声势浩大的高校扩招，则与1998年年底呈交给国务院领导的一封信紧密相关。这封由经济学者汤敏和他的夫人左小蕾共同撰写的信建议，在3年至4年内使中国高校的招生量扩大一倍。他们估算，扩大高校招生每年可增加1000亿元左右的消费需求，同时可使每年一至两百万新增的劳动力延迟进入市场，缓解当前的就业压力。

这封信得到了高层领导的重视，并很快有了响应。次年，有关部门拟定计划，招生人数比前一年增加20%多，几个月后又增至47%。

增加投资、刺激消费，对于拉动经济增长无疑起到了推动作用。1998年，国内生产总值增长7.8%。这年年底，诺贝尔经济学奖得主、美国教授米勒来到北京，与朱镕基总理进行了长谈。朱镕基幽默地请米勒教授转告《时代》周刊，“我的翅膀还在”。

【数字】

3.4%

1997年年末，全国下岗职工人数为1200万人左右，比1996年增加300多万人。就业状况的恶化使城镇居民收入的增势开始减缓，1997年城镇居民实际人均可支配收入增长3.4%，处于90年代以来的最低水平。

8.3%

5年间，国内生产总值(GDP)年平均增长8.3%，大大高于世界平均3.8%的增长速度。

85%

2000年，全国普及九年义务教育的人口覆盖率达到85%，比1995年的36.2%明显提高。基本普及九年义务教育和基本扫除青壮年文盲的目标初步实现。

【语录】

能否抓住机遇，历来是关系革命和建设兴衰成败的大问题。过去我们抓住了重要历史机遇，也丧失过某些机遇。现在全党一定要高度自觉，牢牢抓住世纪之交的历史机遇，迈出新的步伐。

在这个时期，建立比较完善的社会主义市场经济体制，保持国民经济持续快速健康发展，是必须解决好的两大课题。

——江泽民(1997 年 9 月)

不管前面是地雷阵还是万丈深渊，我都将勇往直前，义无反顾，鞠躬尽瘁，死而后已。

——朱镕基(1998 年 3 月)

【评说】

“九五”期间，中国经济与社会全面发展，顺利完成了社会主义现代化建设的第二步战略目标，在 1997 年比预期目标提前 3 年实现了人均国民生产总值比 1980 年翻两番的目标，人民生活总体上达到了小康水平，为进一步实现第三步战略目标奠定了良好的基础。

在体制改革方面，非公有制经济进一步发展壮大，国有企业改革取得进展；市场在资源配置中的基础性作用明显增强。但是，产权制度、政府管理体制改革还比较滞后，要素市场“双轨制”问题依然突出，收入分配制度仍有待完善。

在宏观调控政策上，决策者适时根据经济形势的变化，调整宏观经济政策取向和力度，并注意把扩大内需和调整经济结构紧密结合起来，同时加强了宏观调控的预测性和指导性。(点评专家：中国社科院副研究员 常欣)

(来源：《中国青年报》2006 年 3 月 20 日)

五、延伸阅读

1.《中华人民共和国国民经济和社会发展“九五”计划和 2010 年远景目标纲要》。

2.《中共中央关于制定国民经济和社会发展“九五”计划和 2010 年远景目标的建议》。

3.《关于国民经济和社会发展“九五”计划和 2010 年远景目标纲要的报告》。

第十章

“十五”计划(2001—2005年)

【关 键 词】 指令计划退场 市场配置资源

【主要目标】 国民经济保持较快发展速度,经济结构战略性调整取得明显成效,经济增长质量和效益显著提高,为到2010年国内生产总值比2000年翻一番奠定坚实基础;国有企业建立现代企业制度取得重大进展,社会保障制度比较健全,完善社会主义市场经济体制迈出实质性步伐,在更大范围内和更深程度上参与国际经济合作与竞争;就业管道拓宽,城乡居民收入持续增加,物质文化生活有较大改善,生态建设和环境保护得到加强;科技、教育加快发展,国民素质进一步提高,精神文明建设和民主法制建设取得明显进展。

“十五”计划是进入新世纪的第一个五年计划，是开始实施现代化建设第三步战略部署的第一个五年计划，也是社会主义市场经济体制初步建立后的第一个五年计划。“十五”时期是我国经济和社会发展的重要时期，是进行经济结构战略性调整的重要时期，也是完善社会主义市场经济体制和扩大对外开放的重要时期。

一、“十五”计划概要

在复杂的国内外形势下，经过全党和全国各族人民的共同努力，第九个五年计划胜利完成，国民经济和社会发展取得巨大成就。从21世纪开始，我国进入了全面建设小康社会，加快推进社会主义现代化的新的发展阶段。此后的五到十年，是我国经济和社会发展的重要时期，是进行经济结构战略性调整的重要时期，也是完善社会主义市场经济体制和扩大对外开放的重要时期。《中华人民共和国国民经济和社会发展第十个五年计划纲要》根据《中共中央关于制定国民经济和社会发展第十个五年计划的建议》编制，是战略性、宏观性、政策性的规划，是“十五”期间国民经济和社会发展的宏伟蓝图，是全国各族人民共同奋斗的行动纲领。

(一)“十五”计划实施的背景

“十五”计划是21世纪的第一个五年计划，其实施过程中所面临的国际国内环境可以说是机遇与挑战并存。

国际上，随着中国加入世界贸易组织，经济全球化为中国进一步融入世界经济体系，深化改革开放提供了难得的机遇，WTO所推行的市场经济运行体制有利于我国加快市场化改革进程，全球性的资源配置有利于国内经济结构的调整和优化，促进产业升级。随着中国经济与国际逐步接轨，中国经济越来越面临许多严峻的挑战，例如如何控制扩大开放所可能带来的经济风险，尤其是1997年亚洲金融危机所引发的对金融安全的关注，怎样改革政府的管理体制和进一步转变其职能使其与世界接轨都成为需要解决的新问题。

在国内,虽然市场经济体制已经基本建立,但是随着市场在资源配置中逐步发挥主导作用,由此而带来的公平与效率的取舍成为影响经济社会可持续发展的重要因素。其中,城乡居民收入差距不断扩大,地区间居民收入差距明显扩大,行业间收入差距,尤其是竞争性行业与垄断性行业居民收入差距的日益扩大等问题都成为必须应对的挑战。经济效益较低,经济发展结构不平衡等问题都成为进一步推动全面建设小康社会的现实阻碍。如何把握住改革开放带来的契机,推动经济社会科学可持续地发展成为新时代的新挑战。

(二)“十五”计划的制定

1999年12月,“十五”计划起草小组成立,这个小组既包含了一批部长高官,又吸收了许多专家学者。此前国家计委做了大量准备,仅文字材料就有十几本。

据起草小组成员、经济学家张卓元介绍,在对中国面临的国内国际形势的判断上,在制定“十五”计划的大思路上,起草小组成员的认识是一致的,即认为:在社会主义市场经济体制初步建立的今天,市场应当在资源配置中发挥基础作用;中国经济增长方式要从以往注重数量和速度,转变到注重质量和效益。因而结构调整和体制改革在“十五”计划建议中,被提到前所未有的高度。

当然,在具体表述方式上,起草小组成员曾有不同意见,经过多次讨论,进行大量调查,征求多方意见,最后定稿。

张卓元说:“有时,我们为了一两个字的表述方式,都要反复斟酌、讨论、修改,也许有些繁琐,但这种认真负责是必要的。”

著名经济学家胡鞍钢虽然没有参与起草工作,但他和他的中科院国情研究中心也多次被征求意见。他提出“十五”计划应“以人为本”,关注失业问题与就业机会,重视社会保障制度建立,强调改善人民生活质量,并注重改进环境质量等观点,在“十五”计划建议中均得到了体现。

专家观点倍受重视，百姓心声也不可忽视。国家计委就曾面向社会，公开征求对制定“十五”计划的意见和建议。

与以往不同的是，中国制定“十五”计划首次听取了国际专家学者的意见，国家计委主任曾培炎多次召开专题座谈，听取世界银行、联合国的专家就社会保障、就业、高新技术等主题的建议。开放时代开放的中国，在制定一个开放型的计划时，体现了更多的开放意识。

中国高层对“十五”计划极为重视，江泽民十多次听取各方建议，还下基层进行调查研究。

2000年4、5月间，“十五”计划建议已形成初步框架，中国决策层夏天在北戴河对此进行了讨论，并向各民主党派和社会团体发出一百多个征求意见书，收到一千多条回馈意见。它们在“十五”计划建议中，得到了不同程度的体现。

张卓元说：“十五”计划集中了各方的智慧。

胡鞍钢说：“十五”计划协调了各方的利益。

2000年10月，中共十五届五中全会正式通过了《中共中央关于制定国民经济和社会发展第十个五年计划的建议》。2001年3月，第九届全国人民代表大会第四次会议审议通过了《国民经济和社会发展第十个五年计划纲要》。“十五”计划是中国新千年第一次置身于全球化背景之下的经济计划。

“十五”计划的主要任务是：正确处理改革、发展、稳定的关系；遵循速度和效益相统一的原则，推进经济增长方式的转变；充分发挥市场机制的作用；坚持可持续发展战略；逐步缩小地区间的发展差距。

（三）“十五”计划的实施与完成

从实施情况来看，“十五”计划完成总体良好，提出的目标大部分实现，约2/3的计划指标顺利完成，完成百分数均值为108%。“十五”期间，我国经济总量、综合国力、人民生活和对外开放又上了一个新台阶，为“十一五”规划的制定和实施奠定了良好的基础，也为本世纪前20年我国全面建设小康社会开了一个好局。“十五”期间，经济增长速度达到9%以上，2005年国内生产总值超过15万亿。这一时期中国全面免除了农业税。

“十五”计划的实施也出现了四个方面的偏差：第一是产业结构调整偏离了原定目标，第三产业发展滞后。计划第一产业比例减少3.4个百分点，实际上减少了3个百分点；计划第三产业比例提高2.6个百分点，实际上只提高1.5个百分点。第二是就业结构调整没有达到预期，第二产业资本深化排斥劳动力的同时，第三产业吸纳就业能力减弱。计划第一产业比例减少6个百分点，实际上减少了5.2个百分点；计划第三产业比例提高5.5个百分点，实际上只提高3.9个百分点。第三是能源需求增长过快，供需矛盾更加尖锐，煤炭生产和消费超常规增长，能源结构不合理的问题更加突出。能源消费量从14.6亿吨标准煤急剧上升到23.6亿吨标准煤，能源产量从13.5亿吨标准煤急剧上升到20.6亿吨标准煤，大大突破了原先规定的13.2亿吨标准煤的目标，煤炭消费比重从69.2%进一步提高到70.8%，单位GDP能耗(2000年不变价)由1.12吨标准煤/万元上升到1.22吨标准煤/万元。第四是主要污染物排放先下降后上升。二氧化硫排放量上升了近10%，二氧化碳排放量大幅度增长，大气污染物排放增加，酸雨污染加重，化学需氧量排放量只下降2%，也没能完成计划目标。

“十五”计划实施过程中出现的几个主要偏差，表明提高经济增长质量和效益的规划设想没有能够实现，还出现了增长模式逆转的问题。进入“十五”，特别是2003年以来，投资驱动和投资效益递减成为主要特征，资本形成率由2000年的35.3%上升到2005年的41.6%，经济增长重新转向高消耗、重污染、低就业的模式。

二、“十五”时期成就辉煌

“十五”时期的五年，是我国社会主义现代化进程中极不平凡的五年，是继往开来与时俱进的五年，是我们战胜各种困难大踏步前进的五年。五年来，面对世界经济低迷、贸易保护主义抬头、石油价格大幅上涨、恐怖主义猖獗等风云变幻的国际环境，面对突如其来的非典疫情和重大自然灾害的冲击，在党中央、国务院的正确领导下，全国各族人民认真贯彻落实党的十六大和十六届三中、四中、五中全会精神，以科学发展观为指导，聚精会神搞建设，一心一意谋发展，战胜了非典等突发灾难，有效地抑制了经济运行中出现的不稳定不健康因素，国民经济保持平稳较快发展，综合经济实力明显增强，人民生活水平显著提高，市场经济体制继续完善，各项社会事业蓬勃发展，社会主义现代化建设事业取得举世瞩目的巨大成就。

（一）国民经济快速增长，综合国力显著增强

“十五”时期，通过实施积极的财政政策，加强和改善宏观调控，积极有效应对经济运行中出现的问题和困难，国民经济实现了持续平稳较快发展。国内生产总值由2000年的99215亿元上升到2005年的182321亿元，平均每年以9.5%的速度递增，比“九五”时期平均增速高0.9个百分点。其中，第一、第二、第三产业增加值分别达到22718亿元、86208亿元和73395亿元，平均增长速度分别为3.9%、10.7%和9.9%。

经济的快速发展使我国在世界的地位持续提高。预计2005年我国的经济总量将超过意大利、法国和英国，跃至世界第四位，我国国内生产总值占世界的份额也将提高到接近5.0%。人均GDP则由2000年的7858元(949美元)提高到2005年的13985元(1707美元)。人均GDP步入1000—3000美元的新的发展阶段，在向中等发达国家水平挺进的道路上迈出了重要一步。

（二）工农业生产迅速发展，生产能力持续大幅提高

农业特别是粮食生产在波动中得到加强。“十五”前期，农业生产特别是粮食生产曾一度陷入低谷，2003年粮食产量只有4.307亿吨，已低于1991年的水平。面对这种严峻局面，党中央、国务院采取了多项支持“三农”的政策，特别是宣布用三年时间全面取消农业税，极大地调动了农民的生产积极性,2004年农业生产出现重要转机,粮食获得大丰收,全年粮食总产量达4.695亿吨,扭转了1999年以来连续5年下降的局面。2005年在2004年丰收的基础上又增产0.146亿吨,总产量重新登上4.8亿吨台阶,达到4.84亿吨。棉花、油料产量分别达到570万吨和3078万吨,比2000年增长29%和4.2%。

工业生产持续快速增长。“十五”时期,大规模的基础设施投资以及近几年固定资产投资的快速增长刺激了对工业品的需求,也带来了工业生产能力的迅速扩大,工业生产持续快速增长,煤炭、冶金、电力、建材等产业在经济发展中的作用越来越显著。2005年工业增加值突破7万亿元,达到76190亿元,比2000年增长了67.5%(按可比价计算),平均每年增长10.9%,比“九五”时期平均每年10.2%的增速高0.7个百分点。2001年至2005年五年间共生产原煤87.4亿吨、发电量9.7万亿度、钢材13.1亿吨、水泥42.8亿吨,分别比“九五”时期五年的产量高21.4亿吨、3.7万亿度、7.6亿吨和15.7亿吨。

(三)固定资产投资快速增长,基础设施和基础产业得到明显加强

“十五”时期,在国家积极财政政策和稳健货币政策的作用下,民间投资得到明显恢复,外商投资依然活跃,在各类投资需求的共同作用下,全社会固定资产投资快速增长。2005年全社会固定资产投资达到88604亿元,五年年均增长20.2%(按累计法计算),比“九五”时期平均每年增长速度高9个百分点。2001年至2005年全社会固定资产投资累计完成29.5万亿元,比“九五”期间增加15.6万亿元,超过了1981—2000年20年间全社会固定资产投资的总和。

与此同时,通过发行国债,扩大投资,“十五”时期集中办成了一些多年来想办而没有办成的大事。这五年,是基础设施建设、基础产业投资最多、力度最大、发展最快的时期,一大批重大基本建设项目和重点骨干企业的技术改造项目建成投产。五年来,我国新建公路35万公里,其中高速公路2.4万公里(超过2000年以前的高速公路长度总和)，新建铁路投产里程7063公里，港口万吨级码头泊位新增吞吐能力45232万吨。一批对经济社会长远发展有重大促进作用的项目相继建成投产、发挥效益。西气东输管道工程实现全线商业运营；青藏铁路全线铺通，结束了西藏地区不通铁路的历史；三峡工程进展顺利，电站工程已投产运行14台发电机组，累计发电940亿千瓦时；西电东送北信道、中信道、南信道共形成输送能力超过3250万千瓦。2005年末发电装机容量超过5亿千瓦，比2000年末增加1.8亿千瓦。五年新增局用交换机容量23254万门，新增光缆线路长度214万公里。产业技术进步步伐加快，装备制造业技术水准迅速提高，高技术产业快速发展。

(四)对外经济迅猛发展，对外开放水平不断提高

“十五”时期，是改革开放以来我国对外贸易发展最快的时期。经过艰苦谈判，我国终于成功地加入了世界贸易组织，对外经济贸易环境发生了深刻而重大的变化，我们在享受运用世界贸易规则带来好处的同时，也不断迎接了来自各个方面各种各样的挑战，并在克服困难、解决问题中不断发展壮大。2005年，我国进出口贸易总额达14221亿美元，比2000年增长199.8%，平均每年增长24.6%，比“九五”平均增长速度快13.6个百分点，进出口贸易总额占我国GDP的比重已经接近65%。2004年，我国进出口贸易总额已占世界贸易量的6.2%，在世界各国和地区排名由2000年的第八位跃居到第三位，成为仅次于美国和德国的贸易大国。2005年，我国出口7620亿美元，比2000年增长205.8%，平均每年增长25%，比“九五”平均增长速度快14.1个百分点；进口6601亿美元，比2000年增长193.3%，平均每年增长24%，比“九五”平均增长速度快12.7个百分点。

利用外资发展也比较快。2005年实际使用外商直接投资603亿美元，比2000年增长48.2%，平均每年增长8.2%，比“九五”平均增长速度快6.6个百分点。“走出去”战略取得明显进展，对外投资规模不断扩大。

2003年到2005年,对外直接投资额(非金融部分)分别为29亿、55亿和69亿美元。

国家外汇储备大幅度增加,2005年底达到8189亿美元,比2000年末增加近4倍。

(五)国内市场持续繁荣活跃,人民生活水平不断提高

经过多年努力,“十五”时期市场商品供应充裕,已基本不存在供不应求的商品,加上进口规模的不断扩大,消费者有了前所未有的选择余地。经济的快速发展,人民收入水平的不断提高,加上消费环境的不断完善,也有效地刺激了人们的消费欲望,城乡商品交易市场繁荣活跃,商业经济保持良好发展态势。2005年,社会消费品零售总额达到67177亿元,比2000年增长71.8%,五年间年均增长11.4%,比“九五”平均增长速度快0.8个百分点。

城乡居民收入水平持续提高,储蓄规模继续扩大。2005年,城镇居民人均可支配收入达10493元,扣除价格因素,比2000年实际增长58.3%,年均增长9.6%,比“九五”平均增长速度快3.9个百分点,是改革开放以来历次五年计划期增长速度最快的;农村居民家庭人均纯收入达3255元,扣除价格因素,比2000年实际增长29.2%,年均增长5.3%,比“九五”平均增长速度快0.6个百分点,增速仅次于“六五”时期。到2005年底,城乡居民人民币储蓄存款余额达14.1万亿元,比2000年末增加了7.7万亿元。

居民消费结构明显改善,生活质量继续提高。2005年城镇居民家庭恩格尔系数为36.7%,农村居民家庭恩格尔系数为45.5%,分别比2000年降低2.7和3.6个百分点。电话普及率由2000年末的20.1部/百人提高到2005年末的57部/百人,其中移动电话普及率由6.8部/百人提高到30部/百人;城镇居民每百户拥有家用汽车由2000年末的0.5辆提高到2005年末的3.4辆,农村居民每百户拥有摩托车由21.9辆提高到41辆。城乡居民的居住条件和生存环境进一步改善。城镇居民人均住房使用面积由2000年末的18平方米扩大到2005年末的21.3平方米；农村居民人均住房面积则由24.8平方米扩大到29.7平方米。扶贫工作成效明显。农村贫困人口由2000年的3209万人降低到2365万人。

（六）注重科技教育，各项社会事业全面协调发展

“十五”时期，党中央科学分析了我国经济和社会发展的国情，提出了以人为本、科学发展、和谐发展的方针，推动了我国经济增长方式的转变和社会事业的全面发展。

就业和社会保障体系建设成效显著。转变经济增长方式，实现和谐发展，必须建立强有力的社会保障体系。“十五”时期，社会保障事业取得了比较明显的进展。一是实施积极的就业政策，始终把扩大就业摆在经济社会发展更加突出的位置上。五年来，平均每年解决城镇就业人口836万人，五年共增加就业人员4180万人，城镇登记失业率稳定在4%左右，其中2005年登记失业率为4.2%。二是采取多种措施，大力完善城镇职工基本养老和基本医疗、失业、工伤、生育保险制度，建立健全与经济发展水平相适应的社会保障体系。到2005年末，全国有17444万人参加了基本养老保险，有10648万人参加了失业保险，有13709万人参加了医疗保险，分别比2000年末增加3827万人、240万人和10846万人。累计有9920万城镇居民得到最低生活保障。社会救济和优抚安置政策逐步完善，农村社会保障工作开始起步。

科技事业成果丰硕。转变经济增长方式，关键要靠科技。2001—2005年间，全国研究与试验发展（R&D）经费支出8203亿元，占同期国内生产总值的1.16%，其中2005年达到1.3%；组织实施“863”计划课题6000多项，安排高技术产业化示范工程项目1000多项。基础研究和战略高技术研究成果丰硕。在生物技术领域，在国际上率先完成水稻基因组测序工作；在航天领域，神舟五号、神舟六号载人航天飞行取得圆满成功，标志着我国成为第三个掌握载人航天技术的国家；在纳米材料领域，成功开发纳米“超级开关”材料，实现纳米表面材料超疏水与超亲水之间的可逆转变。重大科技成果转化步伐明显加快。成功研制并启用10万亿次高性能计算机,64位高性能通用CPU芯片龙芯2号自主研制成功。自主建成的大型商用核电站秦山核电站二期工程建成并投入商业运行。世界上第一条商业化运营磁悬浮列车线在上海建成运行。科研和生产的结合更加紧密,传统产业的创新能力大幅提高。短短五年间,就取得省部级以上科技成果15.3万项,技术合同成交金额5596亿元。

教育事业快速发展。五年来,各级政府坚持教育优先发展的方针,加大了对基础教育的投入力度,增加了对农村和西部偏远地区的教育补贴,义务教育普及程度继续提高,普通高中的办学条件进一步改善,高等教育办学规模明显扩大,职业教育得到迅速发展,教育结构有所改善。2005年,普通高等教育招生505万人,在校生1562万人,分别比2000年增加284万人和1006万人;各类中等职业教育招生647万人,在校生1559万人,分别比2000年增加239万人和275万人;普通高中教育招生878万人,在校生2409万人,分别比2000年增加405万人和1208万人。五年累计,普通高等教育、中等职业教育、普通高中、普通小学毕业生分别达到971、1919、2391和11171万人。

公共卫生事业得到明显加强。针对突如其来的非典和高致病性禽流感等重大疫情,“十五”时期,国家以建设全国疾病预防控制体系和突发公共卫生事业医疗救治体系为重点,加快公共卫生体系建设,并取得积极成效。到2004年末,全国1410个县级和250个省、市(地)级疾病预防控制中心基本建成,290所紧急救援中心也陆续开工,基本建成了有效应对重大疫情的公共卫生网络体系。医疗体制改革也做了积极的探索,新型农村合作医疗制度改革的试点工作逐步推开。到2005年末,参加新型农村合作医疗的农民达到1.77亿。

此外,文化、体育等其余社会事业也得到了长足的发展。特别值得指出的是,在雅典奥运会上,我国运动员奋力拼搏,迭创佳绩,共获得金牌32块,银牌17块,铜牌14块,金牌总数居世界第二位,创造了新的历史记录。

(七)社会主义市场经济体制逐步完善，重点领域关键环节的改革取得突破

“十五”时期，我国各项改革步入攻坚阶段。党的十六届四中全会通过的《中共中央关于完善社会主义市场经济体制若干问题的决定》系统提出了新时期我国经济体制改革的总体框架，在这一纲领性文件的指引下，各项改革进一步深化。

行政管理体制改革有了新的突破。按照经济调节、市场监管、社会管理和公共服务等市场经济对政府的要求，全力推进政企分开，投资体制改革和行政机构改革有所深化，特别是在减少和规范行政审批的数量方面有较大进展，《行政许可法》颁布实施后，国务院先后取消和调整了1795个行政审批事项，较原来减少了48.9％，各级政府开始更多的靠经济手段和法律手段管理经济。

财税金融体制改革进展平稳。公共财政体系建设步伐加快，部门预算改革，“收支两条线”管理改革，国库管理体制改革，政府采购管理制度改革稳步推进，增值税转型也在进行当中，个人所得税改革迈出了重要步伐。金融改革方面，国内外广泛关注的完善人民币汇率形成机制改革顺利实施，利率市场化改革取得积极进展，上市公司股权分置改革进展平稳，国有商业银行股份制改革迈出重要步伐，深化农村信用社改革全面推进。

国有经济布局和结构调整、国有企业改革取得重要进展。适应市场经济要求，“十五”时期在继续完善国有资本有进有退、合理流动机制的同时，一方面，加快了国有大型企业股份制的改革，健全国有资产管理和监督机制，健全公司法人治理制度，截止2004年底，2903家国有及国有控股大型骨干企业中已有1464家企业改制为多元股东的公司制企业。国有控股的境内外上市公司已达1000多家，其实现利润占全部国有及国有控股企业的46％。另一方面，把深化垄断行业改革作为重点，放宽了市场准入,电信、石化、电力、民航等大的国有公司通过改组、分立已经初步形成了市场竞争的局面。

农村综合改革成效显著。在农村土地制度方面,实施了最严格的土地保护制度,按照保护农民权益、控制土地规模的原则,完善了征地程序,农民的利益和国家的粮食安全得到了最大限度的保护。在完善农产品市场体系方面,放开了粮食收购市场,特别把通过流通环节对农民的间接补贴改为直补,有效地保护了农民的利益。在农村税费改革方面,尤其值得关注。由“十五”初期的完善农村税费制度的各项政策逐步过渡到全面取消农业税和农林特产税,农民负担大幅度降低。

与此同时,社会保障、住房、科技、教育、文化等方面的改革也取得新的进展。

总之,“十五”时期,我国的经济发展和各项社会事业都取得了长足的进步,“十五”时期经济和社会发展的巨大成就为“十一五”时期更辉煌的发展奠定了良好基础。尤其重要的是,以人为本、全面协调可持续的科学发展观和构建社会主义和谐社会重大思想的提出将对全面建设小康社会和推进社会主义现代化事业起到全局和长远的指导作用。

我们在充分肯定“十五”成绩的同时,还要看到经济运行和社会发展过程中存在的问题,主要有:一是经济整体素质依然不高,经济结构仍不合理,经济增长依然粗放。比如,对当前我国相对偏高的投资率而言,消费率依然偏低,经济增长仍过分依赖第二产业,第三产业比重仍然偏低等。再如,在经济发展的过程中,仍存在片面追求速度,轻视质量和效益的现象。二是改革仍有些滞后。“十五”时期,围绕完善社会主义市场经济体制,进行了多项改革,取得了重要进展。但与社会主义市场经济发展的要求相比,仍有许多不适应,从而影响了社会经济的更好更快发展。如,行政管理体制改革、投融资体制改革相对滞后,妨碍了科学发展观和正确政绩观的落实。三是地区经济发展仍然不平衡,居民收入分配差距仍然较大。2005年城镇居民人均可支配收入是农民人均纯收入的3.2

倍，比2000年的2.8倍又有所扩大。在全国各省和自治区当中，城镇居民人均可支配收入最高的浙江是最低的新疆的2倍，农民人均纯收入最高的浙江是最低的贵州的3.5倍。到2005年末，农村仍有贫困人口2365万人。四是经济与社会的发展仍不协调。我们必须高度重视这些问题和矛盾，认真总结经验教训，认真应对。

“十五”时期取得的巨大成就为我国在新世纪的发展奠定了更坚实的基础。

三、媒体述评

《人民日报》国庆社论：光辉的事业 崇高的事业

——庆祝中华人民共和国成立56周年

56个民族，56年华诞。硕果累累的金秋时节，我们迎来了中华人民共和国诞辰56周年。在这个举国欢庆的日子里，我们向全国各族人民和港澳同胞、台湾同胞、海外侨胞致以亲切问候和热烈祝贺！

今年是我国社会主义现代化建设发展史上具有标志意义的一年。在以胡锦涛同志为总书记的党中央领导下，全国各族人民高举邓小平理论和“三个代表”重要思想伟大旗帜，以科学发展观统领经济社会发展全局，认真贯彻落实加强和改善宏观调控的各项政策措施，大力推进和谐社会建设，大力实施科教兴国战略和人才强国战略，大力促进节约型社会建设和循环经济发展，今年的各项工作进展顺利，国家“十五”计划的各项目标将全面实现。

“十五”的5年，是我国进入新世纪的第一个5年，是开始实施现代化建设第三步战略部署的第一个5年，也是社会主义市场经济体制初步建立后的第一个5年。5年间，我们抓住机遇，迎接挑战，保证了国民经济持续快速健康发展，综合国力大大增强，人民生活明显改善，国际地位日益提高，各项事业蓬勃发展，社会主义经济建设、政治建设、文化建设和社会建设取得丰硕成果。

这一切使得我们的国家在新世纪有了良好的开局。它所带来的巨大变化,有力地证明了社会主义制度的优越性和巨大活力,证明了改革开放是国家振兴之路、民族强盛之路。它所铸就的辉煌贡献,推动着我们的祖国在全面建设小康社会的征程上实现了历史性跨越,鼓舞着全国人民为中华民族伟大复兴而奋斗的激情。

胡锦涛同志在纪念中国人民抗日战争暨世界反法西斯战争胜利60周年大会上强调指出:"我们隆重纪念那场伟大的胜利,就是要牢记历史、不忘过去、珍爱和平、开创未来,更好地推进全面建设小康社会、实现中华民族伟大复兴的光辉事业,更好地促进人类和平与发展的崇高事业。"一个光辉事业,一个崇高事业,这是历史赋予人民共和国的神圣使命,是时代赋予中国人民的重大任务。推进光辉事业的进程,担负崇高事业的使命,需要我们以更加饱满的激情,更加旺盛的斗志,振奋民族精神,弘扬时代精神,把改革开放和社会主义现代化建设推向一个新阶段。

我们正站在一个新的历史起点上。"十一五"期间,将是我国全面落实科学发展观,推动经济社会的发展转入科学发展轨道的重要时期,是改革发展的关键时期。改革发展稳定的任务繁重,前进路上的考验很多。我们要坚定不移地抓好发展这个第一要务,紧紧抓住和用好重要战略机遇期,坚持以科学发展观统领经济社会发展全局,坚持以经济建设为中心,促进社会主义经济建设、政治建设、文化建设与和谐社会建设全面发展,不断增强我国经济实力、科技实力、国防实力和民族凝聚力,不断满足人民日益增长的物质文化需要,继续开创中国特色社会主义事业的新局面。我们要高举和平、发展、合作的旗帜,坚定不移地走和平发展的道路,坚持独立自主的和平外交政策,继续实行全方位的对外开放政策,在和平共处五项原则的基础上,同世界各国各地区广泛开展经济技术合作和科学文化交流,既利用世界和平与发展的有利时机发展自己,又以自己的发展促进世界的和平与发展。

上个世纪，邓小平同志预言："下个世纪中国是很有希望的。"这反映了亿万人民把祖国建设得更加美好的共同心愿，表达了中华民族一定要实现伟大复兴的雄心壮志。今天，中华民族的发展正面临着难得的历史机遇，中华民族伟大复兴的光辉前景已经展现在我们面前。全面建设小康社会的宏伟目标鼓舞着我们，实现中华民族伟大复兴的共同理想激励着我们，崇高的事业、光辉的事业引领着我们，我们坚信，有以胡锦涛同志为总书记的党中央坚强领导，有中华儿女同心同德，艰苦奋斗，我们的祖国必将前程似锦，我们的未来必将灿烂辉煌。

（来源：《人民日报》2005 年 10 月 1 日第 2 版）

中国已站在一个新的历史起点

崭新的 2006 年迎面走来，中国开始进入"十一五"时期的新征程。

告别辉煌的"十五"，面向未来，中国已站在一个新的历史起点。

五年来，在邓小平理论和"三个代表"重要思想指引下，全党全国人民继往开来，团结奋斗，"十五"计划所确定的主要发展目标提前实现，奠定了今后发展的良好基础。

五年来，我们坚持以经济建设为中心，坚持以科学发展观统领经济社会发展全局，尤其是近几年加强和改善宏观调控，国民经济保持了良好发展的势头，综合国力、人民生活水平和社会生产力又迈上新的台阶。

我们已经站在综合国力稳步提升的新起点。"十五"时期中国经济年均增速达到 8.8％左右，综合国力显著增强。中国经济增长速度在 2003 年一举跃上 9％的平台后，一直沿着经济增长周期的上升轨道稳健前行。"十五"时期特别是近三年来，我国财政收入不断取得新突破。据预测，2005 年财政收入将突破 3 万亿元大关，国内生产总值将超过 16 万亿元。我国基础设施条件有了很大改善。能源交通建设得到加强。"十五"期间通车里程约 190 万公里，比 2000 年增加约 50 万公里。铁轨在历史上第一次铺进了西藏。中国经济实力和综合国力迈上了一个新的台阶和新的起点。

我们已经站在消费结构升级的新起点。“十五”时期,我国人均国内生产总值达到1000美元。这标志着居民消费由生存型向发展型转变,与之相对应,产业结构将向更高层次提升,技术水准将进一步提高。随着以工促农、以城带乡,建设社会主义新农村新阶段的到来,延续了两千多年的农业税,在2006年1月1日起正式退出历史舞台。如今,人民生活水平的提高,已不仅仅表现在“衣食住行”这些方面,信息技术的高速发展,更是极大方便了百姓生活。“十五”期间,中国电信业建成了具有世界先进水平的电信网络,固定和移动电话网络规模跃居世界首位。截至2005年底,全国电话用户数约达到7.46亿户,其中手机用户数接近4亿户。

我们已经站在对外开放的新起点。2000年至2005年,我国外贸进出口总额从4743亿美元增加到1.4万亿美元。目前外贸进出口总额居世界第三位,外商直接投资和国家外汇储备居世界第二位。“十五”时期,中国正式加入世界贸易组织,这标志着对外开放已进入了一个新阶段。加入世界贸易组织后,进一步拓展了我国对外开放的发展空间,国内产业也经受住初步的竞争和考验,获得了有力的发展。随着世贸组织“过渡期”的逐渐结束,中国也将面临一个全新全方位的环境。

我们已经站在发展观念的新起点。“十五”期间,我们不仅获得了巨大的物质成果,而且获得了巨大的思想成果。党中央提出科学发展观和构建社会主义和谐社会的重大战略思想。科学发展的理念正深刻影响着人们的观念和行为,逐步落实到经济社会发展的各个方面,引领中国前行。构建社会主义和谐社会,是我们党从全面建设小康社会、开创中国特色社会主义事业新局面的全局出发提出的一项重大任务。“和谐社会”理念的提出,将为中国社会未来的发展道路带来一系列新挑战和新变化。

辉煌的“十五”,奠定了中国未来的坚实的发展基础;辉煌的“十五”,

给我们留下了弥足珍贵的对经济社会发展具有指导意义的经验和启示。

中央经济工作会议强调，加强和改善宏观调控的过程，实质是加深理解和全面落实科学发展观的过程，我们在充分运用以往宝贵经验的基础上，又得到一些对经济社会发展具有指导意义的经验和启示。实践证明，科学发展观是对经济社会发展一般规律认识的深化，是指导发展的世界观方法论的集中体现，是推进社会主义经济建设、政治建设、文化建设、社会建设全面发展的指导方针，必须贯穿于全面建设小康社会和社会主义现代化建设的全过程。

新的起点，新的机遇。2006年是实施“十一五”规划的开局之年。我们要贯彻落实党的十六届五中全会和中央经济工作会议精神，要进一步用科学发展观武装全党特别是各级领导干部的头脑，统一思想，形成共识，为“十一五”规划开好局、起好步。

经济发展总是一个连续不断的过程，一个时期的经济运行结果，客观上总是下一个时期继续发展的起点。“十五”时期的经济社会发展为未来的发展奠定了良好的基础，使我们站在了一个新的、更高的历史起点上。

国家发改委宏观经济研究院副院长陈东琪表示，今年中国宏观调控有五大成绩：其一，今年控制住了加速度，使得工业、投资和总量都没有出现明显的加速；其二，以往较为薄弱的部门如农业和消费，都有所加强；其三，经济增长的质量和效益明显改进，国民福利明显提升，城乡收入增长加快；其四，经济增长仍保持在9%附近，运行效率和要素使用得以充分发挥；其五，拉长了经济增长周期，连续3年实现了9%左右的增长水平。

刚刚闭幕的中央经济工作会议，对“十一五”开局之年的经济工作作了部署，着力解决人民群众最关心、最直接、最现实的利益问题。会议提出的一系列关键之举，涉及安全、医疗、上学、就业等百姓关注的领域，透出许多新的变化。

（来源：《工人日报》2006年1月3日）

四、专家论道

解读"十五"计划纲要

"这是近几十年来最好的一部五年计划，因为它充分体现了在市场经济条件下的客观要求。"

高尚全：我先后参加了国家"七五"计划的起草，"八五"和"九五"计划的讨论，我认为，"十五"计划是最切合实际的，这是开始实施我国现代化建设第三步战略的第一个五年计划，是社会主义市场经济初步建立后的第一个五年计划，体现了市场经济的要求。

"十五"计划的核心内容源于中央关于"十五"计划的《建议》，是在江总书记亲自主持下制定的。1999年11月，中央政治局确定了五中全会的议题是制定"十五"计划，并决定成立文件起草小组，参加的有40多位同志，主要综合部门的第一把手都参加了，还吸收了一些经济学家。在起草过程中，江总书记连续12次听取有关方面的专题汇报，又到各地进行调研，并就文件的指导思想、主要任务和重大问题作了一系列重要指示；中央政治局常委会和中央政治局，对《建议》的提纲和草稿进行了多次讨论。北戴河会议确定了《建议》的基本框架，《建议》下发到183个单位征求意见，征求了各民主党派的意见。在广泛听取各方面意见的基础上，《建议》前后共有21稿，修改了230多处，可以说集中了全党的智慧。

董辅礽：我参加过"九五"计划的起草，也多次参加了十五纲要的讨论，我认为相比之下后者克服了很多计划体制的痕迹。我们建立市场经济体系框架后，计划已不具备指令性性质，而是预测性和指导性的计划。此次制定计划的方式也与以往有所区别，是一种全开放式的制定方式，吸纳各方意见，能适应多变的环境，因而更具有科学性。

"行百里者半九十，余下的都是最难啃的硬骨头，矛盾集中错综复杂，只有强调发展，才有可能解决前进中的问题。"

董辅礽：有一种观点认为，现在来进行深层次改革已有点晚，我们走的改革之路是渐进式的，留到后面的都是“硬骨头”，这就是常说的“行百里者半九十”，从这个角度说，可能是有些晚。但很多改革需要在过程中逐渐探索。过去人们只看到改革是一种运行机制的改革，而没有看到是一种所有制改革，这有一个深化认识的过程。只有当我们确定市场经济的改革目标后，其他改革的目标才能确定下来。所以，目标的确定有一个相当长的时间。

现在目标明确了，思路清晰了，也没有退路了，只能一心往前走！尤其加入WTO之后，只能更开放。

高尚全：“十五”期间，结构调整将进入关键时期，改革处于攻坚阶段，加入世贸组织又将面临许多新的问题。任务艰巨，矛盾很多，只有用发展的办法，才能解决前进中的问题。

除了明确发展是主题之外，纲要明确把经济结构调整作为主线。在《建议》的起草过程中，这条主线是逐步明确的。经过认真地讨论，认为“十五”期间应该紧紧围绕经济结构的战略性调整。发展要有一个新思路，新思路的核心就是以经济结构的战略性调整为主线。这是我国今后一个时期国民经济和社会发展的主要任务。

董辅礽：现在面临的结构调整不仅是国内市场需求发生了变化，而且从国际来看，我们的产业结构必须同国际接轨。还需要按照国际经济的规则进一步新的改革，因为过去的改革许多是不完善的，更多应强调国际惯例，而不能过多强调中国特色。

高尚全：我们这次是首次提出战略性调整这个概念，我理解所在这种战略调整有几个方面的特点。第一，这是发展过程中的主动调整，而不是像以往那样，在出现问题以后被动地、消极地调整。我国历史上曾经有过几次大的经济调整，都是在国民经济比例失调、出现问题后进行的被动调整；而这一次调整却是在国民经济持续发展中进行调整，并不以放缓发展速度为代价。

第二是要用高新技术带动结构调整。结构调整包括了产业结构、地区经济结构和城乡经济结构。结构调整是在高新技术的带动下,以提高经济效益、整体素质和竞争能力为目标的全面调整,这将对国民经济的长远发展产生深刻的影响;而不是过去曾经多次搞过的局部性、适应性的调整。

第三是结构调整与经济改革相结合。调整本身就是改革。在产业结构、地区结构和城乡经济结构的调整过程中,所有制结构的调整是重要方面。要充分发挥不同所有制经济在结构调整中的推动作用,使结构调整朝着符合不同所有制经济健康发展的方向转变。

"创新是一个民族的灵魂,新世界是由现代的人们根据现代的、实际的、合理的原则,在处女地上重新建立起来的。"

高尚全:在十五纲要的制定过程中,创新意识十分强烈;《纲要》中多次提到要大胆探索,勇于创新,突破影响生产力发展的体制性障碍,为国民经济和社会发展提供体制保障。创新包括理论创新、体制创新和科技创新。

在中央《建议》起草过程中,江总书记多次引用了恩格斯在1888年《美国旅行印象》中的一段话:"我们通常认为,美国是一个新世界,新不仅就发现它的时候而言,而且是就它的一切制度而言;这个新世界由于藐视一切继承的和传统的东西,而远远超过我们这些沉睡的欧洲人;这个新世界是由现代的人们根据现代的、实际的、合理的原则,在处女地上重新建立起来的。""他们这个前进最快的民族,对于每一个改革方案,会纯粹从它的实际利益出发马上进行试验,这个方案一旦被认为是好的,差不多第二天即付诸实行。"这表明,马克思主义的学说不是静止不变的,而是根据客观实践的变化而不断发展、丰富的。这为我们今天进行理论创新、体制创新和科技创新提供了重要的启示。

在这次《建议》中明确提出:"实行按劳分配为主体,多种分配方式并存的分配制度,把按劳分配与按生产要素分配结合起来。鼓励资本、技术等生产要素参与收益分配。在新的历史条件下,要深化对劳动和劳动价值论的认识。”这是一个重要的理论创新，是对社会主义分配理论的重大突破和发展。

董辅礽：宏观层次上对国有经济布局实行的战略性调整，应进一步明确哪些该进哪些该退，现在大家已达成共识，国企应从竞争性行业退出。从微观层次看，那些保留下来的国企，多层次的产权是改革的方向。那些要退的企业，退也要讲求有序，因为这涉及职工安置、债务处置等方面，要有配套措施，否则将面临很大的风险；在社会保障制度方面，以前欠的旧账要补齐，新的制度要尽快建立。

高尚全：从国企改革来说，纲要非常明确地提出了制度创新的方向。一方面要进一步深化国有大中型企业的改革，鼓励它们通过规范上市、中外合资和相互参股等形式，建立现代企业制度，健全法人治理结构，使其成为市场竞争的主体；另一方面要确立我国公有制为主体，多种所有制经济共同发展的基本经济制度。

“十五”期间，要重点培育和发展要素市场，规范和发展证券市场；按照现代银行制度对国有独资银行进行综合改革，稳步推进利率市场化。在纲要起草过程中，关于金融的利率市场化问题争论较多。有的同志认为，条件还不成熟，不要写；有的同志认为，利率市场化可以搞，但不要写；有的同志认为，现在时机成熟了，应该写。最后，写上去了。

推动科技进步和创新的重要保证是体制创新，两者不可偏废。江总书记专门听取了信息产业部、科技部和国家计委的汇报。他说，我不担心技术上的问题，而是担心体制上的问题。政企分开讲了多少年，为什么进展不快？这是体制性的问题。要打破行政垄断，淡泊名利。因此，在“十五”期间，国家要从多方面创造有利于科技进步与创新的良好环境和条件。

“在结构调整过程中，证券市场将起着日益重要的作用；同时，证券市场如何深化改革也亟待推进。”

高尚全：证券市场是结构调整的一个重要出口，而结构调整的结果也将直接反映在证券市场上。

董辅礽:有了证券市场,国企改革的路更宽敞了;而证券市场的机制,也在客观上促进着企业进行结构调整,推进现代企业制度和法人治理结构的建立。

在退的方面,证券市场为国企开辟了通道。通过国有资产股份化、股权证券化,使之流动起来,这样就方便了国有资产的退出。证券市场的发展对于国有企业的改革至关重要。

我做过第一届发审委委员,当时的一个条件就是强调国家在上市公司中的控制地位,这也跟当时对非公有制企业的认识有关。从实际情况来看,第一,如果我们上市公司都是从国有企业改制而来,市场流动性就很差,减弱了资源配置的作用;第二,不能开展有效竞争;第三、政企难以分开,经营机制难以转换。

未来五年,部分国有股权将向民间资金和外资开放,会逐步由国有向非国有转变;取消对"出身"的限制,可以根本上改变现有结构,更好地向现代企业制度靠近。

中国证券市场要在规范中发展,要在发展中规范。问题只有在发展中才能暴露出来,也只有在发展中才能找到更好的解决办法。比如,上市公司质量不好的问题,跟国有控股有关;上市公司内幕交易问题,跟集团公司与子公司的关系有关;市场投机性强,跟散户投资者为主,机构投资者占少数的特点有关。归根结底,发展证券市场才是硬道理。

中国证券市场的开放应该是很谨慎的。未来五年,改革将深化,中国经济整体是往上走的,不会有大的波动。证券市场如果能在退出机制、把好上市关和加强监管等方面做好工作,未来将是美好的。

五、延伸阅读

1.《中共中央关于制定国民经济和社会发展第十个五年计划的建议》。

2.《关于制定国民经济和社会发展第十个五年计划建议的说明》。

3.《中华人民共和国国民经济和社会发展第十个五年计划纲要》。

第十一章

“十一五”规划(2006—2010年)

【关 键 词】 从计划向规划的转型

【主要目标】 宏观经济平稳运行；产业结构优化升级；资源利用效率显著提高；城乡区域发展趋向协调；基本公共服务明显加强；可持续发展能力增强；市场经济体制比较完善；人民生活水平继续提高；民主法制建设和精神文明建设取得新进展。

"十一五"是承前启后的重要时期。21世纪头二十年是我国发展的重要战略机遇期,"十一五"时期尤为关键。五年来,我们紧紧抓住机遇,应对各种挑战,认真解决长期积累的突出矛盾和问题,突破发展的瓶颈制约和体制障碍,开创了社会主义经济建设、政治建设、文化建设、社会建设的新局面,为后十年顺利发展打下了坚实基础。我们以高度的历史责任感、强烈的忧患意识和宽广的世界眼光,立足科学发展,着力自主创新,完善体制机制,促进社会和谐,全面提高了我国的综合国力、国际竞争力和抗风险能力,在新的历史起点上把中国特色社会主义事业不断推向前进。

一、"十一五"规划概要

"十一五"时期是全面建设小康社会的关键时期,具有承前启后的历史地位,既面临难得机遇,也存在严峻挑战。综合分析各种因素,"十一五"时期国际环境总体上对我国发展有利,但不稳定不确定因素比较多;国内有许多有利条件,同时存在不少制约因素和困难。"十一五"规划是我国在社会主义市场经济条件下、经济全球化进程中全面建设小康社会的新的中长期规划,是一个全面贯彻落实科学发展观的规划。它为我国今后五年的发展绘制了宏伟蓝图,也为我们指明了前进方向。

(一)"十一五"规划实施的背景

经过改革开放20多年的发展,尤其是经过"十五"期间的努力,我们已经站在一个新的历史起点上。纵观"十一五"时期的国内国际环境,我国具备保持经济平稳较快发展和社会和谐进步的诸多有利条件。从国内看,"十一五"时期城乡居民消费结构逐步升级,产业结构调整和城镇化进程加快,为经济社会持续快速发展提供了广阔的市场空间;丰富的劳动力资源、较高的国民储蓄率,是经济社会持续快速发展的坚实保障;比较雄厚的产业、科技和教育基础,以及不断完善的基础设施,为经济社会发展提供有力支撑;市场经济体制逐步完善,社会政治保持长期稳定,为经济社会发展创造了良好社会环境。从国际环境看，“十一五”时期和平、发展、合作仍然是当今时代的潮流，世界政治力量对比有利于保持国际环境的总体稳定，为我国经济社会发展创造和平的国际环境；经济全球化趋势深入发展，我国与世界经济的相互联系和影响日益加深，有利于我国利用两个市场、两种资源，缓解影响我国经济发展的主要制约因素；世界科技进步日新月异，生产要素和产业转移加快，有利于我国加快高新技术产业发展和传统产业的改造升级；世界经济将继续保持较快增长，为我国经济发展提供了更加广阔的国际空间。

“十一五”时期国内国际环境给我国带来发展机遇的同时，复杂多变的国内外环境和日益激烈的市场竞争，对我国经济社会发展和安全也提出了许多新的挑战，面临着许多困难和问题。从国内看，我国正处于并将长期处于社会主义初级阶段，生产力不发达，城乡区域发展不平衡；增长方式转变缓慢，经济结构不合理，使经济社会发展与资源、环境之间的矛盾突出；技术储备不足、自主创新能力不强，直接影响了我国经济国际竞争能力的提高和可持续发展；解决“三农”问题的任务相当艰巨，就业压力依然较大；公平与效率、经济与社会发展之间不协调的矛盾日益凸现；影响发展的体制机制问题亟待解决，处理好社会利益关系的难度加大。从国际看，影响和平与发展的不稳定不确定因素增多，发达国家在经济科技上占优势的压力将长期存在，世界经济发展不平衡状况加剧，各国围绕资源、市场、技术、人才的竞争将更加激烈，贸易保护主义有新的表现，对我国经济社会发展和安全提出了新的挑战。

（二）“十一五”规划的制定

2005 年 10 月 8 日，中国共产党十六届五中全会召开，会议的主要议题是研究制定国民经济和社会发展第十一个五年规划。2005 年 10 月，党的十六届五中全会通过了《中共中央关于制定国民经济和社会发展第十一个五年规划的建议》。2006 年 3 月，第十届全国人民代表大会第四次会议审议通过了《国民经济和社会发展第十一个五年规划纲要》。“十一五”规划是提出科学发展观后制定的第一个五年规划,与以往的五年计划相比具有转折性意义。

“十一五”规划主要任务是:全面贯彻落实科学发展观。坚持“六个必须”原则:即必须保持经济平稳较快发展,必须加快转变经济增长方式,必须提高自主创新能力,必须促进城乡区域协调发展,必须加强和谐社会建设,必须不断深化改革开放。

(三)“十一五”规划的实施与完成

从“十一五”规划的完成情况看,经济增长目标提前完成,按2005年价格计算,2009年GDP达到27.6万亿元,超过2010年规划预期目标的26.3万亿元;2009年人均GDP是2000年的2.3倍,提前实现了人均GDP翻两番的目标。经济结构不断优化,2009年城市化率接近规划预期目标47%,城镇新增人口近6000万人,农村总人口减少3256万人。预计在“十二五”时期,随着区域化经济发展和中心城市的辐射拉动作用,中国城镇人口将历史上首次超过农村人口。

公共服务和人民生活明显改善。国民平均受教育年限预计可以达到规划目标的9年;新型农村合作医疗覆盖率提前实现达到80%以上的规划目标,从2005年的23.5%,到2009年达到了94.0%。2009年城镇新增就业累计4603万人,提前实现了4500万人的2010年目标。农民工外出务工人数由2005年的11186万人提高到2009年的14900万人,累计增加3714万人。按不变价格计算,城镇居民人均可支配收入年平均增长率为10.2%,实现2010年预期目标值的115.5%;按不变价格计算,农村居民人均纯收入年平均增长率为6.66%,实现2010年预期目标值的108.1%。

“十一五”规划实施的主要问题是:第一,结构调整滞后。2010年服务业就业占总就业比重为34.8%,无法如期实现35.4%的目标,服务业增加值比重为43%,也低于43.5%的规划指标。2010年研究与试验发展(R&D)经费支出占国内生产总值比重达到1.75%,未达到2%的预期目标。第二，传统发展模式未根本改变。重工业产值占工业总产值的比重由2005年的69%上升到2009年的72%；经济增长吸纳就业能力进一步下降，就业弹性系数下降到0.04，大幅度低于“九五”(0.13)、“十五”(0.11)；收入分配差距进一步拉大，劳动报酬占GDP的比重由2003年的49.6%下降到了39.7%（2007年）；高消耗、碳排放密集的黑猫模式并未根本转变，超过美国成为能源消费的世界第一大国，与此相伴的是中国已经成为二氧化硫、二氧化碳、有机废水排放的世界第一大国。

二、“十一五”时期的辉煌成就

“十一五”时期是我国发展史上极不平凡的五年。面对国内外环境的复杂变化和重大风险挑战，党中央、国务院审时度势，团结带领全国各族人民，坚持发展这个党执政兴国的第一要务，贯彻落实党的理论和路线方针政策，实施正确而有力的宏观调控，充分发挥我国社会主义制度的政治优势，充分发挥市场在资源配置中的基础性作用，使国家面貌发生新的历史性变化。我们有效应对国际金融危机巨大冲击，保持了经济平稳较快发展良好态势，战胜了四川汶川特大地震、青海玉树强烈地震、甘肃舟曲特大山洪泥石流等重大自然灾害，成功举办了北京奥运会、上海世博会和广州亚运会，胜利完成了“十一五”规划确定的主要目标和任务。综合国力大幅提升，2010年国内生产总值达到39.8万亿元，跃居世界第二位，国家财政收入达到8.3万亿元；载人航天、探月工程、超级计算机等尖端科技领域实现重大跨越。经济结构调整步伐加快，农业特别是粮食生产连年获得好收成，产业结构优化升级取得积极进展，节能减排和生态环境保护扎实推进，控制温室气体排放取得积极成效，各具特色的区域发展格局初步形成。人民生活明显改善，就业规模持续扩大，城乡居民收入增长是改革开放以来最快的时期之一，各级各类教育快速发展，社会保障体系逐步健全。体制改革有序推进，农村综合改革、医药卫生、财税金融、文化体制等改革取得新突破，发展活力不断显现。对外开放迈上新台阶，进出口总额位居世界第二位，利用外资水平提升，境外投资明显加快，我国国际地位和影响力显著提高。社会主义经济建设、政治建设、文化建设、社会建设以及生态文明建设取得重大进展，谱写了中国特色社会主义事业新篇章。五年取得的成绩来之不易，积累的经验弥足珍贵，创造的精神财富影响深远。

(一)国民经济保持平稳较快增长，综合国力大幅提升

“十一五”时期的五年，是积极应对来自国内外的各种风险和挑战，经济保持平稳较快增长、综合国力大幅提升的五年。

经济平稳较快增长。“十一五”前期，我国经济快速增长，2006年增长12.7%，2007年加速到14.2%，增速仅次于改革开放后最高的1984年。2008年，受百年不遇的国际金融危机的巨大冲击和影响，经济增速陡然回落到9.6%。面对严峻的国内外形势，党中央、国务院果断决策，迅速出台并不断丰富完善应对国际金融危机的一揽子计划，我国经济增速在世界各国中实现率先回升，2009年经济增长9.2%，与世界经济下降0.6%形成鲜明对照。2010年经济增长进一步回升到10.3%，明显快于世界主要国家的平均增速。2006—2010年，我国国内生产总值年均实际增长11.2%，不仅远高于同期世界经济年均增速，而且比“十五”时期年平均增速快1.4个百分点，是改革开放以来最快的时期之一。

经济总量不断迈上新台阶。2010年，我国国内生产总值达到397983亿元，扣除价格因素，比2005年增长69.9%。经济总量居世界位次稳步提升。2008年，我国国内生产总值超过德国，位居世界第三位。2010年，我国国内生产总值按平均汇率折算达到58791亿美元，超过日本，成为仅次于美国的世界第二大经济体。我国经济增长对世界经济的贡献不断提高。特别是2008年第三季度金融危机爆发后，在世界主要经济体均面临负增长或停滞困境时，中国经济依然保持了相当高的增速并率先回升，为世界经济复苏做出了重大贡献。

人均国内生产总值快速增加。在经济总量稳步增长的同时，人均创造价值水平也在不断提高。初步预计，2010年我国人均国内生产总值达到29748元，扣除价格因素，比2005年增长65.7%，年均实际增长10.6%，比"十五"时期年平均增速快1.5个百分点。

国家财政实力明显增强。经济快速增长带来了国家财政收入的稳定增长。我国财政收入2007年超过5万亿，达到51322亿元；2008年超过6万亿，达到61330亿元；2010年超过8万亿，达到83080亿元，比2005年增长1.6倍，年均增长21.3%。"十一五"时期，我国财政收入的快速增长，为加大教育、医疗、社保等民生领域投入，增强政府调节收入分配能力等提供了有力的资金保障。

国家外汇储备大幅增加。我国外汇储备2006年突破1万亿美元，达到10663亿美元；2009年突破2万亿美元，达到23992亿美元。2010年末，我国外汇储备已达到28473亿美元，比2005年增长2.5倍，年均增长28.3%。我国外汇储备规模自2006年超过日本，连续五年稳居世界第一位。

(二)经济结构调整取得新进展，经济发展的协调性增强

"十一五"时期的五年，是坚持以科学发展观统领经济社会发展全局，着力推进转变经济发展方式和经济结构调整的五年。

内需拉动作用显著增强。国内需求对经济增长的贡献率大幅提高，特别是在应对国际金融危机冲击中，扩大内需政策起到了极为关键的作用。2006－2010年，国内需求对经济增长的贡献率分别为83.9%、81.9%、91.0%、138.9%和92.1%。2009年，在外需对经济增长为负贡献的条件下，国内需求增长有效弥补了外需下降的影响，对经济增长的贡献率高达138.9%。与2005年相比，2010年我国国内需求对经济增长的贡献率提高了15.2个百分点。

产业结构持续改善。服务业发展加快，比重提高。2006－2010年，第三产业年均增长11.9%，比"十五"时期加快1.4个百分点。2010年，第三产业占国内生产总值的比重为43.0%，比2005年提高2.5个百分点。而第二产业占国内生产总值的比重则由2005年的47.4%下降到

2010年的46.8%,第一产业的比重由12.1%下降到10.2%。

城镇化水平显著提升。随着经济的发展,城镇化步伐快速推进。2009年,我国城镇人口占总人口的比重为46.6%,比2005年提高3.6个百分点,年均提高0.9个百分点。中西部地区城镇化步伐明显加快。由大中小城市和小城镇构成的城镇体系初步形成,城市群迅速崛起,人口和经济集聚能力显著增强。

区域发展的协调性增强。中西部地区加快发展,经济总量和投资占全国的比重持续上升,区域发展呈现出协调性增强的趋势。2010年,东部地区国内生产总值占全国的比重为53.0%,比2005年下降2.5个百分点;中部地区、西部地区国内生产总值占全国的比重分别为19.7%、18.7%,分别比2005年提高0.9和1.6个百分点,东北地区基本持平。2010年,东部地区固定资产投资占全国的比重为41.7%,比2005年下降9.7个百分点;中部地区、西部地区、东北地区固定资产投资占全国的比重分别为22.6%、22.2%和11.0%,分别比2005年提高4.4、2.3和2.4个百分点。

(三)基础设施和基础产业发展迅速,薄弱环节和薄弱领域明显加强

“十一五”时期的五年,是基础设施和基础产业迅速发展,经济发展的瓶颈制约进一步缓解的五年。

基础设施和基础产业投入快速增加。“十一五”时期,城镇基础设施累计完成投资22.1万亿元,年均增长21.8%。其中,铁路运输业累计投资22688亿元,年均增长46.0%;城市公共交通业累计投资7543亿元,年均增长37.1%;水利、环境和公共设施管理业累计投资6.9万亿元,年均增长28.7%。农业和能源等基础产业投资也保持较快增长。农林牧渔业累计投资12151亿元,年均增长37.7%;煤炭开采及洗选业累计投资12490亿元,年均增长26.7%。

粮食等主要农产品稳定增产。“十一五”时期政府高度重视农业,保证了农业生产的稳定。2006—2010年，我国粮食产量分别为49804万吨、50160万吨、52871万吨、53082万吨、54641万吨，年均增长2.5%，实现连续七年增产，连续四年稳定在5亿吨以上。2010年，油料产量3239万吨，比2005年增长5.2%；肉类产量7925万吨，比2005年增长14.2%；水产品产量5366万吨，比2005年增长21.4%。

能源生产能力稳步提高。2010年，我国能源生产总量达到29.9亿吨标准煤，比2005年增长38.3%，年均增长6.7%。在主要能源中，2010年原煤产量32.4亿吨，比2005年增长37.9%，年均增长6.6%；原油产量2.03亿吨，比2005年增长11.9%，年均增长2.3%；天然气产量967.6亿立方米，比2005年增长96.2%，年均增长14.4%；发电量42065亿千瓦小时，比2005年增长68.2%，年均增长11.0%。

交通运输能力持续增强。“十一五”时期，全国铁路营业里程由2005年的7.5万公里增加至2010年的9.1万公里，年均增加0.31万公里；公路里程由2005年的335万公里增加至2010年的398万公里，年均增加12.8万公里，其中，高速公路里程由2005年的4.1万公里增加到2010年的7.4万公里，年均增加0.66万公里，以高速公路为骨架的干线公路网初步形成。旅客周转量由2005年的17467亿人公里增加到2010年的27779亿人公里，年均增长9.7%；货物周转量由2005年的80258亿吨公里增加到2010年的137329亿吨公里，年均增长11.3%；沿海规模以上港口货物吞吐量由2005年的29.3亿吨增加到2010年的54.3亿吨，年均增长13.1%。

邮电通信业快速发展。“十一五”时期，全国邮电业务总量年均增长21.7%。其中，邮政业务总量年均增长16.9%，电信业务总量年均增长22.0%。全国移动电话交换机容量由2005年的48242万户增加到2010年的150518万户，年均增长25.6%；光缆线路长度由2005年的407万公里增加到2010年的995万公里，年均增长19.6%。2010年，全国固定及移动电话用户总数达到115339万户，比2005年增长55.1%；移动电话用户数达到85900万户，比2005年增长1.18倍，其中3G移动电话用户达到4705万户；互联网上网人数4.57亿人，其中宽带上网人数4.50亿人，互联网普及率达到34.3%。

(四)对外经济与对外贸易水平提升，开放型经济迈上新台阶

“十一五”时期的五年，是不断提升对外开放水平，国际竞争力和影响力显著提高的五年。

进出口贸易规模不断扩大。“十一五”时期，我国对外开放水平不断提升，与国际市场融合程度进一步加深。2010年，我国货物进出口总额29728亿美元，比2005年增长了1.09倍，年均增长15.9%。其中，出口总额15779亿美元，比2005年增长了1.07倍，年均增长15.7%；进口总额13948亿美元，比2005年增长1.11倍，年均增长16.1%。进出口贸易总额近年来一直位居世界前列，其中货物出口额在2009年超过德国跃居世界第一位；货物进口额仅次于美国，居世界第二位。

进出口商品结构进一步优化。“十一五”时期，我国在保持轻工、纺织等传统行业产业比较优势的同时，家电、信息等产业的竞争力也明显提高。2010年，我国机电产品和高新技术产品的出口额分别为9334亿和4924亿美元，分别比2005年增长1.2和1.3倍；占出口总额的比重分别为59.2%和31.2%，比2005年分别提高3.2和2.6个百分点。先进技术、设备、关键零部件进口持续增长，大宗资源能源产品进口规模不断扩大。2010年，机电产品、高新技术产品进口分别达到6603和4127亿美元，分别比2005年增长0.9倍和1.1倍；铁矿砂及其精矿、原油进口量分别为61863万吨、23931万吨，分别比2005年增长1.2倍和0.9倍。

利用外资规模不断扩大。2006—2010年，我国累计实际使用外商直接投资4260亿美元，年均增长11.9%，是“十五”时期的1.6倍。从国际范围来看，我国连续18年是发展中国家中吸引外资最多的国家。

对外投资迅速发展。“十一五”时期，随着我国经济的快速增长，我国企业“走出去”步伐不断加快，对外投资增长强劲。2010年，我国非金融类对外直接投资额达到590亿美元，比2005年增长3.8倍，年均增长36.9%。

（五）人民生活显著改善，社会保障事业全面推进

"十一五"时期的五年，是大力改善人民生活，社会保障取得突破性进展的五年。

就业规模不断扩大。"十一五"期间，我国城乡就业人数从2005年末的75825万人增加到2009年末的77995万人，增加了2170万人，年均增加543万人。其中，城镇就业人员从27331万人增加到31120万人，增加了3789万人，年均增加947万人；乡村就业人员从48494万人减少到46875万人，减少了1619万人，年均减少405万人。随着城市化与工业化进程的加快，城镇吸纳就业的能力不断增强，城镇就业增长持续高于全国，其就业人员占全国的比重从2005年末的36.0%增加到2009年末的39.9%。城镇就业岗位快速增加，新增就业人数持续保持在1100万人以上。大量乡村富余劳动力不断向城镇转移，2010年农民工总量达到24223万人。

城乡居民收入快速增长。"十一五"期间，我国城乡居民收入快速增长。2010年，我国城镇居民人均可支配收入19109元，比2005年增长82.1%，扣除价格因素，年均实际增长9.7%；农村居民人均纯收入5919元，比2005年增长81.8%，扣除价格因素，年均实际增长8.9%。其中，2010年农村居民人均纯收入实际增长10.9%，比城镇居民人均可支配收入实际增速快3.1个百分点，是1985年以来增速最快的一年，为1998年以来首次快于城镇。

城乡居民生活水平明显改善。随着城乡居民消费水平的大幅度提高，城乡居民消费支出持续增长，生活水平明显改善。2010年，我国城镇居民人均消费性支出13471元，比2005年增长了69.6%，年均增长11.1%；农村居民人均生活消费支出4382元，比2005年增长71.5%，年均增长11.4%。城乡居民消费结构向发展性和享受性方向转变。一是食品支出比重持续下降。2010年,城镇居民人均消费性支出和农村居民人均生活消费支出中食品比重为35.7%和41.1%,分别比2005年降低了1.0和4.4个百分点。二是交通通讯支出大幅增加。2010年,城镇居民人均用于交通通讯的支出为1984元,比2005年增长99.0%,年均增长14.8%;农村居民人均用于交通通讯的支出为461元,比2005年增长88.2%,年均增长13.5%。三是主要耐用消费品拥有量成倍增长。2010年底,城镇居民家庭平均每百户拥有家用汽车13.1辆,比2005年底增长2.9倍;拥有移动电话188.9部,增长37.9%;拥有家用计算机71.2台,增长71.6%;农村居民家庭平均每百户拥有电冰箱45.2台,增长1.1倍;拥有移动电话136.5部,增长1.3倍;拥有家用计算机10.4台,增长3.2倍。2010年,全国电话普及率达到86.5部/百人,比2005年提高51.2%。

社会保障事业全面推进。“十一五”期间,我国社会保障体系的框架基本确立,城乡养老、医疗和最低生活保障制度建设取得突破性进展。各项社会保险覆盖人群迅速增长。2010年末,全国参加城镇基本养老保险人数25673万人,比2005年末增加8185万人;参加城镇基本医疗保险的人数43206万人,增加29423万人;参加失业保险的人数13376万人,增加2728万人;参加工伤保险的人数16173万人,增加7695万人;参加生育保险的人数12306万人,增加6898万人。2010年,2678个县(市、区)开展了新型农村合作医疗工作,新型农村合作医疗参合率96.3%;全国列入国家新型农村社会养老保险试点地区参保人数10277万人;2311.1万城市居民和5228.4万农村居民得到政府最低生活保障。

(六)科教文卫等社会事业加快发展,经济社会发展协调性增强

“十一五”时期的五年,是坚持经济与社会统筹发展,社会事业加快发展的五年。

教育事业成绩显著。“十一五”期间,我国全面实行真正免费的义务教育,教育公平迈出重大步伐,国民平均受教育年限从8.5年增加到9年以上。职业教育快速发展。2010年各类中等职业教育招生868.1万人，在校生2231.8万人，毕业生659.2万人，比2005年分别增加212.4、631.8和241万人。高等教育大众化程度进一步提高。2010年，全国普通高等教育本专科招生661.8万人，在校生2231.8万人，毕业生575.4万人，比2005年分别增加157.3、670.0和268.6万人。

科技事业成果丰硕。“十一五”期间，我国科技投入不断增加，在基础研究和高科技领域取得一批重大成果，突破了一批关键技术，为经济社会发展提供了有力支撑。2010年，研究与试验发展(R&D)经费支出6980亿元，比2005年增长1.85倍，占国内生产总值的1.75%，比2005年提高0.43个百分点。2010年，受理境内外专利申请122.2万件，受理境内外发明专利申请39.1万件，授予专利权81.5万件，授予发明专利权13.5万件，分别比2005年增加了74.6、21.8、60.1和8.2万件。2010年技术合同成交金额3906亿元，比2005年增长1.52倍。“神舟七号”载人航天飞行圆满成功，嫦娥一号、嫦娥二号卫星成功发射。我国首台千万亿次超级计算机系统、第一台深海载人潜水器等重大科技工程成果丰硕。

公共卫生事业稳步推进。“十一五”期间，我国医疗卫生服务体系建设步伐明显加快。2010年底，全国共有卫生机构93.9万个，比2005年底增加5.7万个。全国共有卫生技术人员584万人，比2005年底增加了127.6万人，其中执业医师和执业助理医师237万人，注册护士205万人，分别增加32.8万人和70.0万人。医院和卫生院床位437万张，增加100万张。2009年4月，新一轮医改大幕拉开，提出把基本医疗卫生制度作为公共产品向全民提供，从2009年开始，我国逐步向城乡居民统一提供疾病预防控制、妇幼保健、健康教育等基本公共卫生服务。

文化事业进一步加强。“十一五”期间，公共文化服务体系建设进入快速、稳定的重要发展期，文化产业成为新的增长极。2010年底，全国共有公共图书馆2860个，比2005年底增加98个；文化馆3258个，增加479

个;有线电视用户18730万户,有线数字电视用户8798万户,增加5858和8401万户;年末广播节目综合人口覆盖率为96.8%,提高2.3个百分点;电视节目综合人口覆盖率为97.6%,提高1.8个百分点。文化产业异军突起,各项指标均位居世界前列。2010年共生产电视剧436部14685集,动画电视221456分钟;生产故事影片526部,科教、纪录、动画和特种影片95部;出版各类报纸448亿份,各类期刊32亿册,图书74亿册(张)。

"十一五"期间,我国成功举办了2008年北京奥运会和2010年上海世博会,实现了中国人的百年梦想,极大地扩大和提升了中国的国际影响力。

(七)环境质量持续改善,节能减排取得积极进展

"十一五"时期的五年,是环境保护和节能减排得到空前重视并取得积极进展的五年。

环境质量持续改善。2010年,七大水系的水质监测断面中,Ⅰ—Ⅲ类水质断面比例占59.6%,比2005年提高18.6个百分点。在监测城市中空气质量达到二级以上(含二级)标准的城市占监测城市数的82.7%,比2005年提高22.4个百分点。2010年末,城市污水处理厂日处理能力达10262万立方米,比2005年末增长79.2%;城市污水处理率达到76.9%,提高24.9个百分点。

节能降耗工作进展顺利。"十一五"期间,随着国家和各地区节能降耗工作力度的不断加大,各项政策措施逐步深入落实,节能降耗取得明显成效。2006—2010年,我国单位国内生产总值能耗累计下降19.06%,基本完成"十一五"节能降耗目标。主要耗能产品的单位产品能耗明显下降。"十一五"期间,单位铜冶炼综合能耗下降35.9%,单位烧碱生产综合能耗下降34.8%,吨水泥综合能耗下降28.6%,原油加工单位综合能耗下降28.4%,电厂火力发电标准煤耗下降16.1%,吨钢综合能耗下降12.1%,单位电解铝综合能耗下降12.0%,单位乙烯生产综合能耗下降11.5%。

污染物排放总量逐步得到控制。据初步测算，2010年全国化学需氧量排放量比2005年下降12%左右，二氧化硫下降14%左右，双双超额完成“十一五”规划确定的减排任务。淘汰高排放的落后产能成效突出。“十一五”期间，全国累计淘汰炼铁落后产能约11172万吨，炼钢落后产能约6683万吨，焦炭落后产能约10538万吨，铁合金落后产能约663万吨。

总之，“十一五”时期，我国经济社会发展经受住了各种重大挑战和考验，社会生产力快速发展，综合国力大幅提升，人民生活明显改善，社会事业全面发展，国际地位和影响力显著提高，改革开放和社会主义现代化建设取得了新的巨大成就。特别是，在有效应对国际金融危机巨大冲击的同时，坚持以科学发展观为指导，加快转变经济发展方式和经济结构战略性调整，更加重视民生改善和社会事业发展，为我国经济社会长远可持续发展奠定了良好基础。

“十一五”时期，我国经济社会发展中仍存在一些矛盾和问题，主要是经济发展内生动力不足，投资消费出口比例失调，结构调整进展缓慢，创新驱动作用不明显；低成本优势正在减弱，资源环境约束强化，劳动力成本趋于上升；农业基础薄弱，粮食安全面临挑战；社会公平问题日益突出，收入分配差距拉大，群众对就业难、上学难、看病难和住房难意见较大；制约科学发展的体制机制障碍较多；面临的国际形势日趋复杂多变，国际竞争压力加大等。

三、媒体述评

新华时评：从“五年计划”到“五年规划”的意义

新华网北京10月10日电 今年是“十五”最后一年，从中央到地方，众多部门、专家、学者、各界人士都热情参与“十一五”规划的制定。从五年计划到五年规划，一字之变，中外关注。

规划取代计划，是中国在宏观经济运行方面变政府主导为以市场为基础的进一步转变,展示中国作为一个迅速发展的经济体,是世界众多市场经济国家一员。

我国1992年明确提出建立市场体制,2002年党的十六大报告明确指出我国“社会主义市场经济体制初步建立”,2003年党的十六届三中全会作出完善社会主义市场经济体制的决定。在此背景下,体现计划经济特色的五年计划到了淡出之时。

科学发展观是编制“十一五”规划最重要的指导方针。它意味着,中国要从过度依赖资金、自然资源和环境投入,以量的扩张实现增长,转向更加依靠劳动者素质和技术进步,以提高效率获取发展。自主创新将成为经济结构调整的核心。

一字之变,与构建和谐社会的宏伟目标紧密相连。

构建和谐社会是“十一五”规划的重要内容。这就要求把以人为本理念落到规划中去,从单纯以增加GDP为出发点,变为把实现人的全面发展作为核心,把人力资源开发作为重大举措,强化有关扩大就业,加强义务教育、公共卫生和公共安全,健全社会保障等方面的内容,更多地关注欠发达地区和困难群体。

规划取代计划,是政府工作方式转变的一项内容。

在社会主义市场经济条件下,政府的工作方式发生变化。由过去的指令性计划,转向战略性、政策性、指导性规划;由过去注重产业发展、指标分配的规划,转向强化公共资源、公共产品、服务配置和空间定位的规划;由过去完全由政府主导的规划,转向政府、社会、企业全方位合作的开放型规划。

规划取代计划,是中国为适应加入WTO后的新形势而做出的一个非常关键、重要的改动,是中国加大对外开放力度的一个举措。

“十一五”规划还在酝酿中。我们该做何调整适应变化,必须现在就加以考虑。

政府职能必须转变。人们期待在政府管理、财税体制方面出台一些举措。还应科学界定地方政府经济职能,使其主要负责社会管理和公共服务,减少政府层级,统筹城乡发展。

各级干部要进一步转换工作方式。改革以经济指标作为标准的政绩考核体系,深入分析现行财税体制对经济发展的促进作用和负面影响,研究建立既有利于发挥地方政府积极性,又能有效引导和约束地方政府行为的体制框架和政策措施。

政府和企业要相互调整关系,使企业真正成为自主创新的主体。企业要向世界级企业学习,转变经济增长方式,提高自主创新能力。政府要研究吸引外资从量的增长转向质的提升,研究促进企业创新、提高产业核心竞争力的政策和措施,建立资源节约型的产业技术体系。

各地“十一五”规划编制也要适应变化。在规划理念、规划体系、规划内容、规划方法上全面体现科学发展观;结合本地实际和特点,研究改变传统的思维定式和规划模式;将人口与经济、经济与社会、城市与乡村、人口经济与资源环境在具体地域上统筹协调起来,把科学发展观落到实处。

一字之变,意义深远。经过全体中国人的努力,“十一五”规划一定能提出符合中国国情、顺应时代要求、反映人民意愿的发展目标和总体部署,并引导中国人民实现这一宏伟蓝图。

(来源:新华网 2005 年 10 月 10 日)

人民日报:“十一五”我国发展史上极不平凡的五年

“‘十一五’时期是我国发展史上极不平凡的五年。”这是刚刚胜利闭幕的十七届五中全会作出的重要判断。这个判断符合五年来我国经济社会发展实际,表达了亿万中国人共同的生活感受。全面把握、深刻理解这五年我们所取得的来之不易的成绩,所积累的弥足珍贵的经验,所创造的影响深远的精神财富,对于我们学习贯彻十七届五中全会精神,满怀信心地迈向“十二五”，奋力夺取全面建设小康社会新胜利、开创中国特色社会主义事业新局面，具有十分重要的意义。

这五年，国家面貌发生了新的历史性变化。我国经济跨上了一个新台阶，“十一五”前四年GDP年均增长达11.4%、单位GDP能耗累计下降15.6%，今年国民经济继续朝着宏观调控的预期方向发展，“十一五”规划确定的主要目标和任务是能够胜利完成的。更为重要的是，经济发展方式转变和经济结构调整取得了重要进展，一些重要领域和关键环节改革取得重大突破，区域发展的协调性增强，经济发展与社会发展的协调性增强。实践证明，坚持科学发展，加快转变经济发展方式，不仅深刻地改变了国家面貌，还将赢得更长时间和更高水平的发展。

这五年，人民群众得到了更多实惠。城镇和农村居民人均可支配收入年均增长分别达10.2%和8.3%，收入大幅提高，生活水平明显改善，就业规模持续扩大。几千年来农民种田交税的历史结束了，真正免费的义务教育全面实行了，逐步覆盖城乡居民的社会保障体系将让人民生活有基本保障。实践证明，坚持发展为了人民，发展依靠人民，发展成果由人民共享，不断加大保障和改善民生力度，百姓才能获得更多福祉。

让人们尤为感慨的是，这五年国内外环境的复杂性和重大风险挑战的严峻性历史罕见。从隆重庆祝改革开放30周年和新中国成立60周年，到成功举办北京奥运会、上海世博会，从遭遇国际金融危机的严重冲击，到遭受汶川、玉树地震和舟曲山洪泥石流，我们共同经历了一系列大事、喜事、难事。在这样的情况下，能够保证社会生产力快速发展、综合国力大幅提升、人民生活明显改善、国际地位和影响力显著提高，取得社会主义经济建设、政治建设、文化建设、社会建设以及生态文明建设和党的建设的重大进展，谱写中国特色社会主义事业的新篇章，是极为不易的。

实践经验弥足珍贵，精神财富影响深远。“十一五”取得的辉煌成就，充分证明了中国特色社会主义理论的强大力量，充分表明了把科学发展观贯彻落实到经济社会发展各个方面的极端重要性，充分表明加快经济发展方式转变的极端重要性。这一切，必将极大地激发全国人民的自信心和自豪感，极大地增强全国人民走中国特色社会主义道路的自觉性和坚定性。

下一个五年，是为全面建成小康社会打下具有决定性意义的基础的关键五年。十七届五中全会通过的“十二五”规划建议，对推动“十二五”时期我国经济社会发展作出全面部署，是今后五年我国经济社会发展的重要指导性文件。认真学习贯彻十七届五中全会精神，把思想和行动统一到中央决策部署上来，就必定能够书写我国发展史上又一个五年的崭新篇章。

（来源：《人民日报》2010 年 10 月 20 日）

四、专家论道

经济学家回顾十个五年计划："计划"不是贬义词

就在“十一五”规划即将提交十届全国人大四次会议审查和批准之际，媒体还在热议从“计划”到“规划”一字之差的重大转变，著名经济学家刘国光却说，“计划”不是贬义词。

从 2001 年起，刘国光领衔的、张卓元等十余名经济学家参与的课题组，系统研究了中国前十个五年计划。他们的学术著作《中国十个五年计划研究报告》本周开印。

“在当前讨论制定‘十一五’规划之际，国内有一种错误的认识在广为流传，那就是把‘计划’一词完全贬义化。”今天，在这本学术著作即将面世之际，刘国光说，尤其是国内部分讲授西方经济学的人，主张什么都应该市场化，根本不需要计划。这种过度迷信市场化的泛市场化观念，主张取消一切计划，很不正常，也是严重错误的。

在学界，刘国光和马洪、吴敬琏等经济学家被认为是我国“创新和启蒙”市场经济思想体系的一代学者。刘国光认为，“规划”也是计划，是具有指导性、战略性、长远性的计划。

四个“计划”未曾面世

经济学家们用“计划”和“向社会主义经济转轨”两个概念把十个五年计划分成了两段,第一至第五个五年计划,是处于计划经济时期,有那个时代的一些烙印,而第六至第十个五年计划,则有处于转轨和市场经济时期的特点。

《中国十个五年计划研究报告》副主编、中国社科院经济研究所的董志凯说,现在很多年轻人可能不知道,虽然我国已经开始研究“十一五”规划了,可实际上却是除了“一五”计划正式颁布了以外,“二五”到“五五”计划都因为中途变化太大而未经全国人大通过、未正式颁布。“一五”计划制定时间虽然长,但反复不大;其余四个五年计划的制定和实施过程都比较曲折、指标起伏大,反映了科学决策、民主决策的难度。

在董志凯看来,历史上四个五年计划未曾面世的情况,不能简单地解释为缺乏经验,因为恰恰是最缺乏经验的第一个五年计划完成了制定工作并颁布实施。四个五年计划难产的原因被经济学家们归纳为决策信息不充分、滞后甚至扭曲,以及违反科学的长官意志、行政命令,导致“计划赶不上变化”。

最典型的事件是“二五”计划期间政府部门实行的“两本账”制度。这项制度来源于 1958 年中央提出的《工作方法六十条(草案)》,其要求中央在制定生产计划时要搞两本账,一本是必成的计划,这一本公布;第二本是期成的计划,这一本不公布。地方也有两本账,地方的第一本就是中央的第二本账,这在地方成了必成的,地方自然也还有一本期成的账。

董志凯说,“两本账”制度造成从中央到地方的计划层层加码,级级往下追高,为计划的层层加码打开了一个重要的管道。中央带头搞两本账,各级就都搞自己的两本账。下到基层,同一个指标就有六七种账了。

由于对高速度的追求,导致正式的“二五”国民经济计划并未形成,只提出了计划建议和编制了计划草案。

一个计划“走了样”的笑话

报告主编刘国光在这份研究报告的前言里写到，从上个世纪50年代开始，中国学习和实施了苏联的计划经济制度。但是，受中国自身条件的制约，理想的计划经济制度在中国难以实现，受计划管理制约的那一部分经济活动也多少“走了样”。

董志凯讲了一个发生在“一五”期间经济活动“走了样”的事：东北地区有大片的旱地，当地农民发明了一种叫做“双轮双铧犁”的工具，耕畜是北方地区特有的马匹，极大地提高了耕地的效率，于是当时的领导干部在主持《农业发展纲要(草案)》中，规定在3年—5年内，要在全国推广“双轮双铧犁”600万部，生产计划要达到500万部。

然而，我国南方的农田大多是水田，而且耕畜用的是牛，90%以上的“双轮双铧犁”都只能闲置不用。最后只能将这种犁的产量调整为180万部。事实上，1956年生产部门加紧生产出来的170多万部犁最后只销出80万部，后来还又被退回了15万部。

董志凯说，虽然这件事今天听起来像个笑话，但却反映了当年计划、决策的形成与修订缺乏广泛参与的民主机制。

在计划管理体制下，原来的国家计委大量的具体管理工作体现于通过按计划分配国家投资来配置资源。在制定投资计划时，要反复填报表格，层层召开长时间的计划会议，并对追加或压缩投资进行反复磋商。

在这一过程中，典型的现象是，部门和地方提出的投资需求不断追加，而计委、财政部不得不考虑资金的可能，反复压缩投资需求。而投资数额确定以后，投资的实施与效果由要到钱的部门负责，这样投入和产出是分家的，投资的效益不稳定。

“六五”是个转折点

参加研究的课题组专家介绍说，以往的几个五年计划都是仅仅关于国民经济发展的计划。从“六五”计划开始，我国的经济计划中增加了社会发展的内容,计划的题目也相应改为“国民经济与社会发展计划”。“六五”计划突出了社会的发展,对社会发展的各个方面进行计划安排,特别是强调了人民生活的改善、劳动就业、环境保护等方面。

专家们认为,这一变化反映了随着改革开放后观念的变化,人的因素在国家计划中的地位在增强;说明单纯追求经济速度的理念在新的发展观下开始调整。至此,我国国民经济发展战略开始从速度型向效益型转变。

董志凯介绍说,从制定第六个五年计划开始,五年计划的制定就开始步入正规化轨道,即必须经过全国人民代表大会审核通过。在编制方法上,随着市场调节范围越来越大和指导性计划指标成为主体,五年计划和年度计划的指标体系也趋于简化。老百姓的知情权和参与权也逐渐提高。在第十个五年计划的编制过程中,还曾公开征求意见和建议。

市场经济同样需要计划

董志凯回忆说,“六五”、“七五”时期,是计划与市场之争的最后交锋时期。直到“七五”末期的1990年,计划与市场的关系还没有从理论上根本解决。这种论争对计划的编制和执行,特别是对计划管理体制的改革有着直接影响。

面对当时的改革困境和经济建设中的问题,在计划调节与市场调节之间如何进行选择,采取什么样的政策措施,就颇费踌躇,且争论激烈,这些也直接影响了计划的执行及其结果。

课题组的专家认为,计划经济和市场经济指导下的“计划”呈现出了不同的特点:

第一,前五个五年计划都是以单一公有制和计划经济为目标模式,结果越搞问题越多;后五个五年计划,则是以多种经济成分并存发展和市场经济为目标模式,结果渐入佳境。

第二,前五个计划处于工业化起步阶段,贯彻优先发展重工业和进口替代战略,实行高积累,结果导致农、轻、重结构失衡,人民生活水平长期得不到明显改善。

第三，前面五个计划都是高指标，导致经济紧运行；后面五个计划则指标普遍不高，而实际执行结果一般都超过。

第四，前五个计划的特点都是不断强化政府的经济职能，政府管得越来越多，计划管理越来越依靠行政手段；而后五个计划，则是相反，政府的经济职能和权限逐渐收缩，让位于市场，政府由"全能型"向"效能型"转变。

第五，前五个五年计划的经济效益，除第一个外，其余四个的经济效益都不理想，经济增长波动很大。而后五个五年计划，则表现出政府调控和管理经济逐渐走上正轨，水平越来越高，成本也越来越低，促进和保证了国民经济的持续高速增长。

在分析了十个五年计划之后，刘国光等经济学家认为，社会主义市场经济也需要利用国家的计划或规划、国家的窗体顶端窗体底端宏观调控等，来纠正市场的缺陷与不足。

五、延伸阅读

1.《中共中央关于制定国民经济和社会发展第十一个五年规划的建议》。

2.《关于制定国民经济和社会发展第十一个五年规划建议的说明》。

3.《中华人民共和国国民经济和社会发展第十一个五年规划纲要》。

第十二章

“十二五”规划(2011—2015年)

【关 键 词】 转变经济发展方式 扩大内需 收入分配改革

【主要目标】 经济平稳较快发展;结构调整取得重大进展;科技教育水平明显提升;资源节约环境保护成效显著;人民生活持续改善;社会建设明显加强;改革开放不断深化。

“十二五”时期(2011－2015年)，是全面建设小康社会的关键时期，是深化改革开放、加快转变经济发展方式的攻坚时期。深刻认识并准确把握国内外形势新变化新特点，科学制定“十二五”规划，对于继续抓住和用好我国发展的重要战略机遇期、促进经济长期平稳较快发展，对于夺取全面建设小康社会新胜利、推进中国特色社会主义伟大事业，具有十分重要的意义。

一、“十二五”规划概要

中华人民共和国国民经济和社会发展第十二个五年(2011－2015年)规划纲要，根据《中共中央关于制定国民经济和社会发展第十二个五年规划的建议》编制，主要阐明国家战略意图，明确政府工作重点，引导市场主体行为，是未来五年我国经济社会发展的宏伟蓝图，是全国各族人民共同的行动纲领，是政府履行经济调节、市场监管、社会管理和公共服务职责的重要依据。

(一)“十二五”规划实施的国际国内背景

“十二五”时期，世情国情继续发生深刻变化，我国经济社会发展呈现新的阶段性特征。综合判断国际国内形势，我国发展仍处于可以大有作为的重要战略机遇期，既面临难得的历史机遇，也面对诸多可以预见和难以预见的风险挑战。

从国际看，和平、发展、合作仍是时代潮流，世界多极化、经济全球化深入发展，世界经济政治格局出现新变化，科技创新孕育新突破，国际环境总体上有利于我国和平发展。同时，国际金融危机影响深远，世界经济增长速度减缓，全球需求结构出现明显变化，围绕市场、资源、人才、技术、标准等的竞争更加激烈，气候变化以及能源资源安全、粮食安全等全球性问题更加突出，各种形式的保护主义抬头，我国发展的外部环境更趋复杂。我们必须坚持以更广阔的视野，冷静观察，沉着应对，统筹国内国际两个大局，把握好在全球经济分工中的新定位，积极创造参与国际经济合作和竞争新优势。

从国内看,工业化、信息化、城镇化、市场化、国际化深入发展,人均国民收入稳步增加,经济结构转型加快,市场需求潜力巨大,资金供给充裕,科技和教育整体水平提升,劳动力素质改善,基础设施日益完善,体制活力显著增强,政府宏观调控和应对复杂局面能力明显提高,社会大局保持稳定,我们完全有条件推动经济社会发展和综合国力再上新台阶。同时,必须清醒地看到,我国发展中不平衡、不协调、不可持续问题依然突出,主要是,经济增长的资源环境约束强化,投资和消费关系失衡,收入分配差距较大,科技创新能力不强,产业结构不合理,农业基础仍然薄弱,城乡区域发展不协调,就业总量压力和结构性矛盾并存,物价上涨压力加大,社会矛盾明显增多,制约科学发展的体制机制障碍依然较多。我们必须科学判断和准确把握发展趋势,充分利用各种有利条件,加快解决突出矛盾和问题,集中力量办好自己的事情。

(二)“十二五”规划的制定过程

从起草、制定到实施,五年计划需要集思广益。这是一个复杂,有时是漫长的过程,这是可以理解的,毕竟,五年计划要针对中国这个世界上最大的发展中国家提出未来五年内经济与社会方方面面的发展规划。

中国的“十二五”规划编制过程是一个公共政策决策过程,它反映了在中国特有的政治体系内所发生的一系列政治行为或过程,不同的机构和参与者之间相互作用的过程,也是一个逐步制度化、规范化和程序化的过程。

公共政策决策过程包括设定议程、使政策合法化、执行政策、评估政策。不同的国家有不同的制度安排和决策过程,因而就会有不同的决策结果和效果。公共政策决策的过程本身比决策结果更重要。

对此,以往人们了解甚少,对外似乎又很神秘。实际上,它是一个较为公开的、有其程序性的公共政策与公共决策的过程,分为多个步骤,每一步骤都会形成一个阶段性的成果。

"十二五"规划的制定过程，大体可以分为以下相互连接的 11 个步骤：

第一个步骤为中期评估(2008 年 3 月至 2008 年 12 月)。

国务院赋予国家发展和改革委员会的主要职能之一，是拟订并组织实施国民经济和社会发展战略、中长期规划和年度计划。2008 年 3 月，国家发展和改革委员会组织开展"十一五"规划中期评估。中期评估是《国家"十一五"规划纲要》第 48 章首次明文规定的重要程序，是一个充分民主的过程。

评估过程首先包括三类主体的评估：各部委组织对本部门的"十一五"专项规划实施情况进行评估；地方各级(主要是省级)政府也都对本级政府的"十一五"规划实施情况评估；第三方独立评估。

其中，第三方独立评估是新增加的程序，国务院发展研究中心、清华大学国情研究中心和世界银行驻华办事处三家机构分别以各自的视角和独立的分析提交了评估报告，包括客观的批评意见，同时各自提出下一步实施规划的政策建议，作为国家发展和改革委员会起草中期评估报告的重要参考，充分体现公共政策实施评估的专业化、国际化以及独立性和客观性。这不仅在中国是首次，而且在国际上也是首次。

同时，国家发展和改革委员会还广泛听取意见，深入基层进行实地调研，通过问卷调查、召开座谈会等形式广泛征求意见，并向全国人民代表大会财经委员会作专题汇报，及时接受指导。

在充分民主的基础上，由国家发展和改革委员会集中各方意见，起草《"十一五"规划实施情况中期评估报告》，并于 2008 年 12 月 24 日由国家发展和改革委员会主任张平向十一届全国人民代表大会常务委员会第六次会议报告，同时附上三家独立评估报告摘要。

这反映了中国五年规划独特的学习机制：前一个五年规划实施过半，进行他方和自我评价，及时发现突出问题，及时提出解决办法，及时改进《纲要》编制，也为制定下一个五年规划做了铺垫。

第二个步骤为前期研究(2008年底至2009年底)。

这包括进行基础调查、信息搜集、课题研究以及纳入规划重大项目的论证等前期工作。

在中期评估的基础上,2008年底至2009年初,国家发改委提出了包含8大领域39个题目的“十二五”规划前期重大问题,向全社会公开招标,其中有60个单位的选题入选,加上直接委托研究,发改委系统内部研究,选题大约有数百个之多,参与专家数千人、研究人员达上万人,形成几百万字的研究报告。

上述研究成果直接为起草《“十二五”规划纲要》服务,相当于“自下而上”驱动的政策制定模型。这是世界最大规模的公共政策“集体研究”、“密集研究”和“竞争研究”,国家“花钱”购买“公共决策知识”。

对于同一重大题目,国家发展和改革委员会采取委托多家研究的方式,以便广纳善言,集思广益。例如其中最重要的选题,《“十二五”规划总体思路和目标研究》,共委托了国家信息中心、国家发展和改革委员会宏观经济研究院、国家行政学院、清华大学国情研究中心四家进行独立研究,于2009年9—10月提交报告。

在此基础上,国家发改委吸收各方研究成果起草“十二五”规划基本思路,在形成基本思路初稿以后,国家发展和改革委员会开始征求专家意见、各部门意见。根据各方的修改意见,国家发展和改革委员会对基本思路进行修改完善。

第三个步骤为形成“十二五”规划的《基本思路》(2009年12月至2010年2月)。

根据前期研究成果,国家发改委起草了基本思路意见稿,在征求各方面(指各地区、各部门及专家)意见之后,向党中央、国务院汇报。中央政治局常委们详细讨论基本思路,达成政治共识后,向各方通报,以统一认识,进行政治动员。这充分反映在2010年2月初胡锦涛、温家宝、习近平、李克强等四位中央政治局常委在中央党校省部级主要领导干部落实科学发展观加快经济发展方式转变专题研讨班上的讲话，为“十二五”规划的基本思路定调，其主线就是转变经济发展方式，关键词就是转型。

这是一次从民主到集中的过程，主要是社会范围内民主到集中的过程。而后，开始了下一轮的民主和分散，相当于“自下而上”驱动的政策制定模型。一旦形成基本思路，就为以后的调查研究、广泛听取各方意见、起草党中央建议提供了基础。

第四个步骤为党中央《建议》起草阶段（2010 年 2 月至 2010 年 10 月）。

《中共中央关于制定国民经济和社会发展第十二个五年规划的建议（草案）》，是在中央政治局常委会直接领导下制定的。

2010 年 2 月，中央成立由李克强担任组长的“十二五”规划《建议》起草小组，起草小组主要由国务院研究室、国家发展改革委以及各部门人员参与。起草小组工作方式大体是先集中学习，主要是集中学习有关材料；随后组成专题调研组分赴各地调研；在此基础上起草送审《提纲》。根据中央领导人对于送审《提纲》的指示，以及各方面的意见，起草小组开始集中写作，起草《建议》。中央政治局常委多次听取汇报，中央政治局对《建议》进行多次讨论。

从 3 月全国人民代表大会闭幕之后，中央政治局九位常委和其他委员分赴各地进行专题调研。这是中央领导人与地方负责人直接信息沟通的最好形式，一方面“百闻不如一见”，中央领导人直接获得第一手信息，了解第一手材料，另一方面，地方负责人可以直接反映他们的实际要求和具体建议，就重大政策交换意见，达成共识。

2010 年 3 月—2010 年 9 月间，全国人大、全国政协、民主党派分赴全国各地就“十二五”规划编制进行专题调研，为“十二五”规划编制提供咨询。与此同时，各阶段的起草小组工作人员更是经常性地进行深入调研，通过调研来研究问题，形成思路。2009 年末到 2010 年初，国家发改委赴东部、西部、中部三个地区专题调研，并召开了四个地区（其中东北地区和中部地区合并召开)关于"十二五"规划思路研究的"片会"。

形成《建议》的过程就是民主决策的过程。一是广泛听取各地方、各部门党委(党组)、党内老同志和党内精英意见,以集中全党的智慧;二是广泛征求各民主党派与全国工商联负责人、无党派人士等的党外精英意见,以吸收社会的智慧,对《建议》不断修改、充实、完善。还要在中央政治局常委会、中央政治局会议多次讨论,形成《建议》的讨论稿正式提交中共十七届五中全会。

第五个步骤为通过中央《建议》。

2010年10月正式召开中共十七届五中全会,由国务院总理代表中央政治局作《关于制定国民经济和社会发展第十二个五年规划建议的说明》,全会审议和通过《中共中央关于制定国民经济和社会发展第十二个五年规划的建议》,并正式对外公布。党中央的《建议》分析国内外形势,根据中国基本国情和发展阶段,提出规划的经济社会主要目标、指导方针、重要原则、重点战略和主要任务,为制定"十二五"规划纲要奠定基础。这是再次从民主到集中的过程,主要是党内范围民主到集中的过程。

第六个步骤为制定《中华人民共和国国民经济和社会发展第十二个五年规划纲要》(以下简称《纲要》)文本(2010年10月至2011年2月)。

由于在《建议》起草期间,一方面,国家发展和改革委员会参与党中央《建议》起草工作,另一方面,国家发展和改革委员会也同步起草《纲要》草案。在党中央《建议》正式公布之后,形成《纲要》文本初稿。并于2010年12月在全国改革发展工作会议上,与各地方、各部门、各行业协会进行信息沟通,直接听取意见,与此同时进行不同规划之间的衔接和协调。

第七个步骤为国家规划专家委员会论证(2010年10月至2011年1月)。

2005年10月,国务院明文规定,实行编制规划的专家论证制度,正式成立国家规划专家委员会,由37位经济界、科技界、企业界和其他知名专家组成。五年规划草案形成后，国家发展和改革委员会多次组织国家发展规划专家委员会专家进行详细讨论、专业咨询和专题论证，并正式向国务院提交论证报告，并随同《纲要》一起报送全国人民代表大会，作为审议《纲要》的重要参考。

第八个步骤为广泛争取内外部意见。

在制定"十一五"规划时，国务院就提出了建立健全规划编制的公众参与制度。规定除涉及国家秘密内容外，规划编制部门应当公布规划草案或者举行听证会，听取公众意见。为此，在国家发展和改革委员会门户网站开辟建言献策专栏，公开征集公民意见。这是充分反映人民群众意见，集中人民群众智能的"信息平台"。

同时，由国务院召开"十二五"规划座谈会，直接听取各地区、各部门领导的意见；直接向党中央、国务院各部门进行书面征求意见；召开老同志座谈会听取意见；由国家发改委征求香港和澳门特别行政区的意见；由全国人民代表大会财政经济委员会、全国政协召开会议，听取《纲要》的汇报，直接提出修改意见；由国务院总理多次主持召开专家、企业家、工人、农民等方面的座谈会；由全国人民代表大会财政经济委员会等对《纲要(草案)》进行初审；由各地区人民代表大会常务委员会组织全国人大代表提前审议《纲要》；由中共中央主持召开民主党派等方面的座谈会。

在此基础上，《纲要》提交国务院常务会议和国务院全体会议审议；提交中央政治局常委会和中央政治局会议审定，形成《纲要(草案)》，正式提交第十一届全国人民代表大会第四次会议审议。这是又一次从民主到集中的过程。

第九个步骤为全国人大审议并批准《纲要(草案)》(2011 年 3 月)。

这是《中华人民共和国宪法》第六十二条赋予全国人民代表大会的第十一项职权。国务院审议通过的《纲要(草案)》提交全国人大审议，首先由全国人大专门委员会对"十二五"规划提前进行审议；在召开全国人民代表大会之前，全国人大常委会组织全国人民代表提前审议；召开第十一届全国人民代表大会第四次会议，由国务院总理向大会提交的《政府工作报告》中对《纲要(草案)》做说明，全国人大代表和全国政协委员进行分组讨论、提出重要修改意见，在此基础上由大会审议并正式批准《纲要》。这是再次民主，再次集中，使公共政策合法化、法律化。

第十个步骤为正式公布《中华人民共和国国民经济和社会发展第十二个五年规划纲要》。

第十一个步骤为规划实施阶段。

规划实施是规划编制的最终目的，任何规划最后都应组织实施。在市场经济条件下，要根据规划的不同功能，创新规划实施机制，建立责任明确、分类实施的实施机制。国务院按照职责分工将《纲要》提出的主要目标和任务分解落实到各地区、各部门，明确约束性指标的责任部门，约束性指标的地区分解，建立约束性指标的公报制度，将约束性指标纳入各地区、各部门经济社会发展综合评价和绩效考核，组织全国实施。

在先后经历以上十一个步骤，用了长达两年半的时间，才制定了一个全国五年规划纲要。实际情况比以上所述还要更为复杂、更为细节。这也反映了制定五年规划的过程在不断制度化、规范化和程序化，这为制定一个成功的发展规划奠定了重要的制度基础。

“十二五”规划的整个制定过程体现了中央政府的战略决策和地方政府追求社会和经济发展的愿望。所有不同利益、愿望和建议都将会聚在一起，形成一个关于中国未来的共识。这个过程就是一种证明，证明中国已经形成了属于自己的公共决策的民主和制度程序。

(三)“十二五”规划的实施情况

受国务院委托，国家发展和改革委员会主任徐绍史2013年12月25日向全国人大常委会报告了《中华人民共和国国民经济和社会发展第十二个五年规划纲要》实施中期评估的情况。总的来看，《纲要》提出的主要目标、重点任务、重大工程实施进展顺利，24个主要指针大多数达到预期进度。

徐绍史表示，2011年国内生产总值增长9.3%，2012年增长7.7%，2013年上半年增长7.6%，经济增速高于《纲要》年均增长7%的预期目标。就业、物价、国际收支等主要宏观调控目标也基本实现。此外，经济结构调整取得新进展，科教水平稳步提高；资源节约环境保护力度加大；人民生活水平不断提高；社会事业和社会管理得到加强；改革开放稳步推进。

“受经济增长速度超过预期、产业结构优化升级较慢、能源结构优化调整进展不快、部分企业减排力度不够等因素影响，能源消费强度、二氧化碳排放强度、能源消费结构和氮氧化物排放量等4个节能环保方面的约束性指针实现进度滞后。”徐绍史说。

徐绍史阐释了“十二五”后半期在外部环境和内部条件可能变化的情况下，全面完成《纲要》各项目标任务所面临的问题和挑战。

针对上述问题和挑战，徐绍史表示，必须全面推进党的十八届三中全会确定的各项改革，加快建立有利于科学发展的体制机制，优化宏观调控政策组合，强力推进节能减排和生态环境保护各项举措，努力促进《纲要》目标任务全面实现。

二、“十二五”时期成就辉煌

2013年12月25日的《国务院关于“十二五”规划〈纲要〉实施中期评估报告》指出，在党中央、国务院坚强领导和全国各族人民共同努力下，《纲要》主要目标实现程度良好，各项重大战略任务积极推进，经济社会发展取得新成就。

经济增长超过预期目标。2011年国内生产总值增长9.3%，2012年增长7.7%，2013年上半年增长7.6%，经济增速高于《纲要》年均增长7%的预期目标。就业、物价、国际收支等主要宏观调控目标也基本实现。

经济结构调整取得新进展。内需对经济增长的贡献提高，消费需求对经济增长的贡献总体呈上升趋势。农业基础进一步巩固,粮食总产量实现"十连增",连续7年稳定在万亿斤以上。产业结构继续优化,战略性新兴产业发展取得进展,服务业增加值比重由2010年的43.2%提高到2012年的44.6%。重大基础设施建设成效显著,综合交通运输体系加快发展,现代能源产业体系逐步完善,水利建设扎实推进。城镇化积极稳妥推进,城镇化率从2010年的49.95%提升到2012年的52.57%;城乡收入差距趋于缩小,城乡居民收入比从2010年的3.23∶1缩小到2012年的3.10∶1。农村水电路气房等建设加快、条件改善。区域发展协调性增强,东、中、西、东北人均地区生产总值差距由2010年的2.1∶1.1∶1.0∶1.5缩小到2012年的1.8∶1.0∶1.0∶1.5。

科技教育水平稳步提高。科技创新能力持续提升,科技投入和产出大幅度增长,对经济增长的贡献增强。2012年全社会研发经费支出突破1万亿元,占国内生产总值的比重提高到1.98%,一些关键核心技术取得突破,取得一批以载人航天、探月工程、北斗导航、载人深潜、深水钻井平台为代表的重大创新成果。截至2013年6月底,每万人口发明专利拥有量达到3.65件,提前实现《纲要》目标。优先发展教育事业,2012年财政性教育经费支出占国内生产总值比例首次突破4%;九年义务教育巩固率和高中阶段教育毛入学率分别达到91.8%和85%,比2010年分别提高2.1个和2.5个百分点。

资源节约环境保护力度加大。资源利用效率持续提升,前两年单位国内生产总值能源消耗累计降低5.54%,实行最严格的耕地保护制度和水资源管理制度,守住18亿亩耕地红线,单位工业增加值用水量两年累计降低20%。主要污染物排放总量控制取得成效,化学需氧量、二氧化硫、氨氮排放总量前两年分别累计下降5.03%、6.62%、4.1%。应对气候变化工作稳步推进,二氧化碳排放强度累计下降6.6%,基本完成阶段目标。生态文明建设扎实推进,强化重点生态功能区、江河源头区和重要水源地保护,生态补偿机制不断完善,补偿力度逐步加大。截至2012

年底，森林面积增加约750万公顷；森林蓄积量增加6亿立方米，提前实现《纲要》目标。

人民生活水平不断提高。前两年城镇居民人均可支配收入和农村居民人均纯收入年均实际增长均高于同期国内生产总值增速。合理调整收入分配关系，职工最低工资标准年均上升近15%，收入分配差距有所缩小。社会保障体系建设全面推进，新型农村社会养老保险和城镇居民社会养老保险制度实现全覆盖；全民基本医保体系初步形成，城乡三项基本医疗保险参保率提高3.4个百分点，提前完成《纲要》目标；城镇保障性安居工程建设力度加大，截至2013年6月底累计新开工建设2264万套；城乡最低生活保障制度逐步完善，保障水平不断提高；实施新的国家扶贫标准，继续加大扶贫工作力度。坚持计划生育基本国策，前两年总人口年均增长4.9‰，低于7.2‰的《纲要》控制目标。

社会事业和社会管理得到加强。覆盖城乡的公共文化服务体系初步建成，文化产业规模和实力不断壮大，文化体制改革继续推进。公共卫生服务体系建设得到加强，城乡医疗服务体系进一步完善，医药卫生体制改革扎实推进。公共体育健身设施不断改善，体育产业快速发展，全民健身运动广泛开展。加强和创新社会管理，积极探索信息化条件下社会管理新模式，社会信用体系建设力度加大，城乡小区自治和服务功能得到加强，社会组织的功能和作用得到更广泛发挥，应急管理和公共安全体系更加健全。

改革开放稳步推进。重点领域和关键环节改革取得成效，非公有制经济发展环境得到改善，政府机构改革和职能转变取得进展，取消、调整、下放535项行政审批事项，铁路行业实现政企分开；转移支付、预算管理和税收制度改革不断推进；天然气等资源性产品价格形成机制改革不断推进；汇率、利率制度改革有序推进。对外开放广度和深度不断拓展，全方位区域开放格局不断完善，2012年货物贸易进出口总额达到3.87万亿美元，稳居世界第二位，服务贸易进出口总额达到4706亿美元，位居世界第三。截至2013年6月底,非金融类外商直接投资累计2897亿美元,非金融类对外直接投资累计1919亿美元。

其他重点任务进展顺利。《纲要》提出的推进社会主义政治文明建设、加强国防和军队现代化建设、保持香港澳门繁荣稳定等其他重大战略任务实施进展顺利。

总的来看,《纲要》提出的主要目标、重点任务、重大工程实施进展顺利,24个主要指针大多数达到预期进度要求,少数指针已提前完成《纲要》目标。但受经济增长速度超过预期、产业结构优化升级较慢、能源结构优化调整进展不快、部分企业减排力度不够等原因的影响,能源消费强度、二氧化碳排放强度、能源消费结构、氮氧化物排放量等4个节能环保方面的约束性指针实现进度滞后。

三、媒体述评

人民日报社论:紧紧围绕主题主线 实现"十二五"良好开局

这次中央经济工作会议,是贯彻落实党的十七届五中全会精神的一次重要会议。会议认真总结今年及"十一五"时期经济工作,科学分析当前国际国内形势,全面部署明年经济工作,对于统一全党认识、凝聚全国力量,为"十二五"时期经济社会发展开好局、起好步,具有十分重要的意义。

今年以来,国内外经济环境极为复杂,各类自然灾害和重大挑战极为严峻。党中央国务院总揽全局,科学决策,沉着应对,牢牢把握经济工作主动权,在十分困难的条件下,团结带领全国人民,取得了经济社会全面发展的好成绩,有效巩固和扩大了应对国际金融危机冲击成果,实现了"十一五"规划的圆满收官。

"十一五"是我国发展史上极不平凡的5年。在过去的5年中,全党全国各族人民砥砺奋进,共克时艰,办成了一系列大事,办好了一系列喜事,办妥了一系列难事,综合国力大幅提升,人民生活明显改善,国际地位和影响力显著提高，改革开放和社会主义现代化建设取得举世瞩目的巨大成就。

在充分肯定成绩的同时，应当清醒地看到，我国经济社会发展中，短期问题和长期问题交织，结构性问题和体制性问题并存，国内问题和国际问题互联，做好明年经济工作，既有许多有利条件，也面临不少困难和挑战。这就必须准确把握明年经济工作的总体要求：全面贯彻党的十七大和十七届三中、四中、五中全会精神，以邓小平理论和“三个代表”重要思想为指导，深入贯彻落实科学发展观，正确把握国内外形势新变化新特点，以科学发展为主题，以加快转变经济发展方式为主线，实施积极的财政政策和稳健的货币政策，增强宏观调控的针对性、灵活性、有效性，加快推进经济结构调整，大力加强自主创新，切实抓好节能减排，不断深化改革开放，着力保障和改善民生，巩固和扩大应对国际金融危机冲击成果，保持经济平稳较快发展，促进社会和谐稳定。

贯彻这个总体要求，关键在于经济社会发展的各项工作都要紧紧围绕科学发展这个主题和加快转变经济发展方式这条主线。

明年是“十二五”规划的第一年，如何开局、怎样起步，关系到未来5年能否为全面建成小康社会打下具有决定性意义的基础。必须树立全局意识、国际视野和战略思维，切实抓住和用好重要战略机遇期，真正在推动科学发展、加快转变经济发展方式上，研究新思路，出台新举措，开创新局面。要把经济发展建立在结构优化、资源节约、环境友好、社会和谐的基础上，在发展中促转变，在转变中谋发展，切实防止借“十二五”开局搞指标层层加码，盲目铺摊子、上项目、攀比速度，搞重复建设、粗放发展。

实现“十二五”时期经济社会发展的良好开局，明年经济工作要突出以下重点：

加强和改善宏观调控，保持经济平稳健康运行。明年宏观经济政策的基本取向是积极稳健、审慎灵活，要更加积极稳妥地处理好保持经济平稳较快发展、调整经济结构、管理通胀预期的关系，把稳定价格总水平放在更加突出的位置，切实增强经济发展的协调性、可持续性和内生动力。继续实施积极的财政政策，发挥财政政策在稳定增长、改善结构、调节分配、促进和谐等方面的作用。实施稳健的货币政策，把好流动性这个总闸门，把信贷资金更多投向实体经济特别是“三农”和中小企业，更好服务于保持经济平稳较快发展。

推进发展现代农业，千方百计争取农业好收成。围绕保障农产品供给、促进农民增收的中心任务，切实加大强农惠农政策力度，进一步调动农民种粮、地方抓粮的积极性。落实“米袋子”省长负责制和“菜篮子”市长负责制，加强农产品质量安全管理，确保群众吃上放心食品。把水利作为农村基础设施建设的重点，健全水利建设长效机制，切实扭转水利建设滞后局面。加快转变农业发展方式，促进农业生产经营专业化、标准化、规模化、集约化。

加快经济结构战略性调整，增强经济发展协调性和竞争力。调整优化需求结构，增强消费拉动力。努力提高中低收入群众收入水平，提升居民消费能力。调整优化产业结构，改造提升传统制造业，加快壮大服务业规模，扎实发展战略性新兴产业，提升产业核心竞争力。强化节能减排和应对气候变化，大力发展绿色经济。统筹国土空间开发利用，增强区域发展协调性。积极稳妥推进城镇化，有序推进符合条件的农业转移人口落户城镇。

完善基本公共服务，切实保障和改善民生。坚持更加积极的就业政策，多渠道开发就业岗位，促进充分就业。加强社会保障体系薄弱环节建设。促进教育公平，提高教育质量。加快构建覆盖城乡的公共文化服务体系，推动文化产业成为国民经济支柱性产业。扎实推进医药卫生体制重点改革，为群众提供满意的基本医疗卫生服务。加快推进住房保障体系建设，强化政府责任，缓解群众在居住方面遇到的困难。创新社会管理机制，全力维护社会和谐稳定。

加大改革攻坚力度，不断提高对外开放水平。以更大决心和勇气全面推进改革，加强改革顶层设计，在重点领域和关键环节取得突破。研究制定收入分配改革方案，努力扭转收入差距扩大趋势。积极推进财税、金融、投资体制和资源环境等领域改革，深化国有企业改革。增强应对外部环境变动的能力，有效发挥我国在国际分工中的比较优势，坚持出口和进口并重、吸收外资和对外投资并重，促进国际收支在更高水平上基本平衡。

明年经济工作的大政方针已定，任务艰巨，责任重大。各级党委和政府要切实把思想和行动统一到中央对国内外形势的科学判断上来，统一到中央对经济社会发展的决策部署上来，突出主题，贯穿主线，开拓创新，扎实工作，着力促进经济长期平稳较快发展和社会和谐稳定，以优异成绩迎接中国共产党成立90周年！

（来源：《人民日报》2010年12月13日）

完善基本经济制度 促进发展方式转变

“十二五”的五年，是中国全面建设社会主义小康社会关键的五年，是中国转变发展方式关键的五年。完成这五年的历史重任，我们向何处去寻找强大的推动力？毫无疑问，答案就是全面推进改革。“十二五”规划纲要明确提出，要以更大决心和勇气全面推进各领域改革，更加重视改革顶层设计和总体规划，明确改革优先顺序和重点任务，深化综合配套改革试验，进一步调动各方面积极性，尊重群众首创精神，大力推进经济体制改革，积极稳妥推进政治体制改革，加快推进文化体制、社会体制改革，在重要领域和关键环节取得突破性进展。

完善基本经济制度，推进行政体制改革

经过30多年的改革，中国经济已经总体实现了从计划经济向市场经济的转轨，但这个改革进程还远没有完结。按照党的“十六大”提出的在本世纪头20年建成完善的社会主义市场经济体制的要求,在一些重点领域和关键环节的改革依然滞后。例如,在决定发展方式的基础制度方面,国有经济存在着国有资本在一般竞争性领域分布过广、部分垄断行业改革进展缓慢、国有企业的公司治理结构尚不健全等问题;而非公经济虽然取得了长足进步,却依然面临诸多体制上的发展障碍。

"十二五"规划纲要的改革篇开篇就提出,要坚持公有制为主体、多种所有制经济共同发展的基本经济制度,营造各种所有制经济依法平等使用生产要素、公平参与市场竞争、同等受到法律保护的体制环境。

完善基本经济制度,国有经济和非公经济各有不同的任务。对国有经济来说,除了继续推进战略性调整、完善国有大型企业的企业法人治理结构外,如何推进垄断行业的改革,是亟待实现突破并取得成效的重要任务。对垄断行业,也要根据不同的行业特点和各自的改革进程,分类推进改革。规划中提到,铁路、盐业等行业的体制改革,要实现政企分开、政资分开;而电力体制改革,任务是稳步开展输配分开试点;电信、石油、民航和市政公用事业等方面的改革,要继续向进一步放宽市场准入、形成有效竞争的市场格局方向推进。对非公有制经济来说,主要任务是消除制约其发展的制度性障碍,全面落实促进非公有制经济发展的政策措施。例如,鼓励和引导民间资本进入法律法规未明文禁止准入的行业和领域,鼓励和引导非公有制企业通过参股、控股、并购等多种形式参与国有企业改制重组,完善鼓励非公有制经济发展的法律制度,改善对民间投资的金融服务等等,为民间资本提供更大的发展空间。

"完善基本经济制度和推进行政体制改革其实是一个硬币的两面。核心是进一步合理分配资源,进一步破除壁垒。"南方水泥有限公司执行董事张剑星对规划提出的改革重点任务如是评价。

的确,行政体制改革是推动改革全局的重要突破口,也一直是建设社会主义市场经济体制的重点任务。毕竟,没有一个高效、廉洁的政府,就不可能有真正公平的市场环境。规划纲要在推进行政体制的改革方面，着力强调了加快转变政府职能、完善科学民主决策机制、推行政府绩效管理和行政问责制度、加快推进事业单位分类改革等四个方面的任务，其目的是按照转变职能、理顺关系、优化结构、提高效能的要求，加快建立法治政府和服务型政府。

抓住热点难点实现突破，确实促进发展方式转变

“十二五”规划第一次把加快转变发展方式作为“主线”，人们在看到这一大亮点时，也提出这样的问题：从“九五”提出转变经济增长方式，到如今纵跨四个五年规划，为什么中国的转型之路仍然存在大量需要解决的问题？长期跟踪研究改革问题的中国（海南）改革发展研究院院长迟福林一针见血地指出：“发展方式转变在许多方面尚未取得实质性突破，根本在于体制机制原因。一些重要领域的改革滞后，直接导致发展方式转变的滞后。”

针对收入分配、城乡“二元”结构、公共财政建设、资源环境价格等诸多重点领域的体制性障碍，“十二五”规划纲要分别提出了改革的方向和任务。

在加快财税体制改革方面，“十二五”期间重点要理顺各级政府间财政分配关系，健全公共财政体系，完善预算制度和税收制度，积极构建有利于转变经济发展方式的财税体制。规划在深化财政体制改革、完善预算管理制度以及改革和完善税收制度等三个方面提出了具体的改革任务。

在深化金融体制改革方面，规划提出，要全面推动金融改革、开放和发展，构建组织多元、服务高效、监管审慎、风险可控的金融体系，不断增强金融市场功能，更好地为实体经济和转变发展方式服务。并围绕着深化金融机构改革、加快多层次金融市场体系建设、完善金融调控机制、加强金融监管等四个方面进行了具体的部署。

在深化资源性产品价格和环保收费改革方面，规划提出，要建立健全能够灵活反映市场供求关系、资源稀缺程度和环境损害成本的资源性产品价格形成机制,促进结构调整、资源节约和环境保护。具体任务的提出则围绕着推进水价改革、深化电价改革、完善油气价格形成机制、推进环保收费制度改革、推进资源性产品价格配套制度改革等五个方面。

(来源:《人民日报》2011年4月11日)

四、专家论道

"十二五"规划解读:四大关键词,四场攻坚战

中国共产党第十七届中央委员会第五次全体会议,于2010年10月15日至18日在北京举行,全会审议通过了《中共中央关于制定国民经济和社会发展第十二个五年规划的建议》,会议发表了《中国共产党第十七届中央委员会第五次全体会议公报》(以下简称[公报])。[公报]显示,"十二五"期间,有几个关键点格外引人关注,其中包括4个非常重要的关键词:转变经济发展方式、扩大内需、产业和区域发展、收入分配改革。

关键词:经济发展方式

淡化GDP经济"换挡"前行

[公报]加快转变经济发展方式是我国经济社会领域的一场深刻变革,必须贯穿经济社会发展全过程和各领域,坚持把经济结构战略性调整作为加快转变经济发展方式的主攻方向,坚持把科技进步和创新作为加快转变经济发展方式的重要支撑,坚持把保障和改善民生作为加快转变经济发展方式的根本出发点和落脚点,坚持把建设资源节约型、环境友好型社会作为加快转变经济发展方式的重要着力点,坚持把改革开放作为加快转变经济发展方式的强大动力,提高发展的全面性、协调性、可持续性,实现经济社会又好又快发展。

转变经济发展方式被一些经济学家形象地称之为"换挡",其核心是"又好又快",这就需要改变GDP为目标和考核办法的传统方式。如何"换好挡"已不是快与慢的问题,而是好与坏的问题。

中央政策研究室经济局局长李连仲认为,实现转变的关键在于,完

善资源价格形成机制，改革和完善财税体制，加快行政管理体制改革，构建有利于经济发展方式转变的微观基础。这就要求实施好自主创新战略、结构调整战略、区域协调发展战略、环境友好发展战略和内外需均衡发展战略。李连仲表示，转变经济发展方式取得成功必须不以GDP指标论英雄，还要看经济发展的质量、效益、结构优化、收入分配、社会保障、环保等指标，人民群众满意度、幸福指数等指标，通过这些指标来检查转变经济发展方式取得的成绩和存在的不足。

国务院发展研究中心资源与环境政策研究所副所长李佐军强调，转变发展方式的核心在于“政府转型”，即从管理型政府转变为服务型政府。说起一些地方政府为达成“十一五”单位国内生产总值能耗降低20%的既定目标而拉闸限电的做法，他表示，地方政府不应以“追求GDP”作为经济发展的导向，而应着力实现其公共服务功能。

中共中央党校经济学部政治经济学室李省龙表示，在采取措施防止陷入中长期低速经济增长、甚至经济停滞困境的同时，不再不惜代价地追求与以往类似的高速经济增长。因此必须实现从注重增长速度的高速经济增长到注重提高经济增长质量与效益的适度、稳定和持续增长的历史转变。

除推动政府实现转型，李佐军认为，转变经济发展方式需要重新配备要素结构，传统以土地、资源、劳动力等低要素促经济的模式要转变为以人才、技术和信息为主，使得低碳经济成为转变经济发展方式的重要推手。经济发展的动力结构也要由依靠外需和政府投资转变为扩大内需促进消费。此外国民经济运行的效率和质量要由数量型转变为质量型。

关键词：扩大内需

外部环境倒逼中国“内需优先”

[公报]要坚持扩大内需战略、保持经济平稳较快发展，加强和改善宏观调控，建立扩大消费需求的长效机制，调整优化投资结构，加快形成

消费、投资、出口协调拉动经济增长新局面。

国家信息中心经济预测部首席经济师祝宝良表示,金融危机爆发以后,外贸出口受到严重影响,预测未来5年世界经济增长将非常缓慢,人民币升值等问题在5年之内并不能够得到有效解决,便将扩大内需放到了前面。

但国家发改委副主任杜鹰指出,我国的发展蕴藏着巨大的市场需求和空间,国际金融危机使我国现行发展方式的体制性缺陷和结构性瓶颈进一步凸显,长期以来形成的内需与外需、投资与消费的结构性失衡问题进一步凸显。杜鹰说,世界经济已进入增速减缓、结构转型、双重格局并存时期,这既对我国长期以来高度依赖出口的经济结构和庞大的产能形成严峻挑战,也对我国调整经济结构、扩大内需形成了倒逼机制。

中国社科院宏观经济研究室主任张晓晶认为,扩大内需本身既是推动经济增长的一个办法,也是让老百姓分享发展成果、获得实际利益的办法。

建立扩大消费需求的长效机制,是扩大内需战略的重要组成部分。祝宝良认为,扩大内需长效机制的核心在于收入分配,必须提高扩大内需长效机制收入分配、提高居民收入在国民收入分配中的比重和劳动报酬在初次分配中的比重,而粮食、产品安全和消费环境改善等也是扩大消费的推手。

张晓晶还认为,扩大内需也不能光是扩大消费需求,中国现在的发展阶段,投资一样很重要。投资需求主要是结构的调整,不是总量扩张,结构调整包括投资主体结构是国有还是非国有,投资方向是基础设施建设还是一般经济建设,投资产业是三大产业的哪个产业等。

祝宝良说,在规划中其实已经为中长期投资指明了方向,其中包括战略性新兴产业、服务业、现代能源产业等。总的来看,近几年投资增长过快,投资结构需要进一步优化。

关键词:产业和区域发展

产业和区域轮动挑“十二五”大梁

[公报]要发展现代产业体系、提高产业核心竞争力。主要涉及改造提升制造业,培育发展战略性新兴产业,加快发展服务业,加强现代能源产业和综合运输体系建设,全面提高信息化水平,发展海洋经济。要促进区域协调发展、积极稳妥推进城镇化,实施区域发展总体战略,实施主体功能区战略,完善城市化布局和形态,……构筑区域经济优势互补、主体功能定位清晰、国土空间高效利用、人与自然和谐相处的区域发展格局。

国家发改委国家信息中心副研究员张茉楠分析道,“十二五”规划为我国找到了启动新一轮经济增长的两大路径:产业轮动和区域轮动。如果把产业轮动看成是立轴,把区域轮动看成是横轴,那么产业和区域就构成中国未来立体式的发展框架,更能够发现推动经济可持续发展的内在动力机制。“十二五”是产业升级和产业转移的关键时期,张茉楠说,这一轮中国经济的下滑虽然有国际环境的影响,实际上也有中国经济内在的因素影响。所以,要启动新一轮经济增长,必须有一些新兴先导产业带动。

在她看来,区域发展更多的是从空间范畴进入“十二五”规划的。实施主体功能区战略在“十一五”就已提出,而“十二五”是具体实施时期,绿色经济和低碳经济是主导,是增长目标,所以,主体功能区就是增长路径的模式选择。只有路径选对了,未来才不至于南辕北辙。

张茉楠认为,区域优势互补应该发挥分工优势,以往我们的区域发展出现同质化问题严重,像上海发展总部高端制造业和服务业,而一些中小型城市也按照这种思路发展,这不是有效的竞争。“十二五”时期就应该提倡差异化发展思路,不同城市有不同的地域特点,就应该不同地区协同运转,也就是像北京、上海、天津和广州等大城市把高端的服务业和高端制造业的价值链配置到周边的中小城市,形成一个完整的、分配有序的产业链。

张茉楠指出,“十二五”时期是产业和区域发展践行践实的5年,“十一五”以前更多地关注经济的增长,未来中国更多地要关注经济、环境和能源3大领域(俗称“3E模式”)协调同步增长。如何实现产业和区域整合并做强做大?现在我国的区域发展更多的还是行政行为,不是经济行为,真正要实现跨区域的产业布局,就要打破区域的行政壁垒和区域同质化问题。

关键词:收入分配改革

收入分配改革方案年内出台

[公报]着力保障和改善民生,必须逐步完善符合国情、比较完整、覆盖城乡、可持续的基本公共服务体系,提高政府保障能力,推进基本公共服务均等化。要加强社会建设、建立健全基本公共服务体系,促进就业和构建和谐劳动关系,合理调整收入分配关系,努力提高居民收入在国民收入分配中的比重、劳动报酬在初次分配中的比重,健全覆盖城乡居民的社会保障体系,加快医疗卫生事业改革发展,全面做好人口工作,加强和创新社会管理,正确处理人民内部矛盾,切实维护社会和谐稳定。

中国劳动学会副会长兼薪酬专业委员会会长苏海南称,相比“十一五”规划建议中提到的城乡居民收入普遍增加,此次增加了“较快”二字。

在苏海南看来,“十二五”规划更加强调经济发展方式和经济结构调整,注重经济发展的质量,而不像“十一五”更侧重经济快速发展。另外,将会更加关注民生,此次建议中称“人民物质文化生活明显改善”,与“十一五”规划建议相比,增加了“明显”二字。

中国人民大学教授郑功成指出,普通居民与劳动者收入低、不同群体之间收入差距大、收入分配秩序不规范,构成了当前我国收入分配领域中的三大突出问题。

关于收入分配改革,多位专家开出药方:削减垄断行业过高收入、引入薪资竞争机制、堵住灰色收入黑洞等。

国家发改委社会发展研究所所长、收入分配改革意见起草专家组成员杨宜勇表示，收入分配改革方案今年年内肯定出炉，将贯彻“十二五”规划的要求。

但有专家指出，收入分配改革方案对于一些垄断行业与一般性行业之间的差距未能明晰，同时对国民收入分配格局没有实质性的突破，方案更多地强调政府的收入分配调节，而在整体改革思路上还有待突破。

杨宜勇指出，收入分配改革不仅仅只是涨工资，还要涵盖更多需要增加福利的人群，但是现在由于这些主体的缺位，给改革增加了许多困难。

在经济转型中，由于相应的制度设计不太完善，导致“缺位”现象严重。一个典型的例子是，工资集体谈判的权利没有得到应有的重视，使得劳动要素在参与分配过程中始终处于弱势地位。

（来源：《每日经济新闻》2010 年 10 月 19 日）

五、延伸阅读

1.《中共中央关于制定国民经济和社会发展第十二个五年规划的建议》。

2.《关于制定国民经济和社会发展第十二个五年规划建议的说明》。

3.《中华人民共和国国民经济和社会发展第十二个五年规划纲要》。

4.《国务院关于“十二五”规划〈纲要〉实施中期评估报告》。

5.《专家解读“十二五”规划建议》,《广州日报》2010 年 10 月 29 日。

第十三章

“十三五”规划(2016—2020年)

【关 键 词】 推动科学发展 深化改革 扩大开放 破解深层次矛盾

【目标任务】 坚持发展第一要务，确保如期全面建成小康社会，为实现第二个百年奋斗目标、实现中华民族伟大复兴的中国梦奠定更加坚实的基础。

“十三五”时期是中国发展的关键历史机遇期，也是经济社会发展转型的重要时间节点。这就是说，到2020年，能不能实现我们基本的战略构想，实现小康社会和国家治理现代化的战略目标，科学规划“十三五”发展蓝图和改革路径具有重大意义。

一、“十三五”展望

习近平总书记不止一次地表达了他对“十三五”规划的重视。他在参加十二届全国人大三次会议时更是指出，“我正在集中思考‘十三五’规划。从时间上说，‘十三五’规划，是实现全面小康的规划，是实现第一个百年目标的规划。”“十三五”对中国未来中长期的发展意义非凡。

（一）“十三五”规划实施的背景

中共中央政治局召开会议 决定召开十八届五中全会

中共中央总书记习近平主持会议

新华网北京7月20日电 中共中央政治局7月20日召开会议，决定今年10月在北京召开中国共产党第十八届中央委员会第五次全体会议，主要议程是，中共中央政治局向中央委员会报告工作，研究关于制定国民经济和社会发展第十三个五年规划的建议。中共中央总书记习近平主持会议。

会议认为，到2020年全面建成小康社会，是我们党确定的“两个一百年”奋斗目标的第一个百年奋斗目标。“十三五”时期是全面建成小康社会的决定性阶段，“十三五”规划必须紧紧围绕实现这个奋斗目标来制定。当前，和平与发展的时代主题没有变，我国经济发展进入新常态，我国发展既面临大有作为的重大战略机遇期，也面临诸多矛盾相互叠加的严峻挑战。我们要准确把握战略机遇期内涵的深刻变化，更加有效地应对各种风险和挑战，在改革开放以来打下的坚实基础上，坚定信心，锐意进取，奋发有为，继续集中力量把自己的事情办好，不断开拓发展新境界。

会议指出，推动“十三五”时期我国经济社会发展，必须高举中国特色社会主义伟大旗帜，全面贯彻党的十八大和十八届三中、四中全会精神，以邓小平理论、“三个代表”重要思想、科学发展观为指导，深入贯彻习近平总书记系列重要讲话精神，坚持全面建成小康社会、全面深化改革、全面依法治国、全面从严治党的战略布局，坚持发展第一要务，全面推进经济建设、政治建设、文化建设、社会建设、生态文明建设和党的建设，确保如期全面建成小康社会，为实现第二个百年奋斗目标、实现中华民族伟大复兴的中国梦奠定更加坚实的基础。

会议强调，“十三五”时期，我国发展的环境、条件、任务、要求等都发生了新的变化。认识新常态、适应新常态、引领新常态，保持经济社会持续健康发展，必须有新理念、新思路、新举措。发展理念是发展行动的先导，是发展思路、发展方向、发展着力点的集中体现。要认真总结经验、深入分析问题，把发展理念梳理好、讲清楚，以发展理念转变引领发展方式转变，以发展方式转变推动发展质量和效益提升，为“十三五”时期我国经济社会发展指好道、领好航。

会议指出，实现好、维护好、发展好最广大人民根本利益是发展的根本目的，必须把增进人民福祉、促进人的全面发展作为发展的出发点和落脚点。必须坚持以经济建设为中心，从实际出发，创新和完善宏观调控方式，保持经济中高速增长，迈向中高端水平，推动实现更高质量、更有效率、更加公平、更可持续的发展。必须按照完善和发展中国特色社会主义制度、推进国家治理体系和治理能力现代化的全面深化改革总目标，加快完善各方面体制机制，进一步转变政府职能，为发展提供持续动力。必须完善社会主义市场经济法治体系，加快法治经济和法治社会建设，把经济社会发展纳入法治化轨道。必须深化全方位对外开放，妥善应对外部环境变化，推动互利共赢、共同发展。必须贯彻全面从严治党要求，不断提高党的执政能力和执政水平，确保我国发展航船沿着正确航道破浪前进。

会议还研究了其他事项。

（来源：《人民日报》2015年7月21日第1版）

习近平：系统谋划“十三五”发展 把风险想得更深入些

中共中央总书记、国家主席、中央军委主席习近平27日在浙江召开华东7省市党委主要负责同志座谈会，听取对“十三五”时期经济社会发展的意见和建议。习近平发表讲话指出，谋划“十三五”时期发展，要清醒认识面临的风险和挑战，把难点和复杂性估计得更充分一些，把各种风险想得更深入一些，把各方面情况考虑得更周全一些，搞好统筹兼顾。

今年是落实“十二五”规划最后一年，党中央正在研究“十三五”时期我国经济和社会发展的大政方针。习近平在浙江调研期间专门召开了这次座谈会。

座谈会上，上海市委书记韩正、江苏省委书记罗志军、浙江省委书记夏宝龙、安徽省委书记张宝顺、福建省委书记尤权、江西省委书记强卫、山东省委书记姜异康先后发言。习近平边听边记，不时插话询问和讨论。在听取大家发言后，习近平发表重要讲话。

习近平指出，当前和今后一个时期，世界经济环境仍然比较复杂，机遇和挑战相互交织，时和势总体于我有利，我国发展的重要战略机遇期仍然存在。我国经济社会发展前景广阔，同时面临不少困难和挑战，调结构、转方式、促创新任务仍然艰巨。谋划“十三五”时期发展，要清醒认识面临的风险和挑战，把难点和复杂性估计得更充分一些，把各种风险想得更深入一些，把各方面情况考虑得更周全一些，搞好统筹兼顾。

习近平强调，“十三五”时期，经济社会发展要努力在保持经济增长、转变经济发展方式、调整优化产业结构、推动创新驱动发展、加快农业现代化步伐、改革体制机制、推动协调发展、加强生态文明建设、保障和改善民生、推进扶贫开发等方面取得明显突破。

习近平指出,要深入研究保持经济增长的举措和办法,着力解决制约经济社会持续健康发展的重大问题,挖掘增长潜力,培育发展动力,厚植发展优势,拓展发展空间,推动经济总量上台阶。要围绕转变经济发展方式,坚持以提高经济发展质量和效益为中心,促进经济增长由主要依靠投资、出口拉动向依靠消费、投资、出口协调拉动转变,由主要依靠第二产业带动向依靠第一、第二、第三产业协同带动转变,由主要依靠增加物质资源消耗向主要依靠科技进步、劳动者素质提高、管理创新转变。

习近平强调,要坚持经济发展以保障和改善民生为出发点和落脚点,全面解决好人民群众关心的教育、就业、收入、社保、医疗卫生、食品安全等问题,让改革发展成果更多、更公平、更实在地惠及广大人民群众。要采取超常举措,拿出过硬办法,按照精准扶贫、精准脱贫要求,用一套政策组合拳,确保在既定时间节点打赢扶贫开发攻坚战。

王沪宁、栗战书和中央有关部门负责同志参加座谈会。

(来源:《京华时报》2015年5月29日)

(二)从“十二五”到“十三五”

2015年是我国改革发展任务尤为繁重的一年。正如2015年《政府工作报告》所言:“新的一年是全面深化改革的关键之年,是全面推进依法治国的开局之年,也是稳增长调结构的紧要之年。”具体到国家发展规划,又是“十二五”收官之年、“十三五”谋划之年。

“五年规划”是我国国民经济中期战略的总体性安排,主要是对全国重大建设项目、生产力分布和国民经济重要比例关系等作出规划,为国民经济发展远景规定目标和方向。目前,据“十二五”规划结束的时间表还有几个月时间,但“十二五”期间中国社会经济发生的“质变”已经全面显现:

城镇化加速。从1978年的17.9%到2014年的54.77%,我国城镇化率年均增长1.02个百分点。而2011—2014年，城镇化率年均增幅提高到1.27个百分点。城镇化正在进入提速增效的新阶段。

服务业成为国民经济主导力量。2013年，第三产业所占比重和增速双双首超第二产业，2014年继续保持这一趋势。表明我国经济结构正在发生重大变化，中国经济由工业主导向服务业主导加快转变，中国“服务化”进程已不可逆转。

GDP能耗目标顺利实现。按规划，“十二五”我国单位GDP能耗下降16%，年均3.4%。而2011年、2012年、2013年、2014年，实际分别降低2.01%、3.6%、3.7%和4.8%，2015年只需降低3%。以目前节能减排力度，完成“十二五”目标已无悬念。

新兴产业渐成全局性主导引擎。新产业和新业态在经济承压的2014年大放异彩，网购、快递、互联网金融、移动支付、在线教育等新产业、新技术、新业态异军突起、攻城略地，其高增长、高收益的风采与高能耗、高污染的传统产业大幅萎缩形成鲜明反差。比如，2014年电子商务网上零售额增长49.7%，工业高技术产业增速12.4%，超越传统产业4个百分点，等等。

就业逆势增长。过去中国GDP每增长1个百分点，能够拉动大约100万人就业。“十二五”期间，在经济增速回落的同时，经济结构调整加速，服务业加快发展。目前GDP增长1个百分点，能够拉动大约130万至150万人就业。

诸如此类不断涌现的积极趋势，都是在“十二五”期间经济增长速度从9%以上快速向7%至8%下调的大背景下产生的。无不印证了中国经济的“含金量”已不同以往，推动中国发展的动力机制正在大规模更新换代。①

十八大以来，中央决策层准确把握了发展新阶段中国深层次变革的大趋势。习近平总书记2014年5月首次提出“适应新常态”；此后，在11

① 《从“十二五”到“十三五”》，瞭望观察网2015年3月15日。

月举行的APEC北京峰会和12月初召开的中央经济工作会议上,他系统详细地阐释了新常态的内涵、特点和趋势性变化。根据十八大以来中央工作部署,习近平总书记2015年2月又提出了“四个全面”的战略布局。

这意味着,2015年我们将要谋定的“十三五”规划,不但是新的历史阶段下经济社会发展“新常态”的第一个五年规划,而且是落实“四个全面”战略布局的具体蓝图。这份规划所有的行动指向,是中国共产党向全国各族人民庄严承诺的第一个百年目标——“在中国共产党成立一百年时全面建成小康社会”。

对于“十三五”规划而言,这绝非只是一个普通的“五年规划”,而是一个具有历史深远影响的“五年规划”,不仅决定着中华民族复兴大业的国家命运,而且关乎每一个中国人具体而微的梦想和福祉。

正因为如此,“十三五”是“全面建成小康社会”的“最后一战”,是勇攀“第一个百年目标”的“最后冲顶”。此时此刻,我们回望自1840年珠江口大英帝国舰炮轰鸣以来的一个半多世纪,100多年血火连天的民族解放斗争,30年奋斗不息的共和国国基初定,30多年“杀开一条血路”的改革开放,终于走到今天中华民族准备“超越自我”的第一个里程碑时刻,我们没有任何理由不满怀信心和勇气向“十三五”奋进。

(三)“十三五”规划具有特殊重要的历史地位

中国已站在新的更高的起点上,“十三五”时期要确保全面建成小康社会的宏伟目标胜利实现,确保全面深化改革在重要领域和关键环节取得决定性成果,确保转变经济发展方式取得实质性进展。编制好“十三五”规划意义重大而深远。

发改委发展规划司司长徐林表示,“十三五”规划要能够更好地体现方方面面的新要求,确实具有特殊重要的历史地位。[①]

国家发展和改革委员会秘书长李朴民表示,党的十八大以来,我国

① 《发改委:“十三五”规划具有特殊重要的历史地位》,中国网财经中心2014年4月23日。

的发展进入了新的阶段，面临的机遇前所未有，面临的风险和挑战也前所未有。“十三五”时期是我国现代化建设进程中非常关键的五年，要确保全面建成小康社会目标胜利实现，确保全面深化改革在重要领域和关键环节取得决定性成果，确保经济发展方式转变取得实质性进展，所以说“十三五”规划具有特殊重要的地位。编制好“十三五”规划的意义非常重大、影响深远。

李朴民称，报请国务院批准，4 月 17 号下午，发改委组织召开了全国“十三五”规划编制工作电视电话会议，徐绍史主任出席会议并作了重要讲话，对规划编制工作，特别是今年的重点任务进行了周密的部署，这标志着“十三五”规划编制工作全面启动。

对于“十三五”规划背后的重要意义，发改委发展规划司司长徐林认为，意义怎么说都不过分，对他这个做规划的人而言，曾参与过国家“八五”计划、“九五”计划、“十五”计划、“十一五”规划的编制工作等多个规划的制定，他觉得这个五年规划确实具有特殊重要的历史意义。①

徐林称，第一，大家都知道“十三五”规划是以习近平总书记为领导集体的新的党中央领导集体编制的第一个五年规划，所以我们这个五年规划必须要体现新的领导集体对未来发展的一些重要的思路和考虑。第二，“十三五”规划也是实现十八大提出的“两个百年”目标，实际上第一个百年目标一个重要的规划，第一个百年讲起来应该是到 2021 年，但是我们这个是到 2020 年，这五年具有决定性的作用。第三，“十三五”规划也是实现全面建成小康社会目标最后的一个五年规划，这个五年规划编得好不好，对是不是能够顺利实现全面建成小康社会的目标也具有决定性的意义。第四，“十三五”规划如果做得好，如果我们的发展比较顺利，我们就有可能跨越“中等收入陷阱”，进入高收入国家的行列。

徐林指出，“十三五”规划大的环境和体制背景也在变化，十八届三中全会专门提出了新的体制改革的目标，特别是要更好地体现市场对资

① 《发改委：今年“十三五”规划编制将形成基本思路》，中国经济网 2014 年 4 月 23 日。

源配置的决定性作用和更好发挥政府的作用,要通过规划的编制来落实这一点。再就是在国际环境上,金融危机之后,世界经济增长格局在发生一些变化,美国主导的TPP、TTIP这样的高标准自由贸易和投资规则对我们未来的发展也会具有深远的影响,包括现在的地缘政治也非常复杂。这种大的外部环境的变化,国内要素条件的变化、体制环境的变化,都对我们“十三五”规划编制提出了新要求。所以,“十三五”规划要能够更好地体现方方面面的新要求,他认为,确实具有特殊重要的历史地位。[①]

(四)展望“十三五”

作为新一届中央领导集体编制的第一个五年规划,“十三五”规划将会体现新的领导集体对未来发展的重要思路和考虑。时值全面建成小康社会的时间节点,编制一部高质量的“十三五”规划,对于顺利实现全面建成小康社会目标也具有决定性的意义。从这一角度出发,中央财经领导小组办公室副主任杨伟民指出,“‘十三五’规划不仅是全面建成小康社会的收官规划,而且是引领经济发展新常态,为我国第二个35年发展开启航程的规划。”

全国政协委员、中国(海南)改革发展研究院院长迟福林也表示,“十三五”期间是我国经济发展方式转变的历史关节点,能不能准确分析这一时期我国经济转型升级的大趋势,能不能准确把握经济新常态的核心内涵,对未来10年、20年甚至30年我国经济的可持续发展都有着决定性影响。

正因为如此,专家认为,“十三五”规划需要瞄准当前经济社会发展中的短板,破解劳动力成本越来越高、资源环境约束日趋加剧的发展制约,确保全面建成小康社会目标胜利实现,确保全面深化改革在重要领域和关键环节取得决定性成果,确保经济发展方式转变取得实质性进展,以创新驱动和结构升级实现经济增长的动力转换。

---

① 《发改委:今年“十三五”规划编制将形成基本思路》,中国经济网2014年4月23日。

关于实现这一目标的指导思路，国家发展改革委发展规划司司长徐林将其概括为24个字：创新驱动、转型升级、融入全球、包容和谐、绿色低碳、制度保障。在决策部门的视野里，就是要通过“十三五”的努力，进入高收入国家行列，顺利实现第一个“百年目标”。

1.“十三五”需直面十大问题①

结合“十三五”时期需要完成的艰巨任务，杨伟民提醒，要增强忧患意识，防范潜在风险，应对各类挑战。为此需要直面十大问题，并作出针对性政策部署。

一是如何实现全面建成小康社会的目标。到2020年全面建成小康社会，“十三五”规划面临实现两个翻番、工业化基本实现等巨大挑战。因此，杨伟民认为，“十三五”规划应明确传递出两方面信息：全面小康社会的内涵是什么，实现路径又是什么，即哪些重大的方针政策必须坚持毫不动摇。“这样才能稳定社会预期，同时要提出新的思路和新的举措，以增强信心，动员社会力量去完成。”

二是如何保持经济稳定增长。完成GDP十年翻一番的底线已确定。新常态下，从总供给、总需求、劳动力、储蓄率的增长基础来看，实现GDP翻番的潜在增长率是有的，但把潜在增长率变为现实经济增长，需以经济体制深刻改革、经济结构深度调整、经济发展方式深度转变为支撑。

三是如何提高居民特别是低收入群体收入。城乡居民收入十年翻一番是十八大确定的目标之一。“十二五”前四年城乡居民收入增长普遍快于经济增长，这一势头能否成为趋势性变化？杨伟民认为，主要取决于“十三五”分配政策的调整力度。需把握的政策取向是，实现居民收入中高速增长快于GDP中高速增长更重要，低收入群体收入增长快于居民收入的平均增长更重要。

四是如何改革传统发展方式。杨伟民表示，转变经济发展方式取得

---

① 《展望“十三五”“十三五”复兴蓝图》，《瞭望》新闻周刊2015年第9期。

重大进展,发展平衡性、协调性、可持续性明显增强,这是实现十八大提出的两个翻番目标的前提。"要改革发展方式,'十三五'规划就需细化十八大确定的转变发展方式的任务和路径,以明确改革对象。"

五是如何扩大消费需求和有效投资。在杨伟民看来,"十三五"规划应更加重视挖掘需求潜力,把潜在需求变成拉动增长的现实需求。因此,注重培育新的消费群体和扩大有效投资意义重大。

六是如何推进经济结构深度调整。如果去杠杆、去泡沫、去债务等不能有效解决,不仅影响发展质量,甚至会带来风险。因此,中央经济工作会议提出的化解以高杠杆为主要特征的各类风险的任务,将延续到"十三五"期间。"十三五"规划既要重视扩大增量,也要重视调整存量。

七是如何促进城镇化的健康发展。城镇化的首要任务是促进在城市有稳定就业的常住人口实现市民化,但目前落实进度并不明显,特别是对跨省流动的7000多万农民工还缺乏政策安排。杨伟民指出,如果这一问题无法解决,一方面,我国城镇化率可能大大放缓,进而造成房地产市场的刚需难以释放。另一方面,农民工不能市民化将严重影响劳动力供给,带来劳动力成本刚性上升,最终会削弱我国产业的竞争力。

八是如何优化经济发展空间格局。一个区域的发展需要考虑人口、经济、资源环境的均衡,三者的失衡将可能带来收入差距拉大、生态环境恶化等方面的问题。优化经济发展的空间格局,调整空间结构理应成为"十三五"期间的重要任务。

九是如何加快生态文明建设。"十三五"期间应成为我国生态环境质量改善的一个拐点,因此,要从过去重视生态建设、污染物治理转向有效约束人的开发行为,"避免一只手在修复,一只手在破坏。"

十是如何扩大对外开放。我国经济规模虽已居世界第二,但产品质量、生产效率、企业管理技术、能耗等方面与发达国家还有不小差距。"在思想上、政策上坚定不移地扩大对外开放的同时,要注重降低成本,保持竞争力。"杨伟民说。

2. 明确发展五大导向

编制“十三五”规划，尤需置于国内外环境下考虑。国际方面，徐林表示，多边博弈竞争更加激烈。世界经济在再平衡过程中艰难复苏，全球科技革命和产业变革正孕育新的突破，围绕国际治理体系主导权和话语权的争夺更加激烈，能源结构和版图的变化可能对世界经济、政治格局产生深远影响，地缘政治导致我国周边环境更加复杂化。

国内方面，经过“十二五”的发展，综合国力和发展水平上了一个台阶。人力资本和创新资源的累积效应正不断发挥。再加上处于城镇化快速发展时期，潜力和空间仍然广阔。与此同时，风险和挑战也更加突显，包括成本优势逐步减弱，结构性矛盾依然突出，周期性因素导致的潜在风险在加大等。①

总体上看，中国仍然处在可以大有作为的战略机遇期，全球和平与发展的主题并没有发生改变。“但是在这个过程中，中国作为一个大国，需要有足够的战略耐心处理好在大国崛起过程中复杂的战略关系，维护好并利用好战略机遇期。”徐林说。

基于上述判断，专家认为，“十三五”规划要把提质、增效、升级作为引领新常态的发展导向，同时要把改革创新贯穿于发展的全过程。在此基础上，要以深化改革来不断释放发展的活力，以创新驱动来不断增强发展的内生动力，以全面开放来提升国家的国际竞争力，以包容发展来增进社会的凝聚力，以绿色低碳来提高国家的可持续发展能力。

围绕着上述发展导向，徐林表示，需从七个方面强化政策和措施，包括：实施创新驱动的发展战略，增强经济发展的新动力；促进“新四化”同步发展，构建“十三五”转型升级的新路径；深入融入全球经济，培育国际竞争的新优势；促进集约均衡发展，塑造区域和城乡协调发展的新格局；促进文化强国建设，弘扬民族精神的新风尚；全面保障和改善民生，形成包容和谐发展的新局面；促进绿色低碳发展，建设生态文明的新家园。

① 《展望“十三五”“十三五”复兴蓝图》，《瞭望》新闻周刊 2015 年第 9 期。

"'十三五'既然是以转型升级、创新驱动为核心,制度的保障至关重要,我们强调要在产权制度、要素市场体系、财税制度、金融体系、投融资体制、价格、社会治理、法治等方面进一步加快改革进度,要形成能够给大家信心,能够对未来有稳定预期的制度保证。"徐林说。

3. 向高效益高质量发展新阶段迈进

在内外部发展环境发生深刻变化的大背景下,我国两位数的高增长已成为历史,经济发展方式正在由总量扩张型向公平可持续型转变。迟福林分析指出,在结构调整和经济发展方式转变的推动下,经济增长正在向着追求高效益和高质量的发展新阶段过渡,"十三五"正是这个过渡的历史新起点。①

适应新阶段的发展特征,合理设定"十三五"发展目标、指针体系,这是编制好"十三五"规划的关键。徐林表示,我国"十三五"期间的潜在增长率大致在6%到8%之间,有两个百分点的差距,但最可能集中在6%到7%这个区间里。从实现十八大提出的小康社会翻番的要求来看,如果今年的增长实现7%,那么到2020年实现翻番的年均经济增长要达到6.56%,6.5%左右是底线。

在这个底线的基础上,能不能实现更高水平的发展,则取决于战略约束条件、资源环境的约束条件等构成的影响。"要实现比较好的发展,关键还是取决于在转型升级和创新驱动方面,特别是增长的动力机制转换方面能不能取得实质性进展。"徐林说。

对于这一阶段的增长,作为"十三五"规划专家委员会委员,迟福林尤其强调要形成创新驱动的发展新动力。他认为,目前全球正面临着以互联网、新材料、新能源相结合的科技革命。这场科技革命及其引起的产业变革,重要的时间节点是2020年。也就是说,"十三五"转变经济发展方式,必须紧紧抓住新一轮科技革命提供的重大机遇,把创新驱动提升为国家核心战略。

---

① 《展望"十三五""十三五"复兴蓝图》,《瞭望》新闻周刊2015年第9期。

迟福林认为，还要以转型升级引领经济新常态，这事关“十三五”经济增速的换挡和经济发展方式的转变，事关能否抓住发展大势、形成新的发展格局，也是能否步入以公平可持续为主要标志的经济新常态时代的关键。这是国人共同期盼的大目标。

二、媒体述评

习近平划定“十三五”规划总框架

2015年是“十二五”规划的收官之年，明年是“十三五”规划开局之年，将于2015年10月份召开的中共十八届五中全会的主要议程就是研究关于制定“十三五”规划的建议。2015年5月份，在浙江考察调研期间习近平系统阐述了“十三五”规划的框架和目标。习近平指出，“十三五”时期，经济社会发展要努力在保持经济增长、转变经济发展方式、调整优化产业结构、推动创新驱动发展、加快农业现代化步伐、改革体制机制、推动协调发展、加强生态文明建设、保障和改善民生、推进扶贫开发等方面取得明显突破。

习近平强调，要深入研究保持经济增长的举措和办法，着力解决制约经济社会持续健康发展的重大问题，挖掘增长潜力，培育发展动力，厚植发展优势，拓展发展空间，推动经济总量上台阶。

2015年上半年，面对错综复杂的国际国内环境，我国经济取得了来之不易的成绩，增长与预期目标相符，主要经济指针有所回升，结构调整加快推进。目前，我国经济正处在调结构、转方式的关键阶段，结构调整的阵痛在继续释放，增速换挡的压力有所加大，而且新旧动力的转换也在进行之中，新动力还难以对冲传统动力下降的影响，以至于国内经济下行的压力还是比较大。

国家统计局局长王保安近日在《经济日报》撰文称，上半年7%的经济增长速度“含金量”较高。可以说，新常态下，发展仍然是解决一切问题的关键；化解各种矛盾和风险，归根到底要靠发展。要紧紧抓住发展这个第一要务,做到发展意识不淡化、发展干劲不懈怠、发展势头不减弱。我们不是不要GDP,而是要有质量、有效益、可持续的GDP,这是“发展是硬道理”战略思想的内在要求。

习近平强调,要围绕转变经济发展方式,坚持以提高经济发展质量和效益为中心,促进经济增长由主要依靠投资、出口拉动向依靠消费、投资、出口协调拉动转变,由主要依靠第二产业带动向依靠第一、第二、第三产业协同带动转变,由主要依靠增加物质资源消耗向主要依靠科技进步、劳动者素质提高、管理创新转变。

从“九五”时期开始到“十二五”期间,转变经济发展方式被列入历次规划纲要,作为一项重点任务不断推进。随着国内外形势发生诸多变化,“三期叠加”下的中国经济步入新常态,转变经济发展方式、调整优化产业结构显现出了更高的重要性与紧迫性。G20与新兴国家发展战略研究中心主任张其佐表示,上半年投资消费和出口“三大需求”等经济指标增速对经济的拉动效应均在放缓,经济下行压力主要是投资和出口回落过大,加大了稳增长的难度。张其佐认为,上半年经济仍处于合理区间运行,预判宏观经济政策的积极效果会在下半年凸显,经过努力是有把握完成全年目标任务的。

习近平指出,产业结构优化升级是提高我国经济综合竞争力的关键举措。要加快改造提升传统产业,深入推进信息化与工业化深度融合,着力培育战略性新兴产业,大力发展服务业特别是现代服务业,积极培育新业态和新商业模式,构建现代产业发展新体系。

据国家统计局数据显示,2015年上半年,第一产业增加值同比增长3.5%,增速比一季度加快0.3个百分点;第二产业增加值增长6.1%,回落0.3个百分点;第三产业增加值增长8.4%,加快0.5个百分点。三次产业对GDP增长的拉动点数分别为0.2、3.1和3.7个百分点,贡献率分别为3.1%、43.5%和53.4%。第三产业较快发展是支撑经济增长的主要因素。

国家发改委经济研究所课题组授权中国经济网发布的《“十三五”时期我国发展环境、发展趋势和战略思路研究》中期成果称，随着劳动供求关系及其他资源禀赋比较优势的变化，我国经济在增长率降低的同时，结构调整步伐将加快。我国产业结构调整将在未来5—8年进一步加速，尤其是产业结构将逐步调整变化，第二产业比重将趋于稳定并逐步缩小，而第三产业比重将稳步加大。同时，劳动密集型产业的对外转移，也将促使我国从以往的技工制造向设计制造转变，即从“中国制造”转向“中国创造”。

习近平强调，综合国力竞争说到底是创新的竞争。要深入实施创新驱动发展战略，推动科技创新、产业创新、企业创新、市场创新、产品创新、业态创新、管理创新等，加快形成以创新为主要引领和支撑的经济体系和发展模式。

创新是推动一个国家和民族向前发展的重要力量，也是推动整个人类社会向前发展的重要力量。《经济日报》2015年4月2日发表评论文章称，“十三五”时期，面对全球新一轮科技革命与产业变革的重大机遇和挑战，面对经济发展新常态下的趋势变化和特点，面对实现“两个一百年”奋斗目标的历史任务和要求，必须深化体制机制改革，加快实施创新驱动发展战略，构建有效的制度与支撑环境，降低创新活动的不确定性，最终实现增长动力从要素驱动向创新驱动的转换。

习近平指出，要加快农业现代化步伐。同步推进新型工业化、信息化、城镇化、农业现代化，薄弱环节是农业现代化。要着眼于加快农业现代化步伐，在稳定粮食和重要农产品产量、保障国家粮食安全和重要农产品有效供给的同时，加快转变农业发展方式，加快农业技术创新步伐，走出一条集约、高效、安全、持续的现代农业发展道路。

我国是农业大国，2004年至2015年，连续十二年发布以三农为主题的中央一号文件。农业部部长韩长赋指出，全力推进农业发展“转方式、调结构”，加快培育新型农业经营主体，积极构建现代农业产业体系，不断提升农业物质装备和技术水准,大力发展现代高效农业,促进农民增收,推动有条件地区率先实现农业现代化。根据农业部发布的最新数据显示,我国农业现代化效果已逐步显现,生产方式调整取得成效。上半年我国粮食产量与产能同步提升,适度规模经营与主体培育同步加快,科技支撑与装备保障同步升级。目前家庭承包耕地流转面积比重已超过30%,种养大户、家庭农场等经营主体大幅提升。另外,农业互联网等信息技术的使用比例增加,对传统农业的改造效果开始显现。

习近平强调,改革是培育和释放市场主体活力、推动经济社会持续健康发展的根本动力。要围绕破解经济社会发展突出问题的体制机制障碍,全面深化改革,增强改革意识,提高改革行动能力,使市场在资源配置中起决定性作用和更好发挥政府作用,形成对外开放新体制,加快培育国际竞争新优势。

简政放权是全面深化改革的“先手棋”和转变政府职能的“当头炮”。一年多来,国务院取消下放的行政审批等事项已逾500项。国企改革、生育改革、军队改革等领域进一步推进。改革是一个国家、一个民族的生存发展之道。中国正行进在协调推进“四个全面”战略布局的新征程。如何在新的历史起点和时代条件下推进决定当代中国命运的改革实践,是一个矢志复兴梦想的国家和民族必须回答的重大命题。

习近平指出,协调发展、绿色发展既是理念又是举措,务必政策到位、落实到位。要采取有力措施促进区域协调发展、城乡协调发展,加快欠发达地区发展,积极推进城乡发展一体化和城乡基本公共服务均等化。

在我国经济社会发展过程中,由于地域、资源、环境、体制等诸多方面的原因,东部与西部、城市与农村之间的发展差距一直长期存在。2015年以来,我国的区域协调政策将以“一带一路”、“京津冀一体化”、“长江经济带”等战略为基础,形成基本覆盖全国范围的战略格局;而环保的核心则主要包括寻求资源的高效利用、改善环境质量,以及海洋生态文明建设。

习近平强调，要科学布局生产空间、生活空间、生态空间，扎实推进生态环境保护，让良好生态环境成为人民生活质量的增长点，成为展现我国良好形象的发力点。

“绿水青山就是金山银山”，是习近平总书记在浙江工作时提出的科学论断。在我国，绿色发展不是简单地作为一种环境管理手段，而是上升为协调经济发展与资源节约、环境保护关系的制度安排，是国家经济发展模式的重要组成部分。2015年5月，中共中央、国务院公布了《关于加快推进生态文明建设的意见》。《意见》提出了生态文明建设的指导思想、基本原则、目标愿景、主要任务、制度建设重点和保障措施，被视为今后一个时期中国生态文明建设的纲领性文件。2015年8月，环境保护部表示，已起草完成了“十三五”主要污染物总量减排思路方案。值得一提的是，在初步确定的在保留现有4项主要污染物的基础上，“十三五”环保规划有望将更多的污染物纳入国家约束性减排指标。

习近平指出，要坚持经济发展以保障和改善民生为出发点和落脚点，全面解决好人民群众关心的教育、就业、收入、社保、医疗卫生、食品安全等问题，让改革发展成果更多、更公平、更实在地惠及广大人民群众。

保障和改善民生关系社会和谐稳定，关乎改革发展大局。在新常态下稳增长调结构的紧要之年，让经济社会发展成果更多更公平惠及于民，是人民群众的殷切期待，也是党和政府沉甸甸的责任。改善民生不仅是政府的责任，也是扩大内需、促进经济发展的新引擎。以增加公共产品和服务供给扩需求、促发展，在推动大众创业、万众创新中扩大就业、促进社会公平正义，就能启动千千万万个市场细胞，激发亿万人民的无穷智慧和创造活力，在实现个人价值过程中为社会发展创造财富，让中国经济焕发勃勃生机。

习近平强调，要采取超常举措，拿出过硬办法，按照精准扶贫、精准脱贫要求,用一套政策组合拳,确保在既定时间节点打赢扶贫开发攻坚战。

国家统计局2015年2月份数据显示,按年人均收入2300元的农村扶贫标准计算,2014年我国农村贫困人口为7017万人,占总人口的5.1%。“十三五”时期是全面建成小康社会最后冲刺的五年,消除贫困人口是当务之急。国务院扶贫办主任刘永富在做客中国经济网时在谈到未来5年减贫目标时表示,从解决突出问题入手,建立有内生动力、有活力,能够让贫困人口自己劳动致富的长效机制。通过这一机制,增加贫困人口收入,使贫困人口生活逐步好起来。我国贫困人口到2020年全部脱贫,在中国具有划时代的意义。

(来源:中国经济网2015年8月7日)

“十三五”规划的核心就是改革创新

国务院总理李克强日前在主持会议部署“十三五”规划编制时说,要坚持发展第一要务,突出改革创新,着力在推动科学发展、转变发展方式、破解深层次矛盾上奋发有为、取得更大进展,促进中国经济保持中高速发展、迈向中高端水平,实现提质增效升级。

作为新一届领导集体上任后编制的第一个五年规划,而且正处于全面深化改革的关键时期,“十三五”规划已不仅仅是一个普通的五年规划,而极有可能成为承上启下一个十分重要而关键的规划。一方面,它距离十八大提出的2020年全面建成小康社会只有不长的6年时间,因此,“十三五”规划如何满足“眼前”的需要、满足在6年内建成全面小康社会的需要,值得好好思考;另一方面,新的一届领导集体上任以来,已经提出了许多新的思想、新的思路、新的目标、新要求,如何在“十三五”规划中充分体现,并成为今后相当一段时间遵循的目标和原则,亦即满足“长远”利益的需要、满足建设现代化的需要,是必须充分考虑和兼顾的问题。

按照李克强总理的要求，“十三五”规划编制的核心将是改革创新。也就是说，改革创新将被放到前所未有的突出位置、战略位置，任何一项规划的编制，都必须能够突出改革创新这个主题。否则，将很难获得通过。

显然，改革创新不是一句口号，也不是一条普通的原则，而是“十三五”规划编制的主线，是衡量“十三五”规划质量高低、效率高低、效果高低的最主要、最关键标准。坚持改革创新的目的，就是为了发展，为了实现发展是第一要务的目标。而衡量改革创新的标准，则主要体现在两个方面。一是经济增长的方式能否转变、经济结构调整的目标能否实现、科学发展的要求能否落实；二是经济社会生活中的深层次矛盾能否得到破解，各方面的改革能否顺利推进，利益集团的阻力能否化解。

从经济结构调整与经济增长方式转变来看，应当说任务是相当艰巨的，也是经济能否进入“第二季”最为关键的方面。

李克强总理明确指出，要促进中国经济保持中高速发展、迈向中高端水平。别小看两个“中高”，其所包含的内容是相当丰富的。前一个“中高”，预示着中国经济将进入高速向中高速的速度换挡期，如何用好油门和刹车，十分关键。否则，就会出现诸如翻车等方面的问题。后一个“中高”，则直接决定前一个“中高”能否实现、能否顺利换挡成功。因为，前一个“中高”是从“高”向“中高”转移，是踩刹车；后一个“中高”是从“低”向“中高”转移，是踩油门，必须比踩刹车花更大的力气、用更大的劲，且无法突然加速。

要实现第一个“中高”的目标，毫无疑问应当提高对经济增长速度的“容忍度”。但是，“度”如何把握是科技含量很高的问题。因为，7%左右的增长速度，都可以看作是“中高”水平、“中高”速度，到底放在什么水平合适，不仅要看需要，还要看可能，看经济结构高速与经济增长方式转变的效果。如果能够在这方面效果良好的基础上向“中高”的“高”看齐，当然是最好的。否则，就只能向“中”看齐了。由此可能产生的就业、居民收入增长等矛盾,也就必须付出更多的代价来解决了。

这就要求,在编制“十三五”规划时,必须将如何实现第二个“中高”的目标作为更为重要的方面,提出明确的目标和要求、提出解决的办法与措施,能够真正实现经济从“低”端向“中高”端转移的目标。一旦这项工作能够达到目标,那么,经济增长速度的“中高”目标,也就不难实现了。而所有这一切,都依赖于创新,工作思路创新、工作思维创新、工作手段创新、工作方式创新、技术创新、管理创新、考核创新等等。所以,创新将成为经济结构高速与经济增长方式目标能否实现的关键之关键、核心之核心。因为,即便是对经济增长速度的“容忍度”问题,也是一种创新,一种工作思路与思维的创新。

如果经济结构高速与经济增长方式的目标能够顺利实现,两个“中高”的目的能够达到,就业、居民收入增长等都不再成为社会矛盾。那么,就可以静下心来,下大决心、花大力气、解决发展中的各种深层次矛盾和问题。

显然,要解决这些矛盾和问题,依靠现行的办法与手段是远远不够的,而必须依靠改革,用改革的思路去寻找解决问题的办法与出路。特别是利益格局的调整,将极有可能成为全面深化改革最难突破、也最必须突破的一个方面。因为,只要利益格局不作出重新调整,改革就都是浮于表面,就不可能有明显成效。而这,又恰恰是改革的最大阻力与难点。

十八届三中全会提出要将顶层设计与摸着石头过河结合起来,说到底,就是充分考虑到改革的难度而提出的,是想通过自上而下的制订改革方案,再自下而上的进行探索和摸索,最终找到一个结合点,实现改革效率的最大化。

需要把握好的是,由于政府自身已经成为一个利益集团,因此,在制订改革方案时,如何避免方案被既得利益所绑架,被既得利益所左右,就十分关键了。譬如财税体制改革方案,如果完全由财税部门来制定,就不可避免地会出现财税部门将自身利益贯穿过多的问题。再如国资国企改革方案，也要避免由相关职能部门制定而注入太多部门元素的现象。

从近一段时间以来全面深化改革领导小组召开的各种会议传递的信号来看，不管改革的难度有多大，深化改革的决心和意志已经不可动摇，就看如何操作了。

而所有这一切，最终的落脚点都在发展，改革也好、创新也罢，如果不能对发展产生积极作用，一切都是不能被接受的。创新的效率、改革的效果，都必须最终落实到发展上，落实到发展是第一要务上。

（来源：中国网 2014 年 9 月 11 日）

“十三五”规划习近平最关注什么？

一个“根本目的”：“实现好、维护好、发展好最广大人民根本利益是发展的根本目的”。

一个“确保”：“确保如期全面建成小康社会”。

一个“要务”：“坚持发展第一要务”。

一个“没有变”：“和平与发展的时代主题没有变”，“继续集中力量把自己的事情办好”。

一个“高举”：“高举中国特色社会主义伟大旗帜”。

一个“贯彻”：“深入贯彻习近平总书记系列重要讲话精神”。

一个“中心”：“必须坚持以经济建设为中心”。

一个“战略布局”：“坚持全面建成小康社会、全面深化改革、全面依法治国、全面从严治党的战略布局”。

一个“保持”：“保持经济社会持续健康发展”。

一个“引领”：“以发展理念转变引领发展方式转变”。

一个“推动”：“以发展方式转变推动发展质量和效益提升”。

一条“新路”:“适应和把握我国经济发展进入新常态的趋势性特征,保持战略定力,增强发展自信,坚持变中求新、变中求进、变中突破,走出一条质量更高、效益更好、结构更优、优势充分释放的发展新路”。

一个“着力”:“着力解决制约经济社会持续健康发展的重大问题,挖掘增长潜力,培育发展动力,厚植发展优势,拓展发展空间,推动经济总量上台阶”。

一个“绝不能”:“我们绝不能以牺牲生态环境为代价,换取经济的一时发展。要给子孙留下天蓝、地绿、水净的美好家园”。

一个“适应”一个“把握”:“适应和把握我国经济发展进入新常态的趋势性特征”。“认识新常态、适应新常态、引领新常态”。

两个“目的”:一是“确保如期全面建成小康社会”,二是“为实现第二个百年奋斗目标、实现中华民族伟大复兴的中国梦奠定更加坚实的基础”。

两个“坚持”:“坚持全面建成小康社会、全面深化改革、全面依法治国、全面从严治党的战略布局,坚持发展第一要务”。

三个“要求”:“认识新常态、适应新常态、引领新常态”。

三个“必须”:“必须有新理念、新思路、新举措。发展理念是发展行动的先导,是发展思路、发展方向、发展着力点的集中体现”。

三个“转变”:“一定要坚持以提高经济发展质量和效益为中心,促进经济增长由主要依靠投资、出口拉动向依靠消费、投资、出口协调拉动转变,由主要依靠第二产业带动向依靠第一、第二、第三产业协同带动转变,由主要依靠增加物质资源消耗向主要依靠科技进步、劳动者素质提高、管理创新转变”。

三个“好”:“实现好、维护好、发展好最广大人民根本利益是发展的根本目的”。

三个“更”:“让改革发展成果更多、更公平、更实在地惠及广大人民群众”。

三个“中国要”：“中国要强，农业必须强；中国要美，农村必须美；中国要富，农民必须富”。

四个“变化”：我国发展的环境、条件、任务、要求等都发生了新的变化。

四个“深刻”：深刻把握世界经济发展新趋向新态势，深刻把握我国经济发展新特点新要求，深刻把握我国经济社会发展新目标新任务，深刻把握我们面临的新挑战新机遇。

四大“要务”：“保增长、转方式、调结构、促创新”。

五大“服务”：“要在保障基本公共服务有效供给基础上，积极引导群众对居家服务、养老服务、健康服务、文体服务、休闲服务等方面的社会需求，支持相关服务行业加快发展，培育形成新的经济增长点，使民生改善和经济发展有效对接、相得益彰”。

六方面组成的指导思想：马克思主义、毛泽东思想、邓小平理论、“三个代表”重要思想、科学发展观、习近平总书记系列重要讲话精神。

六个“必须”：必须把增进人民福祉、促进人的全面发展作为发展的出发点和落脚点。必须坚持以经济建设为中心，从实际出发，创新和完善宏观调控方式，保持经济中高速增长，迈向中高端水平，推动实现更高质量、更有效率、更加公平、更可持续的发展。必须按照完善和发展中国特色社会主义制度、推进国家治理体系和治理能力现代化的全面深化改革总目标，加快完善各方面体制机制，进一步转变政府职能，为发展提供持续动力。必须完善社会主义市场经济法治体系，加快法治经济和法治社会建设，把经济社会发展纳入法治化轨道。必须深化全方位对外开放，妥善应对外部环境变化，推动互利共赢、共同发展。必须贯彻全面从严治党要求，不断提高党的执政能力和执政水平，确保我国发展航船沿着正确航道破浪前进。

六个“全面推进”：全面推进经济建设、政治建设、文化建设、社会建设、生态文明建设和党的建设。

七个"创新":"要深入实施创新驱动发展战略,推动科技创新、产业创新、企业创新、市场创新、产品创新、业态创新、管理创新等,加快形成以创新为主要引领和支撑的经济体系和发展模式。"

七个方面的"问题":"全面解决好人民群众关心的教育、就业、收入、社保、医疗卫生、食品安全、生存环境等问题"。

十大重点任务:提出"十三五"重点突破的十大任务:"保持经济增长、转变经济发展方式、调整优化产业结构、推动创新驱动发展、加快农业现代化步伐、改革体制机制、推动协调发展、加强生态文明建设、保障和改善民生、推进扶贫开发"。

(来源:中国网 2015 年 8 月 12 日)

三、专家论道

十三五规划:新领导班子第一个五年规划

中国第一个五年规划从 1953 年开始,延续至今已经编制了 12 个。邓小平曾说过,"改革应有期限,不应太迟"。2020 年,是全国人民共享改革的重要时点。在新的领导班子、新的经济形势下,第十三个五年规划的编制模式、编制方法和编制内容势必做相应调整。

"十三五"规划无疑是当下市场探讨的热点。

"谁来规划,怎么规划,规划什么"是市场探讨"十三五"规划的三个重要维度,我们通过梳理领导人的公开讲话,采访各路市场人士,以及经济学家,以六个问题的形式,"感知"以上三个维度。

(一)规划有多重要

"十三五"规划时间节点很关键,一方面,按照党的十八大要求,到 2020 年我国将全面建成小康社会;另一方面,这是新一届领导班子的第一个五年规划

作为国民经济计划的重要部分,五年计划在中国经济发展的过程中

起到重要作用。由于处在特殊时期，“十三五”规划的编写又格外受到关注。

第一，“十三五”规划是以习近平为总书记的党中央编制的第一个五年规划；第二，“十三五”规划也是实现十八大提出的“两个百年”目标中第一个百年目标的最后一个五年规划（在中国共产党成立100年时全面建成小康社会）。

鉴于此，党中央主要领导人在公开发表的讲话中，数次提及“十三五”规划编制。

3月份，习近平在全国两会期间参加团组讨论时说，“我正在集中思考‘十三五’规划。这是实现全面小康的规划，是实现第一个百年目标的规划。”

3月16日，习近平会见欧洲议会议长舒尔茨时，主动提及“十三五”规划，“相信在新的规划中我们会找到中欧合作的契合点和新机遇。”

第二季度以来，习近平与超过18个省份党政负责人的座谈中都将“十三五”规划的编制作为主要议题之一。

5月27日，对浙江考察时，习近平召集华东七省市党委主要负责同志就“系统谋划‘十三五’经济社会发展”召开座谈会。

6月18日，在贵州召集西南7省区负责人谈“谋划好‘十三五’时期扶贫开发工作”。

7月17日，在长春考察时，习近平又召开东北4省区党委主要负责同志座谈会，听取对振兴东北地区等老工业基地和“十三五”时期经济社会发展的意见和建议。

国务院总理李克强也在多个场合强调以改革创新精神编制好“十三五”规划。2014年9月，国务院常务会议就编制“十三五”规划曾专门召开过会议。

（二）编制流程怎么走

2014年4月启动，52名专家参与，中央层面三个专门工作小组，两个

重要节点,10月份讨论,明年全国两会提请审议,前后历时约两年多

"十三五"规划编制已于2014年4月正式启动,共有52名专家参与编制草案。

"这是一个党中央集体决策的关键过程,容不得丝毫差池。"一位曾参与起草"十二五"规划的国家发改委工作人员说:"一份五年规划的编制,经意见征求、前期调研、对上一个五年规划的评估和多个重大课题部署等流程,讨论、修改、过审,方能最终提交至全国人大审议,在其具备法律效力之后,才会交由各部委、各地方政府依此来形成各自配套的五年规划明细,大约历时两年半时间。"

值得一提的是,"编制期间有两个重要节点,分别是制定党中央关于规划的建议和制定规划的基本思路。两者分别由中央财经领导小组办公室和国家发改委牵头,最终会同合力,以《纲要》形式来囊括中央指导意见和各界建言,提升规划的可预见性、可执行力。"上述工作人员透露,仅在中央层面便须成立三个专门工作小组,"国家发改委前期牵头成立规划纲要编制工作领导小组和起草小组,中财办牵头成立规划建议起草小组。五年规划便是由小组意见上升至全党意见并最终形成规划纲要,走完从思路、建议到纲要的全过程。"

2015年3月,国家发改委就公布了52位来自不同领域的专家委员会名单。这份名单不仅包含中财办原主任、发改委原副主任王春正,经济学家林毅夫等人,更不乏央企老总和知名企业家。

上述工作人员认为,"'十三五'规划和以往不同,中央主要领导同志提高了规划的期望和要求,前期工作不仅采用了国家发改委宏观研究院、中国社科院等传统'智囊团',还首次邀请来自业界和民间的智囊加入,甚至听取了亚开行、经合组织等'外脑'的意见。"

据一位国家发改委发展规划司工作人员告诉透露,此次超过半数的专家都是"十二五"规划专家委员会成员,"这是为了保持政策的延续性。"

自十一届三中全会以来，五中全会讨论下一个五年规划（计划），已成惯例。

根据新华社消息，中共中央政治局2015年7月20日召开会议，决定今年10月在北京召开中国共产党第十八届中央委员会第五次全体会议，主要议程是：中共中央政治局向中央委员会报告工作，研究关于制定国民经济和社会发展第十三个五年规划的建议。

有分析认为，“这意味着‘十三五’规划的时间表已经基本明晰，五中全会审议通过后，规划纲要将会在明年全国两会上提请审议通过，届时规划将正式生效。”

据相关媒体报道，“目前，‘十三五’规划的草案已经完成，将进入征求地方、部委和专家等意见的阶段”。

（三）总体框架是什么

与“十二五”规划相比，“十三五”框架的分类更为精简、清晰，注意新型工业化、城镇化、信息化、农业现代化和绿色化“五化同步”，注意统筹推进京津冀、“一带一路”和长江经济带三大国家战略。

5月份，在浙江考察时，习近平总书记首次提出了“十三五”规划总体框架，将在十大方面取得明显突破：“保增长、转方式、调结构、促创新、农业现代化、改革体制机制、协调发展、生态文明、民生、扶贫。”

可以看到，与“十二五”规划中的转方式、新农村、转型升级、服务业大发展、区域协调、绿色发展、创新驱动、改善民生、社会管理、文化大发展、改革攻坚、对外开放、政治文明建设、港澳台合作、国防建设、强化实施共16个方面对比，“十三五”框架的分类更为精简、清晰。

此前，国家发改委主任徐绍史召集了规划编制工作领导小组和起草小组的首次全体会议，“‘十三五’规划的编制，要注重全面建成小康社会、全面深化改革、全面依法治国、全面从严治党‘四个全面’，深入研究新型工业化、城镇化、信息化、农业现代化和绿色化‘五化同步’的路径设计，并研究如何统筹推进京津冀、‘一带一路’和长江经济带三大国家战略。”

7月20日,中央政治局会议强调,“十三五”时期,我国发展的环境、条件、任务、要求等都发生了新的变化。认识新常态、适应新常态、引领新常态,保持经济社会持续健康发展,必须有新理念、新思路、新举措。

“‘十三五’的新任务、新导向明显多于以往,规划编制工作很不轻松。”上述发展规划司工作人员透露,“领导很看重‘新’,在规划理念、框架、内容、方法、文本和实施机制上都要求创新。”

(四)经济增速定多快

如果在2020年实现全面小康,“十三五”期间,GDP增速必须达到6.56%。有机构预测,“‘十三五’期间中国经济平均增长7.5%,呈现前7后8之势”

按照此前十八大确立的目标,2020年全面建成小康社会,要实现国内生产总值(GDP)和城乡居民人均收入比2010年翻一番。

国家发改委发展规划司司长徐林在2015年2月的一次会议上表示,从实现“十八大”提出的两个“翻番”的要求来看,如果2015年GDP增速实现7%,“十三五”期间的年均GDP增速必须达到6.56%,即6.5%左右是底线。

财政部副部长朱光耀近期在参加某经济学论坛时认为,“在改革开放全面落实,改革创新的举措得到全面推进(的情况下),未来五年,也就是在第13个五年规划期间,中国经济的潜在增长率将保持在7%—8%的水平。”

不过,目前学界对“十三五”期间究竟该如何定经济增速仍存在争议。

中国社会科学院数量所研究员樊明太,以及中国社科院经济所经济增长室主任刘霞辉认为,“十三五”时期经济增速宜定为7%。

北大中国国民经济核算中心副主任蔡志洲的观点是,未来五年年均GDP增长6%,就可以实现十八大全面小康目标,但是考虑更多因素,GDP年均可以设定6.5%,“经济增速要在“十三五”期间达到7%,难度太大。

中国国际经济交流中心副研究员王天龙也认为，要实现全面建成小康社会的经济目标，未来五年6.8%就够了。

从过去几个五年计划和规划的情况来看，“九五”计划确定的增速是8%，最后实际增长8.6%；“十五”计划确定的是7%，最后实际增速是9.5%；“十一五”规划确定是7.5%，最后实际增速是11.2%；“十二五”规划确定的是7%，目前的四年增速分别为2011年9.3%、2012年7.7%、2013年7.7%、2014年7.4%。

在全国政协十二届常委会第十一次会议上，全国政协常委厉以宁在发言中强调，“明年是‘十三五’规划的开局之年，举国上下都企盼着能够有一个良好开局。”

申银万国证券研究所首席宏观分析师李慧勇认为，考虑到6.56%是“十三五”的底线，预计“十三五”期间政府设立的增长目标大约为6.56%—7%之间。考虑到国际环境以及国内制度红利的释放，实际经济增长速度大概在7.5%左右。再通过与韩国以及中国台湾等经济体的横向对比，综合考虑，“预计“十三五”期间中国经济平均增长7.5%，呈现前7后8之势。”

（五）区域经济如何搞

“一带一路”、京津冀、长江经济带这三大经济带将是“十三五”区域经济发展的基本途径

7月20日，由习近平总书记主持召开的政治局会议决定，2015年10月在北京召开中国共产党第十八届中央委员会第五次全体会议。

值得一提的是，国家发改委当日推出了两则重磅消息，一是发布《国家级区域规划管理暂行办法》，对国家级区域规划的适应对象、编制主体等方面内容作出详细规定；二是《关于印发南京江北新区总体方案的通知》，该新区是“一带一路”与长江经济带整合发展的重要节点，与上海浦东新区、上海自贸区、浙江舟山群岛新区形成“一体两翼”。

两项重要事项的发布，表明了区域经济规划发展在“十三五”规划中

的重要地位。南方基金首席策略分析师杨德龙指出,相比之前的国家级区域规划,《国家级区域规划管理暂行办法》在推动重大项目的同时,更加注重改革的力量。

国家发改委国际经济合作室主任张建平坦言,"在经济新常态的大背景下,主要任务还是寻求新的经济增长点,而应该通过更加主动的对外开放和加快国内区域经济一体化进行有效的融合,来挖掘新的经济增长点。"

中国人民大学区域与城市经济研究所所长孙久文认为,"一带一路"、京津冀、长江经济带这三大经济带将是"十三五"区域经济发展的基本途径。其中,长江经济带是支撑中国经济的脊梁;"一带一路",尤其是其中的丝绸之路经济带,是西部大开发的升级版;京津冀协同发展的目的则是要打造国家区域治理现代化首善之区。

事实上,时至年中,"一带一路"、京津冀协同发展、长江经济带三大战略,已全面铺开。

商务部最新发布的数据显示,上半年我国企业对"一带一路"沿线的48个国家进行了直接投资,投资额合计70.5亿美元,同比增长22.2%。中国企业在"一带一路"沿线的60个国家承揽对外承包工程项目1401个,新签合同额375.5亿美元,同比增长16.7%。中国与"一带一路"沿线国家进出口值接近3万亿元人民币,约占同期中国外贸总值的1/4。

近日,北京、天津和河北先后开会贯彻《京津冀协同发展规划纲要》,根据功能定位对推进协同发展作出部署。北京确定到2017年要退出1200家污染企业,同时,推动钢铁、汽车等行业企业向京外转移和布局。在交通方面,北京已经计划到2020年,形成京津冀9000公里的高速公路网和主要城市3小时公路交通圈、9500公里的铁路网和主要城市1小时城际铁路交通圈。

无疑,区域经济发展对于下好中国经济的"一盘棋"、推动经济发展迈向更高层次的统筹作用不可忽视。然而,一些区域经济的"短板"也正逐步暴露出来。

孙久文建议，还应着力打造沿东南海岸经济带、东北经济带以及沿长城经济带。按他的构想，沿东南海岸经济带将从上海一直连接到广州，沟通长三角与珠三角两个最主要的城市；东北经济带着重解决当前东北经济增长放缓的问题；沿长城经济带西至宁夏，途径内蒙古、山西北部进入河北，最终到达北京和天津，这条经济带有利于产业的融合和转移。

（六）创新战略如何推

创新驱动的力度要比"十二五"末期大，国家发改委将组织实施新兴产业重大工程包，会引导社会资本通过资本市场和互联网金融等进入研发和创业创新领域

实施创新驱动发展战略是"十二五"规划提及的主要任务，也是当前稳增长促改革的着力点。多位学者表示，"十三五"规划在探索内生动力基础上，势必将进一步完善创新驱动发展的机制，从项目扶持的创新政策过渡到普惠性的长期政策。

南开大学教授逄锦聚认为，中国目前已经进入经济新常态，经济发展的主要动力由要素投入转向创新驱动，已经成为国民经济发展的主旋律，"十三五"期间创新驱动的力度要比"十二五"末期大。

广东省社会科学院国际经济研究所研究员郭楚认为，"目前，政府对企业的技术创新支持往往局限在大型企业甚至国有企业，并且支持周期短。众多高新技术领域的中小企业难以受惠。其实单纯的技术创新早已不能解决市场竞争力的问题，应制定科技和经济改革协调一致的自主创新体制。"

同济大学经济与管理学院教授石建勋在撰文中强调，在"十三五"的新一轮发展规划中，建议国家应着力实施"四个一批"战略，即由国家牵头加快建设一批"产、学、研"紧密结合的制造业协同创新中心；加快建立一批知识产权保护协会和创新激励保护机制；加快构建一批能迅速将知

识、科研成果转化成产品、商品的孵化基地;加快培养和集聚一批制造业的高端人才。

记者从国家发改委了解到,为加快落实创新驱动发展战略,国家发改委将组织实施新兴产业重大工程包,于2015年至2017年重点开展信息消费、新型健康技术惠民、海洋工程装备、高技术服务业培育发展、高性能集成电路及产业创新能力等六大工程建设。

中国社会科学院数量所研究员樊明太认为,下一步科技投入占GDP比重会提高,但幅度不会很大,“关键还是如何引导社会资本通过资本市场和互联网金融等进入研发和创业创新领域”。

厉以宁认为,“为了产业升级和产品更新的实现,有必要支持创业和创新活动,给创业和创新者以税收方面的优惠,给他们以信贷便利。”

逄锦聚坦言,“十三五”期间,政策或从关键矛盾和问题入手,在政府职能转变、体制改革、分配激励等方面,形成鼓励和支持自主创新的良好制度环境。如进一步完善成果转化激励政策,加大科研人员股权激励力度,充分体现智力劳动价值的分配导向等。

(来源:人民网2015年8月3日)

习近平讲话指明“十三五”规划大方向

“‘十三五’时期是我国经济社会发展非常重要的时期,各级党委和政府要明大势、看大局”,习近平在2015年5月27日召开的华东七省市党委主要负责同志座谈会上强调,要深刻把握国际国内发展基本走势,坚持立足优势、趋利避害、积极作为,系统谋划好“十三五”时期经济社会发展。

国家行政学院研究员胡敏指出,“十三五”规划是我国全面建成小康社会道路上的一个关键节点,这五年也是全面建成小康社会目标落实的五年。“习近平总书记的讲话是既着眼当前,也着眼长远;即针对现实,也规划未来。”胡敏说。

“习近平在讲话中明确了‘十三五’规划的核心内容，指明了‘十三五’规划的大方向。”国家行政学院经济学部主任张占斌表示。

“更充分、更深入、更周全”体现底线思维

今年是落实“十二五”规划最后一年，党中央正在研究“十三五”时期我国经济和社会发展的大政方针。张占斌透露，有关部门正在就“十三五”规划的重要课题进行研讨，以求从不同角度分析出“十三五”发展中可能面临的问题，进而提出解决方案。

习近平在讲话中指出，谋划“十三五”时期发展，要清醒认识面临的风险和挑战，把难点和复杂性估计得更充分一些，把各种风险想得更深入一些，把各方面情况考虑得更周全一些，搞好统筹兼顾。

“更充分、更深入、更周全，这样的表述体现出习近平所多次强调的底线思维。往坏处想做好准备，往好的方面努力，这样的思维方式将贯穿到‘十三五’的制度中来。全面建成小康社会的过程中，要梳一梳、理一理，对将要面对的风险有更加充分的认识。”张占斌谈到。

明确十大目标任务 给经济发展注入“强心剂”

“保持经济增长、转变经济发展方式、调整优化产业结构、推动创新驱动发展、加快农业现代化步伐、改革体制机制、推动协调发展、加强生态文明建设、保障和改善民生、推进扶贫开发”。这是习近平在讲话中明确的经济社会发展十大目标任务，要求在“十三五”时期取得明显突破。

在这十大目标任务中，保持经济增长排在第一位。张占斌认为，虽然我国改革发展有许多重要的任务，但是稳增长仍是首要任务，只有经济稳定才能从容地做其他方面的事情。

“我国经济下行压力增大，想要实现全面建成小康社会两个翻一番的目标，经济工作仍然不能松懈。”胡敏教授解释说。

胡敏谈到，我国现在面临着经济从高速增长转向中高速增长的关键时期,国内国际形势错综复杂,习近平的讲话表明了中央的决心,可以说是给当前的经济发展注入了"强心剂"。

以创新作为驱动力 寻求绿色增长

针对这十大目标任务,习近平在讲话中重点谈到了六个领域的发展思路,例如产业结构优化升级,同步推进新型工业化、信息化、城镇化、农业现代化。

习近平指出,要深入研究保持经济增长的举措和办法,着力解决制约经济社会持续健康发展的重大问题,挖掘增长潜力,培育发展动力,厚植发展优势,拓展发展空间,推动经济总量上台阶。

这体现出中国经济的未来将在哪些方面着力?胡敏认为,在下一阶段的发展中,我国经济发展的着力点是经济结构的调整和发展方式的转变。我们需要以创新作为驱动力,摆脱过去单纯注重工业的眼光,改革和创新是应对当前和接下来一个阶段国内外经济复杂形势的重点。

在谈到生态环境保护时,习近平将建设良好生态环境,上升到"人民生活质量的增长点、展现我国良好形象的发力点"的高度。对此,张占斌认为,只有生态环境与经济发展并重,才能实现经济的绿色增长,这将是"十三五"规划的一大重点。

在谈到民生问题时,习近平特别提到要全面解决好人民群众关心的教育、就业、收入、社保、医疗卫生、食品安全等问题,对此,对外经贸大学公共政治研究所所长丁建臣指出,中国人口多、底子薄、基础差,我们目前的状况离规划目标还有相当的距离,改善民生对政府来说任重而道远。习近平强调在"十三五"规划中对民生的重视,对百姓来说是一个切实的好消息。

(来源:人民网2015年5月29日)

展望“十三五”“十三五”剑指“全面小康”

国家发改委主任徐绍史日前在两会记者会上表示，“十三五”规划基本思路已经初步形成，今年发改委要加强一系列重大问题的研究，要在基本思路的基础上形成“十三五”规划纲要框架，还将根据中央部署，研究形成纲要草案，明年准备提交大会审议。

2015年，“十二五”规划收官之年，亦是“十三五”规划编制之年。由于“十三五”规划时间横跨2016年至2020年，规划的内容将直接决定之前制定的2020年发展目标能否如期实现。因此，“十三五”规划的编制进展如何，一直备受外界关注。

据徐绍史介绍，“十二五”规划有24个主要指标，绝大多数达到了预期进度的要求。“比如经济增长速度、城镇居民人均可支配收入和农村居民人均纯收入增速，都完成得较好。还有一些指标已经提前完成了规划的目标，比如城镇新增就业已经提前完成，城镇参加基本养老保险的人数也已经提前完成规划目标。”

尽管如此，谈及“十三五”规划的编制工作，国家发改委发展规划司司长徐林坦言，“作为一个编制规划的工作人员，感觉到压力非常大。”

在外界看来，这背后的一个重要原因在于“十三五”规划所承担的使命非比寻常。

作为新一届领导集体上任后编制的第一个五年规划，而且正处于全面深化改革的关键时期，“十三五”规划极有可能成为承上启下一个十分重要而关键的规划。

一方面，它距离十八大提出的2020年全面建成小康社会只有短短几年时间，如何满足“眼前”之需、满足2020年全面建成小康社会的需要，需要精心筹谋。

另一方面，新一届领导集体上任以来，已经提出了许多新的思想、新的思路、新的目标、新的要求,如何在“十三五”规划中充分体现,并成为今后相当一段时间遵循的目标和原则,亦即满足“长远”之需、满足2049年建成富强民主文明和谐的社会主义现代化国家的需要,是必须充分考虑和兼顾的问题。

对此,国家发改委秘书长李朴民曾用三个“确保”来加以形容:要确保全面建成小康社会目标胜利实现,确保全面深化改革在重要领域和关键环节取得决定性成果,确保经济发展方式转变取得实质性进展。

全面建成小康倒计时

此刻,距离2020年只有不到6年,兑现全面小康承诺的时间渐渐逼近。

根据国家统计局发布的2011年全国全面建设小康社会进程监测报告的数据显示,2010年,我国全面建设小康社会的实现程度达到80.1%,其中东部、中部、西部全面建设小康社会的实现程度分别为88.0%、77.7%、71.4%,

在此基础上,2012年,党的十八大提出了确保到2020年实现全面建成小康社会的宏伟目标。

此后两年多的时间里,新一届中央领导集体面对发展进入新阶段、经济进入新常态之大变局,紧握历史的接力棒,以全面深化改革破解深层次问题,以全面依法治国确保现代化建设有序进行,以全面从严治党巩固党的执政基础和群众基础,朝着全面建成小康社会的目标,迈出了坚实步伐,跃上了新的台阶。

然而,对照全面建成小康,差距依然明显。例如,对于东部地区来说,如期实现全面建成小康社会难度不大;而对于中西部地区来说,如期完成全面建成小康社会的任务很艰巨,发展中不平衡、不协调、不可持续问题依然突出,经济总量仍然比较小,居民收入水平较低,农村小康比较落后,科技创新能力不强,生态环境治理欠账比较多,扶贫攻坚任务仍很艰巨。

“2020年，对于中国全面建成小康社会来说是一个刚性的绝对命令，我们必须对好表。”在接受《瞭望》新闻周刊采访时，中央党校教授辛鸣表示。

不久前，中央财经领导小组办公室副主任杨伟民曾在公开场合列举了“十三五”规划编制过程中需要回答的十个问题，其中，如何实现全面建成小康社会的目标(如实现两个翻番，基本实现工业化)居于首位。

有专家建议，虽然十八大报告已经提出了部分量化指标，但相对于经济、政治、文化、社会、生态文明建设五大方面的丰富内涵，目前的指标体系还不完整。因此，“十三五”期间首先是要完善全面建成小康的评价标准。

“‘十三五’规划是实现全面建成小康社会目标最后的一个五年规划，这个五年规划编得好不好，对是不是能够顺利实现全面建成小康社会的目标具有决定性的意义。”谈及“十三五”规划的“特别之处”，徐林曾给出了这样的评价。

2014年4月，国家发改委召开了全国“十三五”规划编制工作电视电话会议，标志着“十三五”规划编制工作全面启动。与此同时，国家发改委还列出了“十三五”规划前期研究25个重大课题目录，包括粮食安全、区域协调发展、人口战略政策、国企改革、金融市场体系、住房保障和房地产、扩大消费需求长效机制、环境治理、信息经济、战略性新兴产业，以及国际环境变化对我国发展的影响等诸多课题。可以说，每一个课题都事关中国某个领域或整体经济的命运。

专家们认为，随着对相关问题研究的进一步深入，全面建成小康社会的决战时刻即将到来。

补好最大短板

“要把扶贫攻坚抓紧抓准抓到位，坚持精准扶贫，倒排工期，算好明细账，决不让一个少数民族、一个地区掉队。要帮助贫困地区群众提高身体素质、文化素质、就业能力，努力阻止因病致贫、因病返贫，打开孩子们通过学习成长、青壮年通过多渠道就业改变命运的扎实通道,坚决阻止贫困现象代际传递。”2015年3月8日,习近平总书记到广西代表团参加审议时如此强调。

在外界看来,总书记语重心长的一席话,再次道出了“十三五”期间的一大任务——7000多万人口的脱贫问题。

自邓小平最早提出建设小康社会的目标至今,已经过去了30多年的时间,中国的经济社会面貌发生了翻天覆地的变化。一部分百姓、一些地方、一些领域已经提前实现了小康,并开始向富裕阶段迈进。但对照全面小康的目标,当前在经济、政治、文化、社会、生态文明各个领域,都仍存在着不少“短板”。

“非常突出的一点,就是我国经济社会发展不平衡的现象依然突出,同城镇相比,中国农村总体发展滞后的局面依然没有得到根本改变,贫困人口仍超过7000万,到2020年全面建成小康社会依然任重而道远”。采访中,全国政协委员、甘肃社会科学院研究员郝树声谈到。

“2014年是历史上著名的‘八七扶贫攻坚计划’实施20周年。‘八七计划’的基本内容,同样是用7年时间解决8000万人口的贫困问题。把两个不同历史时期的客观情况相比较,可以看到有利与不利两方面情况。”

全国政协委员、国务院扶贫办原主任范小建告诉记者,有利条件是,起步时减贫的速度快。2014年减少贫困人口1000万以上,“八七计划”起步时年减贫仅500万;国家对农村的支持力度不断加大;国家在农村全面建立了低保制度;“片区扶贫攻坚规划”、“十二五整村推进规划”以及相关行业扶贫规划已经国务院批准并开始实施,贫困识别、建档立卡的工作为精准扶贫、帮扶到户奠定了重要基础。

而不利条件在于,GDP增速减缓;收入差距加大;投入增长放慢;农村“老龄化”、“空心化”日益严重,缺乏发展活力。此外,目前农产品价格遭遇“天花板”和“地板”的双向挤压,利润空间狭小,农民增收面临更多困难。

他建议，把缩小发展差距、降低基尼系数作为重要目标，同时将扶贫开发纳入“十三五”规划，各部门的“十三五”规划要与国务院批准的连片特困地区扶贫攻坚规划相衔接，加大支持力度。

“全面建成小康社会的核心在‘全面’。”辛鸣认为，这既体现在“一个都不能少”，即覆盖的人群是全面的；也体现在“一项都不能少”，即涉及的领域是全面的；同时还体现在“一步都不能迟”，即实现的时间是有期限的。

“落后地区如何与发达地区基本同步全面建成小康社会，是‘十三五’时期我国区域发展面临的最大挑战。”清华大学国情研究院院长胡鞍钢认为，“十三五”期间要真正建成“全面小康”，必须补足这一短板。

加快发展方式转变步伐

预计增速7%左右——日前公布的政府工作报告，证实了此前外界关于2015年中国经济增速下调的猜测。实际上，不仅仅是2015年，国家发改委宏观经济研究院副院长陈东琪此前在接受本刊采访时就预计，整个“十三五”年均GDP增速可能在6.5%左右。

在他看来，原因有二。从国内看，根据经济发展的自身规律，在经过30多年的超常规高速增长之后，资源发展条件已接近临界水平，中国经济必然需要一个时期来进行调整；从国外看，世界经济存在的结构性矛盾在危机之后没有得到明显改善，强刺激下的“复苏”动力不足，经济形势也难言乐观。

不过，对于增速放缓，陈东琪认为并非完全是个“坏现象”。按照他的理解，当增速下降到一个合适的位置，调整充分以后，中国经济将会真正迈入质量效益型的“新常态”。

因此，问题的关键在于能否“调整充分”。

2014年，中国人均GDP达到7000美元，已经是典型中等收入经济体，正处于发展阶段的“分水岭”。从一些国家的经验教训来看，在此发展阶段所面临的一大风险便是如何迈过中等收入陷阱。

中等收入陷阱出自世界银行《东亚经济发展报告(2006)》,意为进入中等收入的经济体,往往因既无法在工资成本方面与低收入国家竞争,又无法在尖端技术研制方面与高收入国家竞争,而容易陷入增长停滞期。虽然导致这一现象发生的原因很多,但至关重要的一条就是经济转型失败。

如今,中国经济增速的持续放缓,引起了一些人关于中国会否跌入中等收入陷阱的担忧。

“‘十三五’规划如果做得好,如果我们的发展比较顺利,我们就有可能跨越中等收入陷阱,进入高收入国家的行列。”在“十三五”规划编制新闻发布会上,徐林如此表示。

而现实却是,随着人口红利转型、生产要素成本上升、资源配置效率下降和生态环境约束加强,中国经济“高增长、高投入、高消耗、低效益”的发展模式已经难以为继。因此,必须转变发展方式,重塑经济发展动力。

“转型已经说了多年,这一次内外原因的结合,可能是必须要转了。”采访中,陈东琪感慨道。

而“十三五”时期作为中国经济步入“新常态”的初始阶段,恰恰处于这样一个调整转折期。

“‘十三五’期间,一个最重大的任务就是要适应新常态、引领新常态。一个最主要的转变,就是中国经济发展要实现由量主导到由质主导。”国务院发展研究中心研究员张立群向记者谈到,新常态蕴含着大量的新机遇和新动力,在“十三五”期间,必须将这些新动力真正释放出来。

推动全面改革迈向纵深

2014年9月,李克强总理在主持会议部署“十三五”规划编制时强调,“十三五”规划要突出改革创新。

在外界看来,之所以将改革创新放到如此显要的位置,原因在于“十三五”末期,也是十八届三中全会提出的“在重要领域和关键环节改革上取得决定性成果”的重要节点。

十八届三中全会以来，“深改”一直是中国政治经济生活中的主题词。过去一年，中央全面深化改革领导小组确定的80个重点改革任务基本完成，此外，中央有关部门还完成了108个改革任务，共出台370条改革举措。改革部署数量之多、频率之高、力度之大，均前所未有。

在专家们看来，此次李克强总理提出明确要求，意味着推动改革迈向纵深将成为贯穿整个“十三五”规划的主线，是衡量“十三五”规划质量高低、效率高低、成效如何最主要、最关键的标准之一。

“全面小康所需求实现的目标丰富多样，涉及许多方面，有些属于发展的问题，而更多的则是关于改革的问题。”张立群说，比如在扶贫问题上，不仅仅要把蛋糕做大，更重要的是要把蛋糕分好，而这就需要在收入分配制度改革方面有实质性突破。

值得注意的是，徐林在上述会议上曾强调，在“十三五”规划的编制过程中，确实应该由政府发挥作用的领域，要强化其约束性。可以由市场发挥作用的领域，要体现出市场对资源配置的决定性作用。

“‘十三五’规划作为一个大的规划体系，在那些竞争性领域可能就要少编规划甚至不编规划。因为那些领域主要是市场主体通过市场竞争发挥作用，规划编了也不一定起作用，要是干预过头，规划就越位了。”徐林表示。

有分析人士认为，此举充分体现了全面深化改革的核心要义——让政府和市场各归其位，也为在“十三五”期间进一步推动改革定下了基调。

采访中，专家们强调，坚持推动全面改革，首先是为了发展，即为转变经济增长方式、激发经济内生动力创造空间和环境。而更重要的，是要打破现有的利益格局，破解深层次的矛盾。

“改革，在一定意义上就是要打破不公平正义的利益格局。”辛鸣表示，“我们不得不承认这些年来在中国社会整体获得改善和进步的同时，一部分群体所获得的利益要远远高于社会绝大多数的群体,而且这些利益很有可能不是通过公平正义的手段所获得的。”

他强调,当一小部分人占据社会大部分财富和利益时,在现在这种发展阶段很难实现全面建成小康。因此以改革来打破不公平正义的利益格局,将是“十三五”需要下大力气去做的一件事情。

(来源:《瞭望》新闻周刊2015年3月15日)

四、延伸阅读

“十三五”规划思路的十大转变

习近平总书记不止一次地表达了他对“十三五”规划的重视。他在参加十二届全国人大三次会议时更是指出,“我正在集中思考‘十三五’规划。从时间上说,‘十三五’规划,是实现全面小康的规划,是实现第一个百年目标的规划。”

“十三五”将是以习近平同志为总书记的党中央编制的第一个完整的五年规划的实施期,对中国未来中长期的发展意义非凡。总体而言,“十三五”的规划思路应有十个方面的变化。

(一)总体发展格局定位和指导思想所发生的变化

1.总体发展格局定位:四大区域

改变以往国家战略遍地开花的情形,十八届三中全会后确定了四个区域发展战略,即京津冀一体化、丝绸之路经济带和21世纪海上丝绸之路以及长江经济带。这四个区域规划基本覆盖了中国未来社会经济发展的重点区域,高层领导一直强调,这四个战略之间“不存在厚此薄彼”。强调区域经济规划不能遍地开花,而是要注重大的区域范围的协调和共赢。

2.指导思想发生的变化:强调存量规划

区域经济重点正在发生着一些调整,“十三五”规划的指导思想将发生变化。东部转型升级迫在眉睫,“十三五”将会重点考虑发挥东部沿海地区的优势，特别会强化对于东部地区存量的规划，存量规划正式成为法定主流规划的一部分。

存量规划主要回答的是如何将现有的资源，转移给能为城市贡献最大的使用者。减少要素转移的成本，实现社会效益的最大化，是存量规划的主要目标。因此，存量规划是结构调整规划，其核心是产权，在存量规划里，我们必须面对大量既有产权所有人。特别是对国有企业占用的大量低效率使用土地的调整，将涉及到国有企业管理体制的改革，如果能突破这一体制性瓶颈，建立起符合市场经济原则的交易制度，将是我国走向现代市场经济制度极为重要的一步。

(二)改变以往“领导一动、规划重弄”的局面，强调规划要有连续性，切忌折腾

习近平总书记对此次规划的要求是：一张蓝图干到底！在去年2月25日视察北京时他指出，规划科学是最大的效益，规划失误是最大的浪费，规划折腾是最大的忌讳。同时高层领导特别要求规划要重视细节、要重视可操作性。

因此，区域规划必须树立地区发展的基本理念。只有具备了清晰的发展理念，才会有基本的政策体系，才会有清晰的产业规划思路，才会形成区域有序发展运营的机制。同时，区域规划也必须结合当地实际，确立当地的核心资源并资本化运作，形成核心资本、金融资本、社会资本、产业资本大规模深层次地结合，驱动地方发展。因此只有具备基本的理念，才会有连贯的政策性，才会有一系列的操作性思路。正确的理念会将当地的核心资源效用最大化。

“十三五”规划要切实改变“规划规划，纸上画画，墙上挂挂”的对规划不严肃的态度。同时也要从体制改革入手，切实解决由于5年规划与党委政府换届不同步而出现一些地区“三年行动计划”与5年规划不衔接的问题。

(三)生态文明建设要从口号变为落地规划,要实现理念的具体化、规则化、操作化

从中国所处的当代世界环境看,虽然中国工业化起步晚,人均历史排放比发达国家低很多,但同时也要看到,中国的发展使全球的排放格局及背景发生了较大的变化,我们面临着巨大的挑战,此次中美达成排放协议,到2030年排放达到峰值,如果我们不改变经济发展方式,不走"转型发展"的道路,我们的发展将难以持续。

"十三五"规划强调要将生态文明建设的理念具体化、规则化、操作化。规划的重点内容是在能源、环境双约束下对产业作出选择。在工业新的增长点稀缺、节能减排硬约束加强并叠加制造业周期性衰退的复杂情况下,工业结构调整怎样把握国际新工业革命的趋势,主动调整和被动调整相结合是一个大课题。

(四)战略性新兴产业的确立要改变以往盲目追求高大上的规划思维,以真实的市场需求、国家安全需求、产业进一步发展需求为规划基础

围绕城镇化、围绕国家安全、围绕具有优势的产业选择战略性新兴产业。

"十三五"期间围绕城镇化推进所需要发展的战略性产业包括:保证城市拓展需要的产业,如轨道交通制造业等;提升城市智慧化运行的产业,保证城市安全运转的产业等。

"十三五"规划中特别要注重由于互联网经济发展所带来的产业安全问题,要大力发展资料安全产业。当前网络战已经突破了传统的战争领域,使战争名副其实地在经济、政治、军事等多个领域展开。经济领域的网络战现在攻势凌厉,特别是金融领域的网络战被称为是现代版的潜银行,例如误发的一封电子邮件一个小时就蒸发英国最大贷款银行三十亿英镑,这些数字都不是危言耸听。

"十三五"规划期间要特别注重保护和培育那些我们已经拥有核心竞争优势和产业化优势的产业。特别是对于欧美经常对我进行"双反"

的那些产业，要特别注重保护和支持。对于拥有核心竞争优势和产业化优势的产业，我们绝对不能放弃竞争，这类具有国际竞争优势的产业就是我们必须支持的战略性产业。

（五）改变以往只注重环评而不注重产业损害评估的规划理念

“十三五”规划要树立产业损害的概念。例如引进一个大型服务业项目，我们往往会简单地以“产业拉动论”来解释引进的好处。所谓的“产业拉动论”是指一个大项目的建设直接能带动多少个相关产业的发展。如项目来了，就会有人测算能带动多少建筑机械、建筑材料、房地产升值幅度等等，无一不以直接的经济指标为评判标准。大型项目的影子还未见着，周边土地拍卖价格已经开始暴涨，在这种思维的支配下，这样的大型服务业项目很可能会成为商务成本迅速拉抬的理由。在拉动一部分产业的同时，很有可能会损害另一部分产业特别是制造业的有序的转型升级步伐。如何权衡一个产业引进对其他产业可能带来的损害，树立产业损害概念，建立产业损害的评估体系，是“十三五”规划应该重点研究的问题。

（六）互联网时代产业载体空间规划将从注重 CBD 规划转变为注重功能区块的规划

由于互联网时代的降临，越来越多的以 CBD 集聚作为营运方式的中心城市将呈现出“智慧生存的游牧之城”的形态，城市功能在空间上越来越出现离散化趋势。互联网和无线技术使移动式办公成为可能。

目前，“知识工作者”们只有三分之一的工作时间是在固定的办公室度过，在“新游牧时代”，工作根本离不开网络。“新游牧族”的工作方式发生了颠覆性的变化，他们没有固定的工作地点和场所，位置和距离变得不重要。这使得虚拟企业变得十分现实。

如在现在的上海张江，已经有许多这样的虚拟研发公司存在，这些企业放弃物理形态的办公室。在“新游牧时代”，人们生产方式和生活方式发生了种种变化，他们的新需求迫使企业作出调整，进而推动产业链的变迁;企业的种种努力和产业链的升级反过来又促进了"新游牧时代"。城市的空间形态和建筑空间形态作出大的调整,也许再过10年、20年,许多CBD会成为城市的博物馆和历史遗迹。

"十三五"应该规划建设"智慧生存的游牧之城",它必须要适应新游牧的特点。未来的城市空间和功能要为新的游牧民族提供一片绿洲,一片专门为"游牧族"提供水草的地方。对于"新游牧族"而言,一片好的绿洲,不仅仅需要Wi—Fi,而必须成为一个可以聚会的场所,我们的城市将会越来越多地变为城市活动中心和见面中心,大量的专业化CBD将会出现在远离市中心区域的郊区小镇。

(七)"十三五"产业规划主体将要改变政府部门内循环模式,更多地加大企业的话语权

互联网与商业的对接演化成为新的商业模式,电子商务,方兴未艾,野蛮增长,一个马云十五年间造就一个近2万亿规模的电子商务王国,社交网络及微信变成了新媒体。商业开发的速度是狂飙式的,如果说5000万客户群是成就一个大公司的起点,那么收音机时代要做38年,电视机时代做18年,计算机时代做4年,马化腾的微信做只需要半年。这是一个牛也会弹琴的年代,催生产业管理模式必须发生变化,要彻底改变发改委立项目、经信委编制产业规划、科委孵化资助项目的体制内选项目、立项目、资助项目的内循环模式。

在信息革命的今天,产业不再是规划出来的,而是规范出来的。准确地说,信息时代的产业不再是由政府单独规划出来,而是由政府有效的产业规制、友善的市场营商环境、完备的知识产权制度等创新所需的规范性要素所规范出来的。政府再也不单独具备选择和规划产业的能力,一个地区政府的能力将主要体现在其服务的规范性、对市场创新主体和技术的尊重等方面。所以这次《中共中央、国务院关于深化体制机制改革加快实施创新驱动发展战略的若干意见》中指出要充分发挥企业家的作用,要加强企业家的话语权,"十三五"产业规划,必须使企业家成为产业规划的最主要主体之一。

(八)要以建设市场带的战略眼光规划“一带一路”

丝绸之路经济带和海上丝绸之路建设，重在面向21世纪，实际操作要避免“就古论古”，更不仅仅是地理意义上的路带概念。目前，一些地方争夺丝绸之路始发地的做法意义不大。要从建设跨区域、跨国界市场带的战略角度来规划“一带一路”。

其中还要厘清“一带一路”与长江经济带的战略关系，长江经济带历来是海、陆丝绸之路的商品源头，要极大提升作为“一带一路”和长江经济带联动汇合区长三角在市场带建设中的战略地位，重点建设义新欧、沪新欧、苏新欧三条市场带，实现长江经济带与“一带一路”经济的高强度融合。

(九)“十三五”规划要进一步丰富完善规划目标体系，实现五有增长：有就业的增长、有声音的增长、有情的增长、有文化的增长、有未来的增长

五有增长是依据人类发展指标而来，“十三五”规划将更加突出以人为核心，因此，五有增长应成为规划目标体系建设的主线。

1.有就业的增长。工作意味着生活保障，没有工作就等于剥夺了一个人的生活能力和发展自己的能力；缺乏工作机会可能是经济增长缓慢造成的。但是，即使经济增长较快的国家也常常不能增加足够的就业机会。这就与产业选择有关，规划要考虑到劳动力禀赋的实际情况，考虑到产业用地与劳动力安排的相互关系，要考虑到高科技的适用性，要反对简单地提“以机器换人”的口号。

2.有声音的增长。要更加注重倾听民众的声音。提高民众参与和管理公共事务的能力和空间，这是人类发展的一个重要方面。

3.有情的增长。建立更为合理的收入分配制度，注重农村集体用地流转经验的总结，注重对民众投资管道开放产品的设计和制度性安排。

4.有文化的增长。保护本土文化，避免因为经济市场化、自由化和国际化的浪潮以及通讯和宣传媒介的迅猛发展导致本地文化被外来文化所淹没和同化。

5.有未来的增长。对自然生态环境的严格保护规划,实现可持续发展。

(十)树立全新的 CORE 规划理念,突出规划的连接性、开放性、制度性、开拓性

所谓的 CORE 战略是指 connectivity(连接性)、openness(开放性)、reliability(可靠性)、enterprise(开拓性)的简称。同时 CORE 又有核心的含义。

首先从 connectivity(连接性)看,要努力构建区域化经济发展战略或互联互通发展战略,努力连接接轨任何一个能给其带来利益的地区,精心制定区域拓展战略。

其次从 openness(开放性)看,要对投资、融资结算、人员往来等采取低限制和尽可能对外开放的政策。

再次从 reliability(可靠性)看,要有清晰的、容易操作的制度设计和执行的高效率,树立起值得信任的国家(或地区)的品牌和形象,使人们拥有安全感,愿意将财富留在当地。

最后从 enterprise(开拓性)看,重点要做鼓励企业创新规划和创新资源整合规划,从而增强企业的开拓能力和创新能力。

(来源:发展观察家 2015 年 4 月 17 日)

附 录

新中国十个五年计划和两个五年规划回眸

从筚路蓝缕中寻求兴邦之道，到坚定不移地坚持推进改革开放；从探索前行的“计划”，到新变化、新趋势、新要求下的科学“规划”。伴随着共和国的成长，一个又一个“五年”不断调整着中国经济和社会发展的节奏和航向。共和国建立至今，除了1949年到1952年为国民经济恢复时期和1963年至1965年为国民经济调整时期外，从1953年的第一个“五年计划”开始，我国已经编制了10个“五年计划”和两个“五年规划”。

第一个五年计划(1953—1957年)

1953年：第一个五年计划开始

成为我国工业化起点

“一五”计划所规定的各项建设任务，主要依靠我国人民的力量，加上当时苏联等国家的大力援助，到1957年底胜利完成，使我国建立起社会主义工业化的初步基础。

1954年：新中国第一部宪法颁布

1952年11月，中共中央作出决定，立即着手准备召开全国人民代表大会，制定宪法。它包括序言、总纲、国家机构、人民的基本权利和义务等4章，共106条。

1955年：克拉玛依戈壁中崛起的绿色油城

1955年7月6日，克拉玛依一号井开钻，10月29日完钻，喷出工业油流，宣告了共和国第一个大油田的诞生。

1956年：第一批“解放”牌国产汽车试制成功

1956年7月13日，在长春第一汽车制造厂崭新的总装线上，被毛主席命名为“解放”牌的第一辆汽车试制成功。在欢声笑语和雷鸣般的掌声中，首批12辆解放牌汽车缓缓驶下装配线。

1957年：武汉长江大桥建成通车

1957年10月15日，武汉长江大桥建成通车，这是长江上第一座铁路、公路两用桥，是我国桥梁建设史上的创举，是20世纪50年代我国经济建设的重要成就之一。

第二个五年计划(1958—1962年)

1958年：第一个五年计划顺利完成

全国掀起“大跃进”潮

1956年我国生产资料社会主义改造基本完成，建立起社会主义基本制度。同时，1957年又成功完成了“一五”计划，开始进入全国建设社会主义的新时期。

1958年：第一辆“东风”牌小轿车研制成功

1953年，“中国自己的汽车厂”一汽在长春奠基；1956年，国产第一辆“解放”牌汽车下线；1958年，第一辆“东风”牌小轿车研制成功；同年，第一辆“红旗”牌高级轿车下线；第一辆越野车研制成功。

1958年：第一艘万吨远洋轮下水

1958年11月27日，大连造船厂建造的我国第一艘远洋货轮命名为“跃进号”。这艘远洋货轮载货量达13400吨，排水量为22100吨。

1959年：发现大庆油田 石油实现自给

1959年4月，位于黑龙江省境内松辽盆地大同镇的“松基三井”开钻，最终导致大庆石油会战并发现了大庆油田。

1960年：计划严重脱离实际

中央提出“八字方针”

三年“大跃进”造成了国民经济严重的困难局面。1960年9月，中央首次提出了对国民经济实行“调整、巩固、充实、提高”的方针。

第三个五年计划(1966—1970年)

1966年:“三五”计划实施

“文化大革命”全面发动

1966年,正当我国基本完成调整经济的任务,开始执行发展国民经济第三个五年计划的时候,“文化大革命”发生了。

1968年:知识青年上山下乡

“文化大革命”爆发后,应届大中学生不能正常毕业、升学,经济的停滞不前又使得城市就业问题空前严重。在极“左”思想影响下,学生又被当作“再教育”的对象。

1968年:南京长江大桥建成通车

1968年12月29日,我国自行设计和建造的最大的现代化桥梁南京长江大桥提前建成通车。南京长江大桥是我国自行设计建造的双层式铁路公路两用桥梁,铁路桥全长6700多米,公路桥全长4500多米,是20世纪60年代我国经济建设的重要成就之一。

1970年:第一颗人造卫星发射成功

1970年4月24日,我国自行设计、制造的第一颗人造地球卫星“东方红一号”,由“长征一号”运载火箭一次发射成功。从此,中国正式加入了“太空俱乐部”时代。

1970年:决定兴建葛洲坝水利枢纽工程

1970年12月25日,中央批准武汉军区、湖北省革命委员会提出的兴建葛洲坝水利枢纽工程的报告。该工程是长江干流上的第一座大型水利枢纽工程,位于湖北省宜昌市境内。

第四个五年计划(1971—1975年)

1971年:第四个五年计划制定,“四三”方案形成

1971年4月1日,中共中央转发了余秋里起草、周恩来批准的《1971年全国计划会议纪要》和作为附件的“四五”计划指标,“四五”就以纲要草案形式指导着年度计划的编制。

1972 年:尼克松访华

1972 年 2 月 21 日,美国总统尼克松抵达北京,受到周恩来总理等中国领导人的欢迎。2 月 28 日,中美上海联合公报发表,宣布中美两国关系走向正常化。从此,中华人民共和国和美利坚合众国的关系进入了一个新的历史时期。

1974 年:胜利油田建成投产

胜利油田在 1960 年开始钻探,1961 年 4 月钻遇油层,发现工业油流。1964 年 4 月中央决定组织华北石油勘探会战。1966 年开始开发,当年原油产量达到 134 万吨。1974 年胜利油田建成。

1975 年:邓小平对各方面整顿,经济状况趋于好转

1975 年:第一条电气化铁路建成

1975 年 7 月 5 日,宝(鸡)成(都)在铁路电气化工程全部建成。宝成铁路全线电气化使这条通往西南的咽喉要道改造为先进的、高效能的运输大动脉,标志着我国铁路运输事业向现代化跨进了一步。

第五个五年计划(1976—1980 年)

1976 年:"五五"计划安排在十年规划之中

1975 年 10 月,国家计划拟定了《1976～1985 年发展国民经济十年规划纲要(草案)》,"五五"计划没有单独编制,而是安排在十年规划之中。

1976 年:滇藏公路建成通车

1976 年 7 月 6 日,我国西南边疆又一条公路干线滇藏公路建成并正式通车。这条公路是继川藏、青藏、新藏公路之后,从内地到西藏的第四条公路干线。

1977 年:恢复高考

1977 年冬天,"一个国家和时代的拐点"。一场中国历史上规模最为庞大的考试,它所恢复的不单单是当年 570 万考生的信心与希望,更直接地改变和推动了中国的改革和发展。

1978年：十一届三中全会与改革开放决策

中国共产党第十一届中央委员会第三次全体会议于1978年12月18日至22日在北京举行。全会的中心议题是讨论把全党的工作重点转移到社会主义现代化建设上来。

1980年：我国运载火箭首飞太平洋成功

1980年5月18日至21日，首次向太平洋海域发射运载火箭获得圆满成功。这是在进行了原子弹、氢弹、导弹核武器试验和发射人造卫星成功之后，我国在尖端科学技术领域里又一新的重要成就。

第六个五年计划(1981—1985年)

1981年："六五"计划是继"一五"后一个比较完备的五年计划

"六五"期间，社会总产值、工农业总产值、国民生产总值和国民收入平均每年增长11%左右。国民经济年平均增长10.72%，农业总产值年平均增长10.8%，工业总产值年平均增长10.6%。

1982年：十二大提出建设中国特色社会主义

邓小平在党的十二大所致的开幕词中指出：把马克思主义的普遍真理同我国的具体实际结合起来，走自己的道路，建设有中国特色的社会主义，这就是我们总结长期历史经验得出的基本结论。

1982年：我国首次水下发射运载火箭

1982年10月12日15时1秒，渤海某水域，由我国首行研制的第一代固体潜地运载火箭破水而出直上蓝天……中国首次用潜艇从水下向预定海域发射运载火箭获得圆满成功。

1983年："银河"巨型计算机研制成功

1983年12月22日，中国第一台每秒钟运算一亿次以上的"银河"巨型计算机研制成功，标志着中国进入了世界研制巨型计算机的行列。

1984年：十二届三中全会通过《经济体制改革的决定》

1984年10月20日，《中共中央关于经济体制改革的决定》指出，必须按照把马克思主义基本原理同中国实际结合起来，建设有中国特色的社会主义的总要求开展下一步工作。

第七个五年计划(1986—1990 **年**)

1986 年:“七五”计划为经济与社会发展奠定坚实基础

“七五”计划的指导思想是:遵循建设有中国特色的社会主义的总要求,遵循对内搞活、对外开放的总方针,继续推进经济发展战略和经济管理体制由旧模式向新模式转变。

1988 年:城镇住房制度改革获重大突破

1988 年 2 月,国务院批准印发国务院住房建设改革领导小组《关于在全国城镇分期分批推行住房制度改革的实施方案》,标志着住房制度改革进入了整体方案设计和全面试点阶段。

1988 年:成功发射“风云一号”气象卫星

1982 年 9 月 7 日,中国启用“长征四号”火箭,在太原卫星发射中心成功地发射了一颗试验性气象卫星“风云一号”。这是中国自行研制和发射的第一颗极地轨道气象卫星。

1988 年:正负电子对撞机首次对撞成功

1988 年 10 月 16 日,中国第一座高能加速器北京正负电子对撞机首次对撞成功。这为中国粒子物理和同步辐射应用研究开辟了广阔的前景。

1990 年:上海、深圳证券交易所成立

1990 年 11 月 26 日,上海证券交易所成立,同年 12 月 19 日正式运营。1990 年 12 月 1 日,深圳证券交易所成立,1991 年 7 月 3 日正式运营。

第八个五年计划(1991—1995 **年**)

1991 年:“八五”计划提出今后十年经济社会发展任务和方针

1990 年 12 月,中国共产党第十三届中央委员会第七次会议审议并通过了《中共中央关于制定国民经济和社会发展十年规划和“八五”计划的建议》。

1992 年：邓小平南方谈话

1992 年 1 月 18 日至 2 月 21 日，邓小平视察武昌、深圳、珠海、上海等地，发表了著名的“南方谈话”。同年 10 月，中共十四大确定了我国建立社会主义市场经济体制改革的目标。

1994 年：分税制诞生

1993 年国务院发布了《关于实行分税制度财政管理体制的规定》，从 1994 年 1 月 1 日起在全国实行。分税制是指在划分中央与地方两级政府事权基础上，按税种划分中央与地方的财政收入的财政管理体制。

1994 年：长江三峡工程正式开工

1994 年 12 月 14 日，国务院正式宣布三峡工程动工兴建。长江三峡水利枢纽工程是我国最大的以防洪为主，兼有发电、航运、供水等综合经济效益的特大水利工程。

1995 年：京九铁路全线铺通

1995 年 11 月 16 日上午 11 时 35 分，纵贯南北九省市的京九铁路最后两节轨排在江西省与广东省交界的定河桥南端连接完毕。

第九个五年计划(1996—2000 年)

1996 年：社会主义市场经济条件下第一个中长期计划

“九五”国民经济和社会发展的主要奋斗目标确定为：全面完成现代化建设的第二步战略部署，在 2000 年中国人口将比 1980 年增长 3 亿左右的情况下，实现人均国民生产总值翻两番。

1997 年：香港回归祖国

随着米字旗的降下，英国在香港一个半世纪的殖民统治宣告结束。1997 年 7 月 1 日零点整，中华人民共和国国旗和香港特别行政区区旗一起徐徐升起。

1999 年：西部大开发战略提出

由于自然、历史、社会等原因，西部地区经济发展相对落后，人均国内生产总值仅相当于全国平均水平的三分之二，不到东部地区平均水平的 40%。1999 年 3 月 22 日，国务院《关于进一步推进西部大开发的若干意见》提出了进一步推进西部大开发的十条意见。

1999 年：神舟一号升空

神舟一号飞船于 1999 年 11 月 20 日 6 时 30 分在酒泉卫星发射中心发射升空，标志着我国载人航天技术获得了新的重大突破。

2000 年：我国第一台新时速交流电动车组竣工

2000 年 9 月 3 日上午，我国第一台交流传运高速电动车组动力车在株洲电力机车厂竣工，这台外观如一颗“子弹头”的动力车设计时速为 305 公里，是当时我国设计时速最高的电力机车。

第十个五年计划(2001—2005 年)

2001 年：青藏铁路全线开工

2001 年 7 月 4 日，青藏铁路全线开工。横空出世的莽莽昆仑，迎来“阅尽人间春色”的历史一刻。在雪域高原建设世界海拔最高的铁路，是党中央三代领导人的夙愿。

2001 年：“十五”计划开始实施，中国加入世贸

2001 年 11 月 10 日，在卡塔尔首都多哈举行的世界贸易组织第四届部长级会议上，通过了中国加入世界贸易组织的决定。同年 12 月 11 日，中国正式成为世界贸易组织成员。

2002 年：“十六大”确定全面建设小康社会的奋斗目标

“十六大”作为进入新世纪第一次党的全国代表大会，着眼于更加长远的发展前景，提出了全面建设小康社会的奋斗目标：在 21 世纪头 20 年，全面建设惠及十几亿人口的更高水平的小康社会。

2003 年：振兴东北老工业基地战略

2003 年 10 月，中国共产党十六届三中全会明确提出支持东北地区等老工业基地加快调整和改造，支持以资源开采为主的城市发展接续产业。

2003年：神舟五号神州圆梦

神舟五号飞船是在无人飞船基础上研制的我国第一艘载人飞船。2003年10月15日9时，火箭在震天撼地的轰鸣中腾空而起，急速飞向太空，杨利伟成为浩瀚太空迎来的第一位中国访客。

第十一个五年规划(2006—2010**年**)

2006年：“十一五”规划制定，公众首次广泛参与建议

这是以胡锦涛同志为总书记的党中央领导下编制的第一个五年规划，是中央提出全面建设小康社会后的第一个五年规划，也是中央提出完善社会主义市场经济体制的新阶段后的第一个五年规划。

2006年：三峡大坝的奇迹

2006年5月20日14时，在中国长江西陵峡三斗坪，一个跨越时代的水利奇迹，随着最后一方混凝土的浇筑完毕，举世无双，横锁长江的三峡大坝全线建成，长江三峡为之巨变。

2008年4月18日：京沪高铁全线开工

京沪高速铁路自北京南站至上海虹桥站，新建双线铁路全长1318公里，是世界上一次建成线路最长、标准最高的高速铁路。项目建成后，乘坐火车从北京至上海只需要5个小时。

2008年：无与伦比的北京奥运盛会

2008年北京奥运会，来自204个国家和地区的运动健儿们在光彩夺目的场馆里同场竞技，“北京欢迎您”成为大街小巷的流行歌曲，志愿者精神传遍华夏大地。

2010年：第41届世界博览会举行

2010年上海世界博览会(EXPO 2010)于2010年5月1日至10月31日举行。这是中国举办的首届世界博览会，以“城市，让生活更美好”(Better City，Better Life)为主题，创造了世界博览会史上最大规模的记录。

第十二个五年规划(2011—2015**年**)

2011年：我国外汇储备首破3万亿美元；中国载人深潜技术进入全

球先进国家行列；第26届世界大学生夏季运动会在深圳举行；中国超级杂交稻平均亩产首破900公斤；我国成功发射天宫一号，神舟八号与天宫一号实现首次交会对接。

2012年：神舟九号载人飞船发射成功；三峡电站全部投产；京广高铁全线开通。

2013年：我国自主发展的运－20大型运输机首飞成功；神舟十号载人飞船发射成功；上海自由贸易试验区正式挂牌成立。

2014年：我国成为世界第一货物贸易大国；南京成功举办2014夏季青年奥林匹克运动会；亚太经合组织第二十二次领导人非正式会议在北京举行。

2015年：北京联合张家口成功申办2022年冬奥会。